现代之后的沉思

Xiandai zhihou de chensi

■吴 静 著

xiandai zhihou de chensi

上海三联书店

内容简介

本书从对阿尔都塞到德勒兹的学术思想解读入手，探讨现代性批判当中的核心问题。主要由五大部分组成：

第一部分：阿尔都塞编。作为应对马克思主义理论危机的产物，阿尔都塞与后马克思主义共享着相同的时代背景，关注的很多问题也类似。他在意识形态与霸权，多元决定与政治自主性以及偶然相遇的唯物主义在很大程度上影响了当代激进话语的建构。本编着重呈现了阿尔都塞整体学术思想的形成过程。尤其通过对他早期思想中多重话语相互作用、并形成“断裂”的冲突过程，来探讨阿尔都塞学术思想的历史意义。

第二部分：德勒兹编（上）。差异是德勒兹用以反对同一性哲学、并建构自己整个理论大厦的核心概念。本编通过从方法论到主题内容的多维度讨论，展现出德勒兹差异哲学最独特的理论机制以及他据此对哲学史和现代性进行批判的方式。

第三部分：德勒兹编（下）。生产是德勒兹哲学建构主义的重要主题。与传统哲学中的生产概念不同，德勒兹将生产定位为创造性的展开。本编主要讨论生产在德勒兹整个批判式建构中的地位以及他通过重构生产概念而展开的资本主义批判理路。

第四部分：反思：现代性之后。本编通过对现代性批判后核心问题的比较研究，力图呈现面对共同关注时不同的理论流派和思想家做出的思考和回答。

第五部分：未来已来。本编着重针对在社会实践中所展现出来的现象和问题进行学理角度的分析和解读，是理论的现实关注的体现。

内容简介

目 录

第四编 反思：现代性之后

第五编 未来已来

自 序

思想的漂流瓶：延异与别处

罗兰·巴特在他的一篇文章中带着几分猎奇的口吻炫耀式地介绍了莫泊桑的一个习惯：他常常选择在艾菲尔铁塔上用午餐，尽管他并不是非常喜欢那里的菜式和口味。莫泊桑这样做的原因只有一个：这是巴黎唯一一处不是非得看见铁塔的地方。作为一个曾经造访巴黎的人，你会立刻了然这句话所含的意蕴。是的，在巴黎，想要避开铁塔的凝视可不是件容易的事情。它早已成为每一个巴黎人视觉世界的一个固定部分，它总在那儿，在你的目力有意或无意逡巡到的疆域中，变化的只是角度和景深。甚至到了夜里，“两束微弱的灯光点亮，在塔顶上轻柔地闪烁着。于是漫漫长夜中它将仍在那里，从巴黎上空把我和我的每一个友人联系在一起，因为他们也在望着它。我们每个人都含有绕着它的不同角度的形象，而它是那个不变的中心”。

是的，铁塔是巴黎的符号，也是巴黎世界的中心（并非地理意义上）。然而，对这个中心的真正思考，却必须以某种方式超出它本身：像莫泊桑一样藏身于铁塔，和它融为一体，以它的目光为目光，整体而历史地重构巴黎的图景。因此，在视觉系统中对铁塔符号的去除并非意味着对铁塔的否定，它以最内在的方式对外部性进行思考，以求能以别处的目光观照原先被铁塔符号霸凌了的形式和意义。其实一直以来，总觉得无论怎样的书写，都不可避免地带有叙事和自我建构的成分，学术自然也不例外。就如靠着谷歌地图在巴黎游走，无论是在电子坐标系上，还是在真实街景中，完成的都是世界图景与自我叙事的互文。然而，这种建构必然有着局限性，它与目力之外部分的共时性共鸣和历时性回应都期待通过一种延异与放逐来完成。

德里达将语言书写中所存在的确定性意义被破除的方式称之为延异(différance)，即延缓的踪迹，即指语言符号在不具有自明性的情况下、通过相关性概念由差异而使意义延缓的过程。“在最普遍意义上讲的印迹是一种不仅应该寓居于‘当下’的纯粹现时性中的可能性，而且是通过它导入的延异（différance）运动本身构成‘当下’的纯粹现时性的可能性……在场本身形式的理想性实际上意味着它能够无限地自我重复，它的回归作为同一个回归无限必然地标志在原本的在场中，回归应是在持存的**有限**运动中坚持的在场。”[1] 伊丽莎白·格罗兹认为延异实际上是一种“折叠形态”，它以“非确定、非封闭和和取向未来”[2] 的方式显示了时间和生成之可能性。而“折叠形态”这样的用词又很难不让人联想到德勒兹的“褶子”（fold）概念。“褶子”是德勒兹所理解的单子与单子之间交错连接的方式，它使异质性元素和界面在维持连续性的前提下彼此相遇，它的形式极限表现为巴洛克风格。“只有连续的方法……能够建立与一个特殊点相邻的连续性，能够在其他方面与其他点水平上寻找其余延伸它的连续性。总是存在着某一时间与某一场所，各种连续性在此开始分散和分配到新的空间：正是在这一空间，断口得以穿越。连续性方法建立在独特性和曲线之上。”[3] 它实现了各种差异甚或遗留的踪迹在新的连接中的复活和新生，是新的时间矢量之上的问题域。

别处不是远方，不是家园，不是乌托邦，只是界外（the outside），它是逃逸线得以生成的空间。每一次向别处的穿越都不啻于一次思想的

---

1 ［法］雅克·德里达《声音与现象》，杜小真译，商务印书馆1999年版，第66－67页。

2 ［澳］伊丽莎白·格罗兹《时间的旅行》，胡继华、何磊译，河南大学出版社2016年版，第113页。

3 ［法］吉尔·德勒兹《福柯褶子》，于奇智、杨洁译，湖南文艺出版社2001年版，第26页。

历险：它将所有有形的踪迹交托给历史时间去延宕。个体的学术研究所经历的正是这样一个过程。

当代法国哲学是我学术研究的起始点。从最早对早期阿尔都塞政治哲学的解读，到后来对德勒兹和阿多诺之间奇异的问题连接，当代法国哲学本身丰富的理论资源构成了我重要的学术思考空间。它提供了一座遍布奇点的宇宙，让我得以沿着一连串的莫比乌斯环不断从一个问题域穿越到另一个问题域。德勒兹曾言："我属于在不同程度上被人用哲学史谋害的最后一代人"，在一定意义上来说，我似乎也是宿命般地被法国哲学"谋害"并由此打上深刻烙印的人。然而，背负着这一印记开始在哲学领域的研究历程，使我在面对现代性议题时，与当代欧洲激进理论家们的解读有了盘根交错的连接。正如铁塔对巴黎城的凝视一般，我们身处现代性之中，现代性也在凝视着每一个人，这是我们对现代性反思过程中不可逃离的支点。

对数字时代的哲学反思则成为了我近几年来另一个学术研究的重心所在。在对当代欧洲激进理论思考进行短暂修整的过程中，现实事件的连续上演为我打开了全新的理论研究路径，何不以现实反观理论？在哲学原著、前沿理论等课堂上，我试着和学生加入对现实问题的批判性思考，数字经济、数字资本、数据身体……一系列崭新的概念进入了哲学可言说的范围。理论的思考不再只在文本中出入，它不断地和现实形成一重又一重的褶子。因此在我的理论思考中，现实观照不得不反复被提及。从纯粹的理论研究迈入对现实问题的观照，在两个研究视域间的这"惊险一跃"让我深切感受到了褶皱之处亦是思想相遇的节点。身处数字化时代，个体难以回避由数据、算法、平台编制而成的技术体系的形塑作用，人文研究本身也在数字技术的加持下拓展出了新的疆域。技术的话语不再仅仅属于技术，也属于哲学。而且更严肃地说，必须属于哲学。

"不识庐山真面目，只缘身在此山中"，当苏轼表达着身处景中主观思考的片面性时，莫泊桑却享受着藏身铁塔之中的反思。这是两种截然相反的观察视角，却共同构成了对“别处”的定义。“别处”既可以是界外的他者，也可以是界内的自我，甚至于在界线之上的不断穿梭与逡巡，都是思考得以发生的场所。这是一种自由游移的视点，也是无处不在的生成。理论亦是如此。我为本书的自序拟题为“思想的漂流瓶”，是因为在对我的个人学术研究历程的反思过程中，我愈发感受到理论的魅力和力量总是表现为永不停歇的生长、迸发、碰撞与交织。在与学生的交流中，时常会遇到这样的询问：我是如何将当代欧洲激进理论与数字化时代的哲学反思这二者相连接的？从20世纪法国哲学对同一性的反思、对僵化体系的批判，到数字时代哲学对技术与个人的关切思考，“from A to B”不再是纯粹的线性排序，A与B的关系，也并不由时间先后所构成，我更愿将其理解为“星丛”式的生发与连接。正是在看似毫无关联的接口处，理论的积淀与现实的发酵恰好相遇，思考的意义也得以彰显。

“漂流瓶”是一个将问题托付给历史和别处的装置。它将既有封存，却又将它向未知的相遇敞开。因为唯有如此，被封存的才不是过时的、有限的陈迹，而是新的生成。

本书是我学术研究成果的一次阶段性小结，亦是日后进一步思考的新起点。围绕着对现代性之后的思考，我决定从阿尔都塞对人本主义的批判开始，落脚于数字时代勾勒出的人类“新未来”。它不会成为敝帚自珍的数据陈列，而是挑战、反思甚至颠覆的对象。感谢上海三联书店对本书的肯定与支持；感谢南京师范大学哲学系浓厚的学术研究氛围；感谢我的学生金姿妏、俞梦、王利利和邓玉龙对书稿进行的细致的文字校订工作。本书顺利付梓出版，得益于许多学界同仁的关怀与帮助，在此深表感谢。

现代性之后，我们将去往何处？理论和现实都在分别言说和描述着可能的故事与图景。而思想的力量，正在于不知疲倦的追问、永不停歇的生成和敢于言败的挑战。

是为序。

导论： 现代性批判的核心问题式

看时下研究现代社会思潮的文章，现代性批判仿佛有成为阿多诺所谓的“行话”的趋势。似乎只要言及现代社会的问题种种，就可以通通冠之以现代性批判的帽子。于是，这也带来了另外一种具有误导性质的趋势。常有人将后现代话语与现代性批判无差别地等同使用，似乎这两个概念从内涵到外延都可以做同质切换，似乎只要对现代性进行批判，就难免不堕入新虚无主义的后现代话语之中。更有甚者，从反对碎片化的后现代立场出发，进而反对对现代性进行批判，认为这是对现代化进程的阻碍。但事实上，现代性批判（或言反思）的历史远超过后现代话语，后者只是不同的现代性批判观点中的一种。并且，现代性批判的逻辑本身不仅与马克思的哲学本身不相悖，甚至是其问题的时代延续。于是，对现代性问题的根本问题式进行准确定位就成为一种理论必然，因为它关系到言说现代性问题的合法性。杰拉德·德兰蒂更是提出，“现代性和后现代性不应被看作对立的立场或现代社会的不同阶段，它们更应该看作有连续性的。……这种连续性是根据发展逻辑的观念来构想的。……后现代性可以看作是对在现代性之前即已出现的一个问题的增强了的意识。通过弱化现代性和启蒙运动的等同，有效地把它投射回历史之中，我希望也削弱了后现代主义者所谓的与现代性的断裂”。[1]

1　［英］杰拉德·德兰蒂：《现代性与后现代性——知识、权利与自我》［M］，李瑞华译，商务印书馆 2012 年版，第 6 页。

因此，拨开现代与后现代争论的迷雾，呈现出在政治、文化、审美等等具体问题之后的基本问题式，才是反思现代之痛的理论前提。在此基础上，我们才有可能以一种同时具有批判性和建设性的方式来直面今天的世界，并在直面全球化挑战的同时处理好文化和价值本土化的问题。

18世纪60年代，随着英国发明家瓦特对蒸汽机的改良，工业革命的标志被正式铭刻。工业革命给资本主义的生产方式带来了巨大的飞跃，从人力手工生产迈向了动力机器生产，个体量小低速的生产转变为工厂批量快速的生产。工业革命的生产方式、技术变革是传统农业社会步入现代工业社会的契机。随后，工业革命席卷整个欧洲乃至北美，西方各国的经济得以蓬勃发展，因此，社会由封建主义社会迈入了资本主义社会。与此同时，社会关系也发生了巨大的变革，工业资产阶级和工业无产阶级这两大明显对立的阶级逐渐形成。19世纪初期，对资本主义社会的经济、文化、政治的批判逐渐涌现，要求改革的呼声及运动也登上了历史舞台，现代性的内在矛盾第一次较为突出地呈现出来，从而引发了现代性批判者们强烈的攻击。

关于“现代”一词的提出可追溯至10世纪末，用来表示古罗马帝国到基督教世界过渡的时期。现代性观念被卡林内斯库认为是源于基督教的末世论。德国哲学家哈贝马斯是“现代性”理论研究的权威者，他认为：黑格尔是第一个明确地提出“现代性”概念的哲学家。自黑格尔以后，在西方文化的历史意识中，由于现代意味着对前工业文明所代表的土地价值的颠覆，是借助内含于自身的动力不断推动自己前进的趋势，因此，“现代再也不能从别的时代所提供的模式中来借鉴可以作自己方向的标准，即它不得不从自身中创造自己的规范。”[1]

狄更斯在《双城记》的开头说：“这是最好的时代，这是最坏的时代；这是智慧的时代，这是愚蠢的时代；这是信仰的时期，这是怀疑的时期；这是光明的季节，这是黑暗的季节；这是希望之春，这是失望之

1 刘北成：《本雅明思想肖像》，上海人民出版社1998年版，第94页。

冬；人们面前有着各样事物，人们面前一无所有……”[1] 用这段话来形容“现代性”这个范畴所涵盖的丰富及悖论的内涵以及理论家们对它的难以言明的矛盾态度，实在是再确切不过了。但如何从这种令人目眩的暧昧性中概括出“现代性”的本质进而直击现代性批判的根本，却远不是一个简单的问题，它面临着一场哲学史元问题的回溯。黑格尔曾经从方法论的角度强调，哲学史的意义远远超过一个比较报告，“因为一种‘真正的’哲学必须要能够系统地解释这些不同的‘观点’（立场），而不是仅仅将它们罗列出来。简而言之，我们希望得知的是，一种‘观点’如何从另外一种‘观点的不一致和不足中产生出来，所以这些‘观点’的链接可以形成一个有机的整体——或者，如黑格尔所说，哲学史本身是哲学的一部分，而不是一个只介绍不同的观点是对是错的比较报告。这种观点（立场）之间的有机的交织正是黑格尔所谓的观念的‘自我运动’。”[2] 而这，正是我们的首要任务。这种厘清不仅有助于从总体上把握现代性的本质特征，而不至于在纷杂而具体的理论争论中丧失判断，也能够帮助我们在面对现代性与后现代性的关系时迅速地找到居于话语核心地位的问题式，即：世界范围资本主义本身的现代性。而现代性批判的终极目的并不完全意味着一种启蒙理性的终结，它更多地是对隐藏在现代性之后的这些范畴——理性、启蒙、主体、总体性等等——的反思。在这类反思中，两个核心问题凸显出来。

一、 理性主体的崩塌

在《现代性的哲学话语》一书中，哈贝马斯曾高度赞扬黑格尔作为德国古典哲学的集大成者，是第一个意识到“现代性问题的哲学家”。因为黑格尔曾经在《法哲学原理》中非常鲜明地宣称，“现代世界的原

1 ［英］查尔斯·狄更斯：《双城记》，宋北霖译，作家出版社 2015 年版，第 3 页。
2 Zizek, S.: *Organs without Bodies*, London: Routledge publishing, 2004, p. 45.

则就是主体性的自由”。而这种所谓的主体性自由正是建立在理性主体的基础之上。换句话说，这也正是从笛卡尔确立的作为主体性存在标志的 cogito（我思）和卢梭对自由观念的理解的共同根基上生长出来的现代命题。尽管康德已经在自我意识的确定上做出了巨大的努力，但那毕竟还是非实体化的纯思的展现。黑格尔才是真正将个体主体的自由可能性与理性的具体化——“国家”联系在了一起。在《法哲学原理》中，黑格尔认为，奉行个人利益至上的现代自由观虽然将人性从神学桎梏与集体社会中凸显出来，但由于其内在的理论矛盾，必将导致不自由的“恐怖”后果。为此，他试图通过奉行理性主义原则的“国家”中介来完成主体性的自由。因为，国家的力量“使个人的意志和利益回复到普遍性……以消除源于利益冲突的动乱的危险，以及通过个人所觉察不到的必然性的作用来缩短利益冲突的周期”。[1] 这里的“必然性的作用”显然折射出了作为绝对精神组成的客观精神中理性主义原则。这与后来新黑格尔主义增加了“绝对精神”的反理性主义性质，将其定位为一种绝对化的意识形式的主观唯心主义做法是有着显著区别的。黑格尔借助这种理性化的主体性对谢林的主客体统一原则进行改造后形成的新的主客体统一观念，成了整个现代性思考的出发点。因此，无论是尼采以酒神精神和权力意志所塑造出来的 Overman（超人），还是后来的异化批判所针对的主客体颠倒所造成的主体的被奴役状态，都是对启蒙以来的具有自主性的理性主体的质疑和反思。

对现代性与主体性自由之间的相悖状态，阿多诺的批判显得格外具有代表性。在他的质疑之下，传统的自由伦理的整个根基摇摇欲坠。其实，在阿多诺之前，已经有思想家对个人主体在现代世界中的自主性进行了批判和质疑。韦伯更是指出，西方资本主义现代化及其目的—工具合理性的行为模式，对人的本性、人的自由毋宁说是一只“铁的牢笼”。这种合理化秩序的结果不是自治而是他治，导致由主体性支撑的文化作

---

1 ［德］黑格尔：《法哲学原理》，商务印书馆 1961 年版，第 240 页。

为意义的源泉枯竭，最终完全背离启蒙的希望。但他却仍然为这种悲观主义的现代性牢狱留下了一个出口，即：内在导向的、不能被“铁笼”完全吸收的主体性。然而，这种主体性的盈余到了自卢卡奇、齐美尔以降、直至法兰克福学派的启蒙现代性以及异化（物化）批判那里，就完全丧失了逃脱甚或救赎的可能。如果说在卢卡奇的物化理论和资本批判中，尽管他指出了作为孤立的个体在被由资本主导的全面商品化社会中的无力，但阶级意识作为一个体现了主客体统一要求、具有超越意识的能动性存在仍然是被寄予了期待的。然而，齐美尔却借用了“形式”与“内容”这对范畴指出，在现代性条件下，作为“内容”的主体生命被作为“形式”的文化的客观方面客体化了，从而导致了内容与形式、主体性与客体性、生命与文化、个人生活与文化生活之间产生悲剧性的分离与异化，再也无法获得统一的可能。现代性的这种悲剧性后果在后来法兰克福学派的社会理论中得到了进一步的展现。

在阿多诺那里，这突出体现在了他对康德的自由概念的批评上。在康德的道德哲学中，自由的张扬是哲学追求的核心。或者说，伦理学的实现是以意志的绝对自由为根本前提的。阿多诺对这样的自由是鄙弃的。因为在他看来，将自由意志的问题定位在经验主体身上的做法仍然是一种失败。在包括康德的唯心主义者那里，自由或自由意志和理性一样，在逻辑上是先于经验的。自由意志内在于经验主体本身，而经验主体本身又是“具有空间暂时性的‘外部’世界的一个环节”。因此，经验主体对于外部世界而言没有任何的逻辑优先性。这一逻辑矛盾体现了唯心主义自由概念的不连续性。但他的反对与尼采从反基督教价值观角度出发对康德的批判不同，他从根本上对所谓的“自由意志”提出了质疑。他认为，“自由意志”本身是被某些强制性所决定的，因而在本质上是不自由的。[1] 真正的自由必须是对包括自由意志在内的被确定性的

1 这让我联想到尼古拉斯·凯奇的电影《天使之城（city of Angel）》。在影片中，生有双翼的天使可以选择从高楼上坠下变成有死的人类，从而拥有普通人所具有的情感和生活。这一选择的路径看起来似乎是上帝出于对自由意志的尊重而设置的选项，但实际上，（转下页）

反省。因此，阿多诺的自由既不是任何一种政体内部的自由，也不是反抗某种具体的制度的自由，而是对一切不自由因素的挑战。在这一点上阿多诺无疑是深刻的，也是绝望的，这也就是为什么在他那里启蒙导致的自我神秘化的过程并没有终极祛魅的可能。就这个意义而言，阿多诺从来就不是革命性的，他对否定辩证法的诉诸中更像是充满了俄狄浦斯式的宿命论的悲观。然而，这并不意味着他的自由哲学毫无意义。事实上，正是这种拒绝一切束缚的反抗精神为我们对理性主体的反思提供了基础。其实，阿多诺本人也意识到了这个问题。在《文化批评与社会》一书中，阿多诺写到，"一个社会的极权程度越高，心智的物化程度就越严重，其依靠自己本身而逃离物化的尝试也就越自相矛盾。……绝对物化本来把知性进步作为自身的前提要素之一，但是如今却有吸收整个心智的架势。持批评精神的知性如果将自己局限于自我满足的沉思，就无法应对这种挑战。"[1] 也就是说，现代性从某种意义上而言，必然意味着主客体的分离，意味着主体经验的碎片化，绝对主体的身份变成众多的立场之一，人们在认识论上受到碎片化的困惑，从而导致获得意义的困难。

对主体所确定意义的过于倚重同时也体现在现代审美的偏好上。现代性在审美上的一大特点表现为对现实主义（realism）的偏爱。利奥塔肯定了这一点。他指出，现实主义就是对意义的肯定。现实主义的创作手法与审美上将现实非现实化的趋向背道而驰，因为现实主义关心的是"稳固所指事物，也就是说将其校准，使它成为某种能够被重新辨认出来的意义"[2]。而对于利奥塔来说，"稳固所指事物"以及肯定意义就最

（接上页）这种选择本身是一种被强化的决定：要么带着双翼，成为永生却不能拥有爱情的天使，要么失去双翼，享受有爱情的平凡人生。并且这种选择本身只能从前者到后者，是单向而不可逆的。而实现转换的手段——跳楼——本身则带有强烈的价值预设的暗示：堕落。甚至这种价值观的预设也是被决定性的一个部分。

1 这段译文摘自赵勇先生的重译。转引自 2010 年 6 月 6 日《南方都市报》的《都是翻译惹的祸》。

2 ［德］阿尔布莱希特·维尔默：《论现代与后现代的辩证法》，商务印书馆 2003 年版，第 45 页。

终意味着："让审美判断去适应认识判断，用判断决断力取代反思判断力"。[1] 这正是对理性的张扬，它也是现代性的内在要求和逻辑。而这种认识判断本身正是通过能够理性思考的主体来实现的。它所主张的"艺术朴素再现自然"的古希腊艺术观所表达出来的恰恰是主体与客体之间通过判断力而形成的确定的距离。但这种借助于理性认知和思考获得的"真实/忠实"在20世纪20年代开始的一股反思潮流中遭到了超现实主义（surrealism）挑战。在消解定义的过程中，艺术的真实也变得界限模糊起来。由法国诗人安德鲁·布列顿所发起的这场运动旨在反抗现代社会中理性主义的压迫。他们诉诸弗洛伊德的理论，希望摆脱以确定的意义（"真实"）作为引导的理性的束缚，拒绝知性判断力的渗透，通过由"潜意识"和"无意识"作用的幻觉和梦境的效果，更加本质化地接近客观世界。这种艺术上的反理性主义所体现的正是在反思现代性过程中对重建或拓展可能性的要求。詹姆逊认为，这种艺术审美上的转变实际是"是对'符号'审美直言不讳的否定，后者及其有机整体一同寻觅着某种确定的方式，试图将极端的非连续性和不可通约性维持在一起，而无须旗帜鲜明地取消'这些差别'。"[2] 用阿多诺的话来说，"艺术中客体的先在性，可以被理解为将生活从控制中解放出来的潜在的自由，在不拘泥于客体的自由中体现了自己"。[3] 这是因为不以效忠政治意识形态为目的的艺术作品，有着独立于现实之外的自主性。因此，它可以被看作一种批判的力量。内在于艺术作品的客体的先在性是不同于现实世界经验的艺术的经验。作为一种被创造出来的作品，艺术本身是被中介的。所以，它的经验既不与自身同一，也不与它所表现的世界同一。"然而，审美的同一性在一个重要的方面是不同的：它有意协助非

---

1 ［德］阿尔布莱希特·维尔默：《论现代与后现代的辩证法》，商务印书馆2003年版，第46页。

2 ［德］阿尔布莱希特·维尔默：《论现代与后现代的辩证法》，商务印书馆2003年版，第55页。

3 Adorno, T. W.: *Aesthetic Theory*. (C. Lenhardt, Trans., G. Adorno & R. Tiedemann, Eds.), London, Boston, Melbourne and Henley: Routledge & Kegan Paul, 1984, p. 366.

同一性来反对压抑性的同一化强制，这种强制支配了外在世界”[1]。因此，阿多诺实际上是通过赋予审美经验以一种非同一性的因素，而开启了审美经验的一种可能性世界。而这种非同一性来源于艺术作品和审美体验与经验世界的距离，也是审美主体与客体世界之间的距离。在阿多诺看来，这种距离蕴含了某种批判性的力量。这一距离同时也实现了非同一性与世界之间的和解。

可见，现代性批判的核心主题之一就是在反思的基础上重新确定主体性和客体性的关系。这种反思本身摒弃了古典哲学中对主客体统一的天真乐观，体现为对以距离表现出来的不确定性的思考。因为，不确定性，或者说，多重决定性（overdetermintion）正是当代社会的根本特征之一。但同时，在多重决定性的议题之下反击相对主义，则成了建构主义要完成的任务。刘北成在《本雅明的思想肖像》中把这种促使知识分子对现代性进行反思的根源称为“苏格拉底张力”。他认为，这种张力是处于现代社会语境中的知识分子的内心冲突和他与外界的紧张关系。而造成这种张力的原因是知识分子在整个现代性文化中的矛盾地位。“知识分子既是文化生活的创新者，又是文化的保存者和终极价值的关怀者。作为前者，知识分子可能成为现代性的风头人物，但作为后者，知识分子又被商品社会边缘化了。创造时尚和终极关怀发生严重的背离。”[2] 于是，在摆脱了对启蒙及理性化的历史发展的纯然的天真之后，现代性批判开始步入两条路径：执着于上述的悲剧性后果而对现代性采取拒斥的态度以及既打破主客体的乌托邦幻想，又不同于原初的乐观的反思的建构主义道路。

以德勒兹为代表的建构主义则从根本上拒绝传统的主客体二分的认知模式。他不但不承认先验理性主体的先在性，也完全拒绝阿多诺的客体优先性，将二者共同置于一个前个体的场域中，完成了从主体到主体

1 Adorno, T. W.: *Aesthetic Theory*. (C. Lenhardt, Trans., G. Adorno & R. Tiedemann, Eds.), London, Boston, Melbourne and Henley: Routledge & Kegan Paul, 1984, p. 6.

2 刘北成:《本雅明思想肖像》，上海人民出版社 1998 年版，第 4 页。

性的转变。

德勒兹的经验主义立场的起点是一般性的先验条件。主体和客体都只是这个先验性场域上的效果。这一命题是对休谟的主观性的一个修正。在德勒兹的《经验主义和主观性：关于休谟的人类本质理论的论文》的第一版中，他指出，“［传统的］经验主义的特殊基础在于：……没什么东西是先验的”。[1] 在德勒兹的解读中，休谟的主要意图是建立一个主体形成的基础。然而，在休谟本人的观点中，“没什么东西是先验的，因为这些原则仅仅是关于我们本质的原则”。[2] 这两处引文同时标注出了德勒兹方法论与休谟之间的联系和区别。要解释或分析主体性，即不能通过使它屈从于某种超验物质的方式，也不能直接将它指认为一种超验的状态。这两种选择都是将复杂的生成性建构的问题简单化成了垂直的直接性。而康德从本体层面上定义的主体则导致了意识主体与经验世界的分裂。结果，主体被置于了客体的对立面上；它变成了外在于经验世界的东西。这种二元论是德勒兹和休谟都希望打破的。然而，一旦抛弃了这种做法，个体主体如何在前个体平面上浮现出来就成了一个中心问题。把休谟描写为一个坚持主体性的哲学家，认为休谟为经验主义赋予了一种新的力量，使得它成为了一种关于关系的理论和实践。这种关系学说也是对具体现象的多样性的肯定。而休谟所创造的连接（association）、信仰（belief）和关系的外在性（the externality of relations）等概念解决了主体意识形成的问题。联系是一个自然原则，它是在两个事物之间建立相互关系。根据这个原则，新的关系和实体可以被生产出来。众多的关系则形成了网络。当德勒兹说在休谟那里关系是外在于处于关系中的项的时候，他的意思是指没有任何的超验原则将自己凌驾于关系之上，构成关系的项不行，将关系涵盖在自身之内的更

---

1 Deleuze, G.: *Empiricism and Subjectivity: An Essay on Hume's Theory of Human Nature*. (C. V. Boundas, Trans.), New York: Columbia University Press, 1991, p. 24.

2 Deleuze, G.: *Empiricism and Subjectivity: An Essay on Hume's Theory of Human Nature*. (C. V. Boundas, Trans.), New York: Columbia University Press, 1991, pp. 111-112.

深层、更高级的项也不行。因此，对于德勒兹而言，休谟的三个概念所强调的是一个建构主体的过程："在这三个原则的影响下，经验主体在意识中被建构起来；因此意识并不具有先于主体存在的特征"。[1] 事实上，德勒兹的这种解读在很大程度上是借休谟的幌子来布展自己的主体性学说。他认为，意识是一个单单由连接原则构成的系统。同时，意识在这个自然原则的影响和作用下，成为了所谓的人类本质。"当连接原则对意识产生作用的时候，经验的主体性就在意识中被建构完毕了。因此意识不具有先在主体的任何特点。"[2] 由连接原则和信仰的作用所建立的社会规范以及文化传统，构建了主体性的存在。传统哲学认为先验主体所天然具有的情感、道德等等因素其实不过是解释主体性的因素，本身也是被建构的。并且，所有的关系都是外在性的，不是形成主体的必要条件。既不存在先于经验的"我"的意识，也不存在持续不变的主体，"我"的意识只是经验在某些时刻特定显示而已。离开了这些具体的条件以及关系，主体性则变得毫无意义。所以在他的理论框架中，既不存在主体也不存在客体，一切都表现为关系和连接，它们是力量流相遇和截断的结果。主体性的形成是一个无法预期的事件，它包含了变化的无限能力。简言之，主体或客体对于德勒兹而言根本就不重要，关键在于主体性如何从先验平面上被生成出来。

这种理论上的创新同时也与从后印象派直至抽象表现主义的一系列审美实践相呼应。如果说以再现自然对象瞬间的光色关系为目的的印象主义体现了一种主客体之间的截然二分的话，那么后印象派则更多地转向了绘画自身、绘画者自身：一方面，他们挣脱出题材和主题的束缚，极力探索绘画的各种基本元素（线条、形式、色彩）的直接表现潜力；另一方面，他们反对刻板的记录和再现，希望通过形式的构成关系表达

---

1 Deleuze, G.: *Empiricism and Subjectivity*: *An Essay on Hume's Theory of Human Nature*. (C. V. Boundas, Trans.), New York: Columbia University Press, 1991, p. 29.

2 Deleuze, G.: *Empiricism and Subjectivity*: *An Essay on Hume's Theory of Human Nature*. (C. V. Boundas, Trans.), New York: Columbia University Press, 1991, p. 19.

画者的主体感受，表现出异于生活常态的“主观化的客观”。于是，绘画的行为本身不再是观望者的记录，而是在特定条件下的个体与自然世界的相遇，是主体性的生成和显现。正如塞尚所说，“此刻所见之影像，使人忘却平日见惯的一切。”这样一种趋势到抽象表现主义中更被演化到登峰造极的地步。画者也不再局限于通过色块堆积来表现自然，而是更加强调创作本身的自发性、随机性和偶然性，表现手段也趋于多样化。例如，波洛克的“行动绘画”，以在画布上即兴滴溅颜料的方式，在画作中增加了情感强度、行动速度、轨迹等等更多的维度。主体和客体在这里不但不再需要通过维持距离来维护非同一性，反而是主体性在瞬间的条件中被建构起来。这种被建构不再是通过理性的设计或构想，也不以可读性为目的；相反，这种建构是特定时刻的“事件”：绘画既成为画者主观性流淌的载体，也如波洛克所说“绘画有它自己的生命，我力求让这种生命出现”。主体性在完全不被预设和强制的条件下生成，它拥有最大的自由开放空间。也因此，这批先锋艺术家将这种抽象表现主义的艺术手法视作斗争的武器，“以表示在这个世界上还有人的感觉存在”[1]。当然，这里的人，也远不再是那个被启蒙理性规定和压制得不能行差踏错的身影了。

二、历史主义的危机

在现代性批判中，与颠覆和重建由传统的主客体关系所确定的意义相对应的，是对历史进步论的反思。詹姆逊在论及后现代性话语的特征时，提出了重要的两点：混搭性（pastiche）和历史感危机（a crisis in historicity）。后者所谈到的正是以历史目的论为先验原则的现代主义历史哲学在后现代话语冲击下的式微和凌乱。事实上，这种历史感危机正是现代性发展中历史主义危机的极致化，它在逻辑上可以分为不同的阶

1　［英］画家马克斯·韦尔语。

段。真正意义上为现代世界所贯彻的历史哲学仍然以黑格尔为代表。他为现代性观念带来了一种反思的历史意识，因为现代性同时也是一种与历史的关系。而所谓的历史感是建立在过去和当下统一的构想之上的，此种统一为意义的确定带来可能。但事实上，所谓的过去和当下的统一仍然是有默认条件的，这一条件就是理性。也就是说，在黑格尔那里，世界历史是一部普遍史（universal history），它意味着历史是一个连续的整体，它被一个或多个基本原则所支配。按照阿多诺的批判性分析，这种普遍历史的观点在黑格尔哲学中所扮演的角色和数学等自然科学在康德哲学中起到的作用一样：它提供了一个基础，使得世界在这个基础之上可以被理解为一个连续完整的过程。这其实就是总体性的基础。正如黑格尔在他的《历史哲学》中所说："哲学用以观察历史的惟一的'思想'便是理性这个简单的概念。'理性'是世界的主宰，世界历史因此是一种合理的过程。这一种信念和见识，在历史的领域中是一个假定，但是它在哲学中，便不是一个假定了。"[1] 作为"合理"的历史/现实的过程，并不是刻板地堆积史实而形成的线性记录，而是"理性"这一最终的合目的性创作的结果，是知性判断从目的性中读取的趋势指向。历史是书写的文本，历史哲学更是如此。理性"供给它自己的营养的食物，它便是它自己的工作对象。它既是它自己的神鼓吹的唯一基础和它自己的绝对的最后的目标，同时它又是实现这个目标的有力的权力，它把这个目标不但展开在'自然宇宙'的现象中，而且也展开在'精神宇宙——世界历史'的现象中。"[2] 这也是为什么从黑格尔开始，认识论不再局限在知识论的范畴中，而成为一种社会理论。因为认知的过程必须在社会的历史展开过程中进行并以先验统一的历史原则为前提。历史不仅是历史事件发生的场域，同时也是理性逻辑的布展。因此，当后来阿多诺在《否定辩证法》中断言"思维从本质上而言就是同

1 ［德］黑格尔：《历史哲学》，上海书店出版社 2001 年版，第 12 页。
2 ［德］黑格尔：《历史哲学》，上海书店出版社 2001 年版，第 14 页。

一化”的时候，历史主义的预设其实正是这大写的同一性原则之一。马克思对黑格尔这种由精神演化出来的“世界历史”概念进行了批判地改造，但却原封未动地接受了其将（线性）历史视作由理性主宰的合理过程的观点。他关于不同社会制度形态的论述虽然对历史推动力进行了唯物主义的改写，但从根本上而言却是间接呼应了黑格尔的“理性的狡计”，是对历史进步论的全面正名。

不过，这种由线性的连续物性时间构成的历史观在波德莱尔和本雅明的现代性阐述中遭遇了挑战。波德莱尔肯定了审美现代性中所具有的反传统的特质，他在《现代生活的画家》中提出，现代性的核心实际上是一种“现代的新异性”，与传统建立稳固化的意义不同，现代性表现为“过渡的、短暂易逝的、偶然的”的特征。这种提法实际上已经开始从审美的角度正视现代世界经验和生活出现的断层和碎片化的趋势，将现代从与过去的刻板联系中解放了出来。但作为一个诗人，波德莱尔并没有丧失对永恒之物的偏爱和期望，他的审美救赎之道不外乎是从易逝的偶然性中读取永恒。当现代社会本身无法在其总体中被直接或间接经验的时候，碎片化的主题与自主性的要求就发生了冲突。波德莱尔通过“瞬间之永恒”的方式对两者进行调和了。齐美尔对这种“瞬间感”更为醉心。他同样以理性的先验统一原则来解决瞬间与历史、碎片与总体的关系，将现代世界的碎片化经验当作被理性高度中介的经验，以此来解决个人主体的自主性和稳固性的问题。在这里，整体的线性历史或已不在，被真实经验到的是主体性借助碎片重构出的新的统一：历史。

这种对先验统一原则的坚持影响了本雅明。当他在《巴黎拱廊街研究》中用“星丛”来代替“进步”的线性历史模式时，仍然是在追求一种真理的总体性。在本雅明的文本中，“星丛”是线性历史的一个替代模式，它与“进步”的平滑模式相区别。与现代主义的“蒙太奇”相类似。“星丛”使过去的事件与过去的事件相联系，或者是将过去与现在相联系。它作为一种历史发展的映像，体现了从“神话”到真实历史观念的变迁。因为“星丛”使当下在过去的不同连接中建立多重意义，它是一种将矛盾包含在自身内部且并不消融它的一种并存关系。但这种辩证关系仍然是将过去当作一种参照物，使得过去和当下都能从中寻找到自己的定位。意义，最终仍然产生于这根链条之上。“先验判断的形而上学方法意义在于，它规定必须以纯粹的概念统一方式搭建形而上学体系，指明只有在可以作为先验条件的纯粹普遍概念领域才有存在确定性产生。而且，也只有在这一先验领域，才能同时满足综合方法和存在批判的要求。”[1] 本雅明虽然打破了过去与当下的固定连接模式，但是他的辩证的星丛就其本质而言只是将矛盾放在了总体性的内部，以“星丛”的空间特征来解释它的各个组成部分之间非线性的张力。当下与过去的先验统一仍然存在，只是这种存在本身已成为克服了距离的距离感。因为历史不再具有唯一的合目的性，它在每一次的连接中提供多重维度的解释可能。过去或现在，都不再是具有固定不变的意义，它们被不断地陌生化，并且都被置于了强调与其他瞬间之间的相互联系和作用的立场之中。也因此，本雅明对起源问题有着近乎迷恋的执着。不过，对他而言，起源本身并不提供意义，它们只有在与当下的连接中才能将意义建构出来。“现在”以一种指引的方式，为过去提供救赎。“历史唯物主义者必须舍弃历史中的叙事因素。历史对他来说成了建构的对象，这不是在空无的时间中去建构，而是在特定的时代，特定的生活和特定的作品中去建构。他将时代从物性的‘历史连续性’中提取了出来”[2]。在这里，匀质的时间本身被打破，一切历史凝结于当下。但在这种当下中，偶然性却并不是最核心的主题。

其实，早在本雅明之前，历史主义在与波德莱尔差不多同时代的尼采那里就已经遭受了更为激进的批判。他创造出“永恒回归”的概念，用以彻底拒斥匀质的线性时间和历史的启蒙意义，同时，也更加强调偶然性本身，主体性恰恰在这种偶然性中凸显出来。当下不再是构成历史

---

1 崔平：《重构先验批判：反击后现代怀疑主义的一种元哲学筹划》，载《江海学刊》2006 年第一期，第 36 页。

2 Benjamin, W.: *Gesammelte Schriften Ⅲ*, Frankfurt am Main, 1980, p. 468.

目的和意义的一部分，而只是万物来去往复的生存游戏，是一种“自我构建”。不但在当下之外寻找意义是徒劳无功的事情，甚至在生命存在之外预设目的和意义都是错误的。这种极致的反历史主义倾向是对一切由先验统一原则出发而构成的既定体系的反抗。借助“权力”自立的自我，既不为柏拉图哲学的幻像所困，也不只是实现黑格尔的理性狡计的工具和手段，是自主性的彻底展开。主体性在每一次回归当中对传统进行创造性的居有，它不再屈居于任何先验统一的理念之下，反而在偶然性中不断延伸自己的自由。也正因为如此，阿多诺后来在借用本雅明的“星丛”概念时将尼采奉为首先形成了原创性的“星丛”概念的先驱。他说：“尼采晚期有一个批判性的判断，他认为真理并不是与无时间性的*普遍*相同一，相反它只是可以产生出绝对形象的历史性。这个判断在尼采自己没有意识到的情况下，成了他实践的法则……他不管一切想要冲破文化保守主义的牢笼，这种努力瞄准了历史实体的星丛。这些星丛并不是关于观念的一些普通的、可互换的例子，而是以自己的独特性构成观念，使其成为一种历史性存在”。[1] 德勒兹后来在“内在差异”的本体论预设之上重写了尼采的“永恒回归”学说，但其对现代性批判所采取的反主体、反历史的路径却与尼采如出一辙。不过，与尼采的“权力意志”的指向不同，德勒兹的主体性形成是去中心化的，它本质上是一种关系性的自主性定义，同时指向其创造的可能性。历史只展现为这种主体性形成中的位置和条件，不再成为提供意义的坐标系。

在上述的批判路径中，尽管启蒙理性-历史进步论被作为共同的敌人遭到了不同程度的反驳，但理论家们仍然试图以不同的方式去重构和肯定历史本身（本雅明以“星从”，尼采以“权力”，尽管这种重构的前景并不能得到保证）。但在现代性批判的另一个方向上，这种理论态度却演变成了对过去的单纯乌托邦化，而丧失了应有的理论深度和建构维

---

1 Deleuze, G.: *Nietzsche and Philosophy*. (H. Tomlinson, Trans.), London: Athlone, 1981, p. 231.

度。詹姆逊所谓的“历史感”丧失所指的也正是这一点。在深受现代性所带来的“卢梭式断裂”的阵痛以及批判性建构的无望之后，人们不得不返回到前现代的世界中获取拒绝现代性的力量。但这种返回不是以历史批判的方式进行，而是浪漫主义地对前现代的因素进行任意地组合和拼贴，怀旧式地重构出一个作为现代性对立面的“黄金时代”。鲍德里亚正是这一阵营的坚定支持者，但他也深知这种拒斥本身在不可逆的社会领域并不可行，因而只能转向文化领域，完成符号体系到象征交换的文化转变。

综上可见，理性的个体主体和历史主义共同构成了现代性的认知基础——总体化，利奥塔将之称为元叙事。它们是以某种先验统一的原则作为根基的。当拒斥现代性的决绝态度以返回假想的统一作为目标时，最终至多能以个体和解的方式悄然存在。这就如同阿米什（Amish）人社区即使是作为主流世界之外的异类存在，也不得不随着时代的发展在拒斥现代化的立场上不断地做出让步和妥协。与此相反，质疑元叙事、主张一种更加分化和批判的现代性的理论态度显得更具有现实意义，这就是“重写现代性”。

其实，在“重写现代性”的命题提出前后，为现代性寻找替代形式的努力从来没有停止过。作为文学子类型的科幻小说更是在这一方面做出了巨大的尝试。但在社会领域层面，这些努力并没有办法避开诸如全球化、自由市场、政治、经济、体系等等的严肃问题。于是，“文化”又成为另外一个避难所。它甚至使得讨论本身带有了流行时尚的意味。然而，更严肃的审视却被投射回了自身，即：在现代性内部寻找批判和自我转变的可能，重视现代性所蕴含的否定力量。利奥塔对现代性元叙事的质疑和批判，以及张扬小叙事的主张也正是也在后者这个意义上的。和德勒兹的逃逸线以及生成弱势的主张相似，利奥塔所提出的小叙事其实也是对被宏伟叙事压抑和排挤的多样性和生动性的恢复。它不是用来摧毁宏伟叙事，而是以挑战宏伟叙事的垄断地位为姿态，建立一种非中心化的多样叙事并存的形式。在利奥塔看来，这些压制的东西，才是想象发明的精髓形式。

然而，这里的“重写”并不是将现代性从根基上颠覆，再来建立一个所谓的“新现代性”；而是对“现代性”所具有的问题和局限性进行反思和突破，激活在现代性中一直存在的质疑和批判的精神，对传统进行创造性的转化。事实上，这种方式也正是我们今天在直面全球化和强调本土文化价值的双重任务之下所应当采取的态度。按照伽达默尔的阐释学精神，现代性允许我们在它的内部以新的方式和语境来对传统进行重新定位和诠释，传统本身可以不再是被固守的陈规，而获得其后传统的力量。尤其在今天，当“中华民族伟大复兴”的主题中所展现出来的本土化倾向已经一览无余的时候，如何正确面对和利用传统已经是一个亟需厘清的理论任务。各种纷至沓来的国学复归、女德班兴起的事实，其实与退回梦想的前现代的黄金时代的做法并无二致。因为它实际上不过是根源于二元对立的取舍罢了。不可否认，传统所体现的是本土文化和价值的内生力量，但如何使这种力量获得时代的内涵，需要的就是在批判的基础上进行创造性的再生。这也是现代性批判的现实意义所在。

三、 现代性与后现代性

在第二次世界大战之后，随着对战争的反思，对现代性及其结果的争论甚嚣尘上。这些争论主要集中在两个问题上：1. 现代性本身的局限是什么？2. 现代性之后的社会应当是怎样的？对于第一个问题，从来就不存在一个标准答案，因为界定现代性的代表性特征本身就是多维的。但在最终的分析中，现代性毫无疑问是启蒙理性发展的结果，而资本主义社会就是其社会政治经济体系发展的最高形式。在这一点上，思考现代性的局限问题就是在社会学、经济学、政治学和哲学领域中展开对资本主义逻辑的批判。也正是在这个意义上，德里达说“我们都是马克思的后继者”。刘北认为，这种“苏格拉底张力”是处于现代社会语境中的知识分子的内心冲突和他与外界的紧张关系，而造成这种张力的原因是知识分子在整个现代性文化中的矛盾地位。笔者不敢妄言这样一个直指性的确认是否能够涵盖所有对现代性进行反思的思想家，但显而易见的是，上面所说的这种在对现代性进行反思基础上的资本主义批判早已超出了马克思的时代以及他的批判逻辑，因为它所面对的是马克思本人也没有想到的、詹姆逊称之为“晚期资本主义”的现实。

第二个问题在某种程度上实际上是对第一个问题的一个正面的回答。哲学家和社会科学家倾向于用“后现代性（post-modernity）”或“后现代主义（post-modernism）”来指称现代性之后的社会状况。然而，这种情景本身的暧昧性使得这个问题更加难以回答，因为它甚至无法像现代性那样具有确定性的特征。事实上，它只是被宽松地定义为对现代性的超越。诚然，也的确有着各种各样的理论努力试图将这个社会指称为消费社会、媒体社会、信息社会、电子社会或高科技社会，但他们都是尽力从一个特定的角度出发提供一种对该社会形态特征的描绘。总体说来，“post-”这个前缀在这里与其说是一种时间顺序的表达，不如说是一种拒绝性的态度。从更具有批判性的角度来说，后现代性“指的是那些与现代性相关的社会形式初始的、真实的消解”。[1] 换言之，相对于现代性还有迹可寻的时间轨迹，很难确定出一个日期可以被接受为是后现代社会开端的时刻。因此，后现代性不能被理解为一个历史中的符号，而应当被看作是对现代性局限的拒绝。在“后现代性”与“后现代主义”两个语词中，笔者更倾向于前者，因为“主义（-ism）”这个后缀通常指向一种有明确主张的理论体系。不过，后现代性仍然缺乏现代性所具有的肯定性的定义基础。尽管它被概括为一种努力，这种努力尝试去描述一种情境、或存在状态、或与制度和条件的变化相关的东西，但它更接近于一种倾向、氛围或潮流，而不是一个整合化的体系。

---

1 Sarup, M.: *An Introductory Guide to Post-Structuralism and Postmodernism*. Athens: The University of Georgia Press, 1993, pp. 130–131.

后现代性体现了对现代性及其根源的批判，然而它并不完全意味着一种启蒙理性的终结。它更多地是对隐藏在现代性之后的这些范畴——理性、启蒙、主体、总体性等——的反思。这种反思希望能够废弃理性所产生的等级制和统一化，转而强调从本质上来讲不固定的、变化的条件的自发性。因此，很明显，后现代哲学对于现代哲学的基础性假设和结构持有一种批判观点。这也是以“后”命名的众多哲学流派所共同具有的东西。那么，哲学在这个阶段的使命又是什么呢？阿多诺对此给予了回答。他说，“哲学不是要根据科学的用途来穷尽事物，将现象归于最少的命题……相反，在哲学中我们试图沉浸于那些与其不同的事物当中，同时不将这些事物置于预先构置好的范畴中”。[1] 事实上，这个路径刻画的是现代哲学与后现代哲学之间的一种对比。后者不再满足于构建一个具有自明性的体系，相反，它所寻求的是确定差异或他性的条件，这种差异或他性也就是吉登斯所言的变化或阿多诺的异质性。为了实现这个目标，哲学家们抛弃了传统的、具有自足性的主体。这也就意味着，要确定变化或异质性，他们需要用某种东西来代替主体，以沟通和整合极端的不连续性和不可分割性。德勒兹和阿多诺提供了两条不同的道路通向这个目的地。这两条道路时而在若干的点上相交或重合，时而又相互平行，时而背道而驰。然而，它们却都将我们引到了一个问题之上：后现代性如何代替现代性？或者我们可以用另一种方式来表达这个问题：异质性是如何在同一性居首要地位的情境中被生产出来的？笔者在这两个问题之间划了等号，是因为笔者相信从现代性到后现代性的过渡实际上就是同一性的基始地位被挑战的过程。

现代性无疑是启蒙理性发展的必经阶段之一，也是它的耀眼成果，它可以被概括为一种持续的理性化过程。在这个发展过程中，作为理性内在法则的同一性原则发挥了重要的作用。所以，要思考现代性实际上就是要对这一个原则本身进行反思。然而，从另一个特定的观点来看，

1 ［德］阿多诺：《否定的辩证法》［M］，张峰译，重庆出版社 1993 年版，第 13 页。

后现代性也可以被理解为现代性的一种强化或极端的现代性。

实际上，后现代理论可以为一系列完全不同的理论和政治目的服务。它既可以被用来攻击现代性，也可以被用来强化它，既可以批判资本主义，也可以成为现实中对它的改进，既可以用来挑战权力，也可以用来巩固它。也是在这个意义上，我们有必要将德勒兹和阿多诺放在一起，去找到一条在今天的全球化世界中能够肯定这些差异，而又不摒弃理性的积极方面的道路。

如果更深入一步地讲，我们需要了解，对差异的肯定更多地是一个社会政治领域的问题，而不是纯理论或美学的。后现代性挑战了从理性生发出来的秩序，从而成功地将我们的注意力引到了在通常状况下为国家哲学所忽视的一些微政治现象和边缘区域。这些微政治现象和边缘区域就是后现代性希望给予重视的差异和异质性。然而，我们怎样才能实现它们呢？这是一个实践性的政治问题。现代性已经因为它的过度的乐观主义而得到了足够多的批评，但这并不意味着我们就必须去否定现代性的意义或是不加任何反思地欢呼后现代性。相反，我们所面临的真实的任务是在现代性与后现代性之间实现和解。这种和解将帮助我们为差异和异质性留下容身之所，而又不会把它们变成诸如印第安人“保护区”之类展示的遗迹。异质性是可以在社会中真实地发挥作用的革命性因素，它不应该被当作奇观式地赏鉴或狎玩。当现代性为我们提供了一个可以认识社会和制度的组织化的方向时，我们仍然需要一种批判性的后现代观点。

第一编

阿尔都塞：反对人本主义

阿尔都塞学术思想的发生学研究

1980年11月16日，一个不该留有什么痕迹就滑过的平常的星期日，早晨八九点钟，一个身穿睡衣的男人冲出自己位于尤里姆街巴黎高师的住所，发狂似的叫喊着："我妻子死了，我妻子死了！是我杀了她！我掐死了她！"在极度的精神狂乱中，他一遍又一遍地大声重复着这近似哭诉的叫喊。直到当地的医生艾廷勒大夫赶到，确认了这起死亡的事件。于是，这个原本再平常不过的星期日便因着这个男人的名字留在了人们的记忆中，而当事人本身更获得了比起他先前声望有过之而无不及的知晓，尽管这种知晓在更大程度上是迷惑、惊讶以至于非难。

他就是路易·阿尔都塞。

路易·阿尔都塞，1918年10月16日出生在他外祖父位于布伦（Bois de Boulogne）的居所里。这是距离阿尔及尔（阿尔及利亚首都）15公里的比曼得利（Birmandreis）的一个辖区。此时，他的父亲已应征入伍9个月，在结束了前线的战事后因滞留法国未能赶回。因此，在阿尔都塞出生的最初6个月里，他一直处在母亲和外祖父母的照看之下，直到1919年3月。

阿尔及利亚是法属殖民地，阿尔都塞的外祖父在婚后不久即携年轻的妻子离开法国来到这里，成了当地的一名护林人，并生下了两个女儿，露茜安娜和茱丽埃特。也正是在这里，他们认识了附近镇上的一个来自阿尔萨斯的小公务员阿尔都塞，他日后成了路易·阿尔都塞的祖父。两个家庭相交甚好，他们的两子两女也处得颇为融洽。由于天性的接近，露茜安娜和阿尔都塞家的次子路易情投意合并订立了婚约。然而，战争无情地拆散了这对热恋中的恋人，阿尔都塞兄弟俩双双入伍，哥哥查里斯成了炮兵，而路易却到了空军。

战争进行到1917年，查里斯独自一人返回了布伦，带来了路易的死讯，并同时向露茜安娜求婚。没有人知道这次求婚的确切过程，但结果是露茜安娜最终接受了查里斯。

然而，由于与丈夫旨趣迥异，露茜安娜终其一生未能对路易忘情，并因此为自己的儿子取名"路易"，以纪念逝去的恋人。阿尔都塞后来认为，这段经历使得母亲在丈夫以及家庭面前以一个殉道者的形象出现，她是痛苦的承受者，但又因着自己的痛苦，而将另一种痛苦施加在阿尔都塞（一个拥有路易的名字却不是路易的人）和他父亲（一个取代了路易位置的人）身上。儿子对于她来说，是如此矛盾的一个对象，一方面他因为承继了爱人的名字而得到她的钟爱，另一方面，他又作为一个非法使用她爱人名字的僭越者而令她憎恨。而对阿尔都塞来说，他从来就没有拥有真正意义上的母亲，这种从童年时期就被阉割了的母爱使他即使在成年后也一直期待一个充满母性形象的出现，而埃莲娜（阿尔都塞的妻子，比阿尔都塞大九岁）正填补了这一空白。这从某种程度上解释了阿尔都塞与埃莲娜的微妙关系以及他对她的极大依赖，以至于1990年他去世时，某家报纸就冠之以"第二次死亡"的题目，因为，即使阿尔都塞本人也承认，早在埃莲娜去世时，他的生命就已经终结了。同时，母亲的态度也使阿尔都塞对自己存在的合法性和意义产生了怀疑。他说："母亲的巨大痛苦使我时常感到一种深深的苦恼以及将自己的灵魂与肉体无条件地奉献给她的欲望。这一奉献将成为使我自己摆脱一种假想的罪恶感，并把她从殉道行为和对丈夫（的义务）中拯救出来的祭品。我坚信这就是我生命最高的使命和意义。"[1]

---

1 Louis Althusser: *The Future Lasts a Long Time* and *The Facts*, trans. Richard Veasey. London: Oliver. 1993, p. 38.

如果说这段引言中还只是被隐晦地表达了由此而带来的压抑和苦恼，那么阿尔都塞下面的论述就是一个明白无疑的印证了："我出生之时便被命名为路易。……它更多地取决于我母亲的意愿而不是我的。毕竟，它的发音是那个第三者的名字，那个剥夺了一切属于我自己的特性的人的名字。'路易'作为一个匿名的他者供随时传唤。它指涉的是我的叔叔，那个伫立在我背后的阴影：'路易'是路易，是我母亲所爱的男人，而不是我。"[1]

阿尔都塞在阿尔及尔的岁月一直到1930年为止，这期间他开始接受小学教育。然后，由于父亲工作地点的变换，他们开始了频繁的搬家经历。阿尔都塞的父亲是一个工作出色但极其严肃的银行经理人员，因此在孩子的心中，他不但是一个难以亲近的严父，而且因被视为母亲痛苦的根源而遭到愤恨。这使得年幼的阿尔都塞在归属感的意义上同时失去了父母，这也是他一生为心理抑郁所困扰的根源之一。阿尔都塞说："我真的有过一个父亲吗？不错，有这样一个形象而我也继承了他的姓氏；但从另一方面来说，我对他根本无所承袭。毕竟，他从未介入过我的生活，引导我往任何一个方向，也从未讲过他生活中的任何东西以期给我一些建议，例如如何自卫，如何应付学校里男孩间的争斗，以及后来的，如何面对性。连给我灌输给这方面的知识，也成了我母亲的责任……"[2]

不仅如此，阿尔都塞的孤寂也包括了和同龄人的疏离。由于负责他教育的母亲本身处于一种对外部世界的极端恐惧当中，因而禁止他和年岁相当的孩子们的一切嬉戏，甚至为此雇佣了一名仆人接送他上学。这无疑在一定程度上加重了阿尔都塞的自闭和心理抑郁。

在经过多年频繁的搬迁之后，阿尔都塞一家终于在里昂安定了下

---

1 Louis Althusser: *The Future Lasts a Long Time* and *The Facts*, trans. Richard Veasey. London: Oliver. 1993, p. 39.

2 Louis Althusser: *The Future Lasts a Long Time* and *The Facts*, trans. Richard Veasey. London: Oliver. 1993, p. 49.

来。路易也进入了中学，开始准备巴黎高等师范学校的入学考试。这段时间持续了三四年。起初，挥之不去的孤独一如既往地陪伴着他，他像是被周围世界放逐的一个异类，对前途一无所知，茫然无措。但，也正是在此时，他接触到了后来成为他和埃莲娜一生挚友的让·基通（Jean Guitton），即使是在埃莲娜死后，基通也不顾众多指责，公开发表文章表示继续忠于和阿尔都塞的友谊，并声称始终站在他的一边。

让·基通是第一个让阿尔都塞刮目相看的老师。他毕业于巴黎高师，这时正在中学里教授哲学。其本人是一个坚定的基督徒。他的信仰以及所讲授的哲学课程对当时还处于对哲学懵然无知状态中的阿尔都塞起到了很大的影响。

阿尔都塞认为，他们之间的融洽，不仅是因为基通在学生中对他格外青睐并且和他形成了兄弟般的友爱和景仰。甚而言之，阿尔都塞就是基通的第二个自我。而基通，即使不是一个伟大的哲学家，也至少是一位令人尊敬的老师，阿尔都塞自言从他那里学到了两种可贵的学术美德，它们对他日后的成功起到了很大的作用：第一，在写作过程中要尽可能达到最大程度的清晰度；第二，构建和阐释任何一个题目的技巧，即如果是纯粹的演绎或推理，就要务求连贯和有力，使人信服。而这，正是阿尔都塞后来之所以能顺利通过竞争极为激烈的高师入学考试和后来的哲学教授资格考试的原因。

在基通之后，阿尔都塞又结识了两位同样非常具有个人魅力的老师让·拉苦劳瓦（Jean Lacroix）和焦泽夫·沃尔（Joseph Hours）。前者是一位人格主义的天主教徒，主要侧重于历史哲学方面的研究并在该领域给了阿尔都塞以指导。并且阿尔都塞还从拉苦劳瓦那里接受了改革派天主教的立场，学到了在艰难的环境中保持勇敢态度的精神，这对他一生的影响甚为重要。可以说，阿尔都塞的早期思想主要承袭于拉苦劳瓦，这表现为他强烈的宗教情结以及在接触马克思主义后在其与天主教之间的动摇。但是，到了1950—1951年之际，他在给这位从中学时期开始就对他影响至深的恩师的一系列信件中提出了对他的批判，这同时也是对拉苦劳瓦所代表的天主教流派的批判。在信中，他一方面抨击了拉苦劳瓦对马克思主义的批判，另一方面，表达了自己脱离天主教的愿望。但事实上，他此时所持的为马克思主义辩护的立场，几乎完全是苛刻、僵硬的教条主义，这恰恰反映了他这个时期急欲从原有的宗教的立场转向马克思主义、但却无法从根本上割断与天主教联系的急躁心情。当然，他此刻视域中的马克思，亦不过是一个扭曲了的形象而已。阿尔都塞的这次"背叛"被拉苦劳瓦宽容地接受了，这也使他们之间的友谊得以持续一生。

焦泽夫·沃尔是他的历史老师，尽管身为一个坚定的天主教徒，沃尔仍然公开发表他对政局以及教皇绝对权力主义的不满。从这时起，阿尔都塞逐渐开始形成他最早的政治观点。

差不多是在同一时期，社会主义思潮在欧洲的兴盛迫使教堂发起了一场"行动的天主教"运动。这不是一个统一的运动，而是由一系列针对不同社会职业阶层的运动组成。阿尔都塞不但亲身加入了这一运动，更以一个积极的领导者的身份将其引入他所在学校。

尽管在后期阿尔都塞由天主教立场转向了马克思主义。但在西方的阿尔都塞研究中，有学者指出，事实上，阿尔都塞后来用以审视马克思主义的视角仍然有着早期的宗教成分。在自传中，阿尔都塞指出，他主要是通过"行动的天主教"的一些组织接触到阶级斗争进而了解马克思主义的。但历史惊人巧合在于，"行动的天主教"通过揭露"社会问题"和"教会的社会政治"，使无数布尔乔亚的青年人和小布尔乔亚的父母们（包括参加"青年基督教农业工人运动"的农民们）被介绍认识了它害怕会吸引他们的东西：社会主义。他说，事实上，教会通过它的牧师和教皇训谕使它的斗士们意识到了"社会问题"的存在，而这些问题却被当时大多数人完全忽视了。因此，当他们一旦认识到存在"社会问题"并且提出了可笑的补救措施，那么不用费多大力气就能挖掘出藏在天主教教会混乱不清的标语之后的东西并在加入共产党之前迅速信仰马克思主义！这就是为什么有成千上万的来自"青年基督教运动"的学生、工人和农业生产者主动接触 CGT 和党的官员，他们大多是通过人民阵线来实现的。因此，阿尔都塞在直到 1947 年左右的很长一段时间内保持了对“行动的天主教”的“忠诚”。

“行动的天主教”要求教会内部改革，并提出了“宗教与社会解放相结合”的口号。这一原则在很长一段时间内极大地影响了阿尔都塞，包括他后来在天主教与马克思主义之间的动摇也不能不部分地归因于此。

但是，早在还是一个天主教徒的时候，阿尔都塞就通过朋友的介绍开始涉猎共产主义理论并开始阅读相关的著作。作为一个前宗教笃信者，他首先对费尔巴哈的《基督教的本质》产生了兴趣并花费了多年心血将它译成法文。他认为正是费尔巴哈为他后来阅读马克思的早期著作提供了前提。因为在他当时看来，将神学的哲学置换为新的人学才是问题的关键（“行动的天主教”的口号即折中地体现了这一要求），费尔巴哈正是这新人学的最佳鼓吹者，青年马克思亦然。所以，阿尔都塞评价道：“费尔巴哈，一个令人惊奇却一直不为人知的人物，他其实是现象学的真正创始人。他对尼采和雅各布·冯的一些观点也产生了影响。后者是康基莱姆十分景仰的一位哲学家兼生物学家，他将费尔巴哈的‘世界’概念重新解释为‘生活世界’。读他的著作对我帮助很大。当然，我也阅读了马克思的早期文本，那时候它们看起来像是为他的观点提供基础的一堆宝藏。我很快意识到这些完全是思想上的费尔巴哈主义，包括后来导致《德意志意识形态》成书的‘与以往的哲学良心告别的主张’。不过，马克思却从此出发，联系到生产方式及其组成因素得出了具有革命意义的结论。这在费尔巴哈甚至黑格尔那里也没有发现。在读完了他的早期著作之后，我发现他的晚期文本相对较难进入。我在《思想》（La Pensee）中已经使人们开始关注‘青年马克思’和《1844 年经济学哲学手稿》，并且介绍了马克思的理论反人本主义的主张。然后我就开始着手研究那本惊人的《1858 年手稿》（他的《政治经济学批判》的第一版），在其中我偶然发现了下面这段具有震撼力的话语：‘猿体解剖不能解释人体解剖，因为人体解剖才是猿体解剖的钥匙。’……它提前排除了任何对历史的进化论概念的带有目的论色彩的解释。……”[1]

1939 年七八月间，阿尔都塞终于得偿心愿，通过了巴黎高师的入学考试。但由于他在 9 月份即应征入伍，因此他一直到六年后，即 1945 年 10 月才得以入学，踏入了这所梦寐以求的学校。

1939 年 9 月，阿尔都塞在布列塔尼半岛和一群军官学校的预备士官一同入伍。在这里他们一直滞留至 1940 年春天。其间，在克莱蒙特司令参谋机构任职的基通时常来看望他。阿尔都塞自己说，他对在战争中受伤的恐惧甚至超过死亡。

1940 年 3 月，阿尔都塞所在部队转到瓦恩接受进一步的军事训练。不久，德军逼近。由于政治原因，在临近城镇一个接一个沦落的情况下，该部队将领利勃鲁将军禁止他们向当时仍在法国自己控制中的卢瓦尔河附近的南特撤退，而要求士兵即使在德军到来时也不得擅离职守。

到来的德军远远少于当时滞留在瓦恩的法国士兵。但是由于得到了将在一周内被释放的承诺以及一旦逃走将连累家人的恐吓，被俘者们放弃了无数脱逃的机会。然而，释放的时间一再被拖延，三个月后，他们被送到了德国北部一个荒凉的集中营。阿尔都塞和一些学生以及其他 300 多名法国俘虏被押至当时德国空军的一个秘密基地从事苦役。他们当中大多数是来自诺曼底的农民。在阿尔都塞的学生难友感染了肺结核被送回原集中营后，他感到自己陷入了与少年时期相类似的孤独境地，独自面对一群和他完全不同的人们。但很快他就摆脱了这种状况，因为他从心底意识到，融入普通人当中正是他从童年开始就形成、而被母亲的层层束缚所阻碍了的渴望。现在正是实现它的机会。阿尔都塞以一种前所未有的热情说道："在我被俘期间我发现我十分乐于与那些和我的父母完全不同、并远离由书本、教室、家庭公寓所构成的世界的人们打

---

1 Louis Althusser: *The Future Lasts a Long Time* and *The Facts*, trans. Richard Veasey. London: Oliver. 1993, p. 207.

交道。一句话，我从所有意识形态国家机器中最恐怖、最骇人、最令人毛骨悚然的机构中解脱了出来，这就是家庭。”[1]

尽管在关于被俘经历的回忆中，阿尔都塞耗费了大量笔墨来记录他作为一个俘虏的遭遇，但他并没有因此而忽略另一个重要的事实，即他一生中第一次从一个在这里短期逗留的巴黎律师那里听说了马克思主义并结识了一个共产主义者。这就是皮埃尔·克里吉斯（Pierre Courreges）。皮埃尔是在阿尔都塞的囚禁生活临近尾声时才来到这里。而在此之前，他曾在纳粹政府专门为那些所谓的“冥顽不化”的俘虏预备的一个集中营里呆了一年。他的到来，极大地改变了这里的气氛。尽管孤身一人，皮埃尔仍然以他惊人的热情、正直以及兄弟般的友爱感染了所有人，并使得他们团结了起来，原先那种试图寻求与德国人的妥协的情绪一扫而空。阿尔都塞极高地评价道，正是皮埃尔以实际行动给他上了共产主义实践的第一课！

不久，英国军队到达这里，解放了战俘营，阿尔都塞也回到了法国。在向巴黎高师寻求工作未果的情况下，他飞赴卡萨布兰卡看望自己的父母。虽然整个家庭尽最大的热情对他的归来表示了欢迎，阿尔都塞仍悲哀地发现，在经过了六年与世隔绝的被俘生涯后，他对面前的这个世界感到无所适从。这种身心状况的恶化加之顽固的眼疾，使得他在很长一段时间处于被监护状态。但正是这个机会使他认识了后来成为他和埃莲娜的私人医生的艾廷勒大夫。

在这段缓冲之后，阿尔都塞与一位共产主义者卢塞卫尔（Lesevre）建立了深厚的友谊。1946 年 12 月，他在陪同卢塞卫尔探望后者母亲的过程中认识了后来成为他妻子的埃莲娜在第一次见面之后，阿尔都塞描述道：“这次的偶然相遇使我们意识到，我们原本就是同一种人，精神和肉体上都分享着同样的痛苦、同样的孤独以及同样的令人绝望的渴

---

1 Louis Althusser: *The Future Lasts a Long Time* and *The Facts*, trans. Richard Veasey. London: Oliver. 1993, p. 104.

求。”[1] 埃莲娜在30年代就已加入法共，当她出现在阿尔都塞面前时，不但已是一位有着十数年党龄的老党员，斗争经验和生活阅历也远比阿尔都塞丰富。她对政治和工人运动的实践充满了热情，但对哲学和政治理论却知之甚少，甚至没有读过《资本论》。多年以后，当纷至沓来的批评指责埃莲娜在学术方面过多地干涉阿尔都塞甚至强迫他在公开发表的文章中改变自己的主张时，阿尔都塞以此为自己的妻子洗脱罪名，他说，“她无论在哲学还是政治领域都没有给我哪怕是一丁点的压力。”[2]

但由于某些原因，埃莲娜此时已与法共完全失去了联系，并早在1939年就转入了地下。在战争期间，她加入了人民阵线，因为工作原因结识了法国当时最著名的一批画家和文学大师，并和其中不少人一直保持良好的关系。值得一提的是，她和拉康也甚为熟悉并得到其极大的信任。在她赴尼斯拜访拉康期间，两人经常外出散步，交谈到深夜。拉康对她的敏锐的洞察力大为赞赏。

这种相逢，对双方来说都是一种命运的安排。阿尔都塞认为，这是苦恼于孤独的两人，在突然间觅见了自己的伴侣并同时在思想上也开始相互影响。如果没有埃莲娜这位战前抵抗法西斯运动的斗士、战后坚定的共产主义者的“先驱”的影响，阿尔都塞也根本不可能从脚踏马克思主义和天主教两只船的状态转而迈向马克思主义。

在认识埃莲娜不久，阿尔都塞和卢塞卫尔一起到欧洲中部旅行并晋见了当时的罗马教皇庇护十二世。但这次见面并没有任何实质性的讨论。在礼节性的问候和交谈之后，教皇祝福了他们。

回到法国之后，阿尔都塞继续保持着与埃莲娜的联系。但由于一些意外事情的发生，阿尔都塞的精神又一次受到了打击，处于一种病态的痛苦和压抑中，不能自拔。法国当时最著名的精神病学家和分析家皮埃

---

1 Louis Althusser: *The Future Lasts a Long Time* and *The Facts*, trans. Richard Veasey. London: Oliver. 1993, p. 117.

2 Louis Althusser: *The Future Lasts a Long Time* and *The Facts*, trans. Richard Veasey. London: Oliver. 1993, p. 120.

尔·梅勒（Pierre Male）诊断他患有早发性痴呆，并因此被送到疗养院接受封闭性治疗。但这似乎没有起到任何作用，阿尔都塞的症状恶化。这种痛苦直到另一位精神病学家朱利安·艾居瑞古拉（Julian Ajuriaguerra）接受邀请来讲学时才结束。他认为阿尔都塞患的并非早发性痴呆，而是极其严重的忧郁症，并建议使用当时刚被介绍到法国、在该类病患上极具疗效的电击疗法。尽管每一次治疗对阿尔都塞来说都如同极刑般痛苦，但它的效果却逐渐显现了出来。

阿尔都塞在结束治疗、离开医院之后，住进了埃莲娜和她的好友雅克·马丁为他准备的住所。这是他初识雅克·马丁，一个他后来声称在哲学以及方法论上给了他极大帮助的朋友。在《读〈资本论〉》的献词中，他将该书献给马丁（关于雅克·马丁的情况，在与阿尔都塞同时代的其他人的文本中我们没有找到任何资料。而通过 *The Future Lasts a Long Time*（《来日方长》）中的一些零散片段，我们可以看出阿尔都塞对这位几乎不为后人所知的朋友给予了极高的评价和真诚的谢意。雅克·马丁是一位同性恋者，并患有严重的精神分裂症。但他却同时是福柯和阿尔都塞的好朋友，两人都在不同程度上给过他极大的资助。阿尔都塞自言可以向他请教任何问题而不必感到羞愧，他也总是能提供兄弟般的帮助）。在接下来很长的一段日子里，阿尔都塞享受着与埃莲娜之间甜蜜的爱情，身心方面都得到了极大的恢复。埃莲娜将他带入了自己的生活圈子，把她的各种朋友介绍给他，为他开启了一个他从未曾走入过的世界。尽管埃莲娜大阿尔都塞九岁，但这并没有防碍他们之间的感情。阿尔都塞甚至认为，正是这年龄和生活阅历的差异，使她对他的爱同时具有了父爱与母爱的性质。而这恰是他得以摆脱童年时噩梦的最佳处方。

1945—1948 年，阿尔都塞在巴黎国立高等师范学校攻读哲学，师从加斯东·巴什拉尔。经过了五年战争的隔绝，阿尔都塞与那些曾与自己并肩前进的人们相比已大大地落伍了。从他自己后来谈到这段经历时的语气看来，他似乎是因为没有特别喜欢的教授可供选择，才选了巴什拉尔作为自己的导师，并在他的指导下完成了高等研究资格论文《论黑格尔哲学中的"内容"概念》（这篇文章我们将在后面谈到）。因此，阿尔都塞与巴什拉尔的关系，是制度上的教授与学生的关系，而不含有私人间的亲密友情。但从阿尔都塞后来的学术建构（包括他的认识论和其最令人耳目一新的关于马克思思想"断裂"的学说，当然阿尔都塞已经赋予了"断裂"不同于巴什拉尔的意义）可以看出，他还是受到了巴什拉尔的影响的。

当然，这里有一个不能不谈到的人，即亚历克山大·考杰夫（Kojeve，Alexander，1902—1968，哲学家，出生于俄罗斯，后入法国国籍）。他与阿尔都塞并无直接师承关系，而是于1933—1939年在法国讲授黑格尔的《精神现象学》，其讲义《黑格尔解读入门》于1947年出版。当然，考杰夫不过是法国当时兴起的黑格尔复兴热潮的冰山一角，其他诸如依利波特等学者也都积极投身于此次理论热潮之中。但不可否认的是，考杰夫对黑格尔的解读对当时的法国学界起到了极大的影响，这自然也波及了阿尔都塞，尤其对他早期关于黑格尔与马克思的解读起到了至关重要的作用。

要说清这种影响，必须要对阿尔都塞的高等研究资格论文《论黑格尔哲学中的"内容"概念》有一个简要介绍。大战之后的法国学界，是一个"黑格尔＝马克思"的时代，众多的学者们致力于将黑格尔与马克思一体化的建构，其中以考杰夫的"马克思化"的黑格尔影响最为深远，即通过马克思的观点来对黑格尔哲学进行诠释。这种理论建构上的取向在今天（无论是从现象学还是解释学的立场）无论如何是不可取的。在这里，马克思成了一个棱镜，它将经由它折射出的黑格尔的映像呈现在人们的眼前。年轻的阿尔都塞并未能超脱出这种学术上的"时尚"。作为一个黑格尔主义者，尽管他在论文中引用马克思早期著作（《1844年经济学—哲学手稿》、《德意志意识形态》和《黑格尔法哲学批判》）中对黑格尔的批判，但实际上却是坚定地站在黑格尔的立场上来批判马克思的。这自然与考杰夫的将黑格尔"马克思化"的倾向相反。

但可以肯定一点，即阿尔都塞是从考杰夫的《黑格尔解读入门》中得到了理解黑格尔的钥匙。日本学者今村仁司认为，阿尔都塞在黑格尔“否定性”的概念里，发现了黑格尔哲学最重要的核心内容。在作为‘无化的无’的否定行为里，发现了使人成为人的“人类发生的”原理，但这些是他从考杰夫那里学来的。青年阿尔都塞对黑格尔的理解，虽说增加了一些独到的成分，但基本上还是用考杰夫的思想来论述黑格尔的。因此，在这种意义上，即使说青年阿尔都塞是追随考杰夫的也不过分。考杰夫还将黑格尔哲学中所谈到的“历史的目的”看作“历史的终结”，并提出历史终结之后人类社会应当是“普遍的等质国家”，这一思想同样被阿尔都塞接受。但不同的是，对于这种普遍等质的无矛盾共同体，阿尔都塞使用了“死亡的胜利”一词。这就与考杰夫有了区别。原因在于，在考杰夫的思想中，普遍国家的到来，是对死亡，即否定性的克服。在黑格尔和考杰夫那里，是精神战胜死亡。为什么产生了这样的不同呢？考杰夫始终是把黑格尔作为“无神论”来解读的。而尚未脱离天主教的青年阿尔都塞正好是在这点上与考杰夫有一种不协调感。他虽然模模糊糊地转向了唯物论一方，但却不像考杰夫那样彻底地站在无神论的立场上。他在某些地方还残留着对“超越性的东西”的憧憬。

对考杰夫的这种影响阿尔都塞直言不讳地予以承认。他在 1947 年 9 月给埃莲娜的信中写道：“我读了考杰夫的书……虽然也有一些可笑的地方，但饶有兴味的地方也是很多的。这正好是‘被理解了的黑格尔’（对这个问题虽然我已经有很多预感，但几乎还是不理解）。不管怎样，对我的高等研究资格（和公立高级中学一级教员资格考试）还是有很大帮助的。”[1] 关于这一点，最明显的是他写于 1947 年的论考杰夫的论文《人，那个夜晚》。这可以说是他早期思想的线索之一。从文本依据上看，他与考杰夫的决裂则是在几年之后的《回到黑格尔》一文中，该文

---

1 Louis Althusser: *The Future Lasts a Long Time* and *The Facts*, trans. Richard Veasey. London: Oliver. 1993, pp. 103 - 104.

将依波利特与考杰夫同时作为批判对象，认为黑格尔问题因马克思主义的登场已经结束了，而法国学界甚为流行的黑格尔复兴热潮，也被阿尔都塞斥为资产阶级意识形态而遭到批判。这一点正确与否姑且不论，从中我们可以借助考杰夫对阿尔都塞的影响来理一理这位思想家的理论线索。

总的来说，命运对于阿尔都塞仍然可以说是垂青的。尽管和自己指导老师的交流不多，但阿尔都塞此时却有一位对他一生都发生了重大影响的良师益友：雅克·马丁。雅克·马丁此时也正是巴什拉尔的门下，这为他们之间的交流提供了更为有利的机会。这是一位尚未来得及成为思想大师便死于自杀的学者。早在埃莲娜的介绍下，他在此之前已经与阿尔都塞相识。从现有的资料来看，雅克·马丁对黑格尔研究颇有见地，例如他的哲学教授资格论文就是关于黑格尔的“个体”（individual）的概念，这在很大程度上给了阿尔都塞以指导性启示。后来，阿尔都塞在谈及自己的学术支援背景时曾说，事实上，他的哲学文本知识极为有限。只是比较熟悉笛卡尔、马勒伯朗士[1]、柏拉图和帕斯卡尔，斯宾诺莎和黑格尔知道一点，而对亚里斯多德、智者学派、斯多葛学派和康德则几乎一无所知。对于马克思，也只认真地研究过他的少量篇章。阿尔都塞略带一点自矜地自嘲道，他获知和真正了解哲学的方式是传奇式的，即“道听途说”。他从雅克·马丁那里学会了借用朋友以及后来他自己的学生的讨论文章和作业中的某些词汇。他还特地夸耀了自己的一个长处，即从使用一个词语的癖好出发，对自己尚未读过的作者或书本的思想即使不能精确到其细节，至少也能知道它们的主旨和大概方向。

学习期间，阿尔都塞聆听了德桑提（Desanti）（法国哲学家，一个胡塞尔主义的马克思主义者，阿尔都塞后来的入党介绍人）和梅洛-庞

---

1 马勒伯朗士，尼古拉斯·德（1638—1715），法国哲学家，试图把笛卡尔学说的形而上学与新柏拉图主义及圣奥斯汀的哲学思想综合起来——译者注。

蒂的课，这是他第一次系统地接触到现象学。

尽管阿尔都塞在校时的成绩看起来似乎不错，各类考试都能应付自如，但客观地说，他并不是一个功底扎实的学生。这一点连他本人也毫不讳言。他觉得自己在所有的书面和口头考试中对大部分题目其实知之甚少。但他却知道如何"构架"一篇文章以及适当地运用演绎或推理的方式来论证需要阐述的命题以掩饰自己的无知。

在结束学生生活之后，阿尔都塞留校任教，继承了乔治·古斯多夫的教席，讲授哲学。在跟随巴什拉尔学习期间，他主要研究重点是黑格尔。但他最初开设的课程却是柏拉图哲学，这使他在为期两年的讲授期间，不得不一刻不停地督促自己同步学习。虽然是仓促上阵，但结果却似乎不那么糟糕，阿尔都塞和他的学生相处甚欢，其中不少人最后成为了他的朋友。更重要的是，他们当中的很多人在他的指导下，通过了哲学教授资格考试，成为了著名的学者，如米歇尔·福柯、雅克·德里达、皮埃尔·布尔迪厄和吉尔·德勒兹等。他们不仅承认阿尔都塞作为教师的杰出才能，也深深感激他的教育之恩，甚至连反马克思主义的学生也是如此。

阿尔都塞热爱这所学校。在后来回忆往事时，他曾说道，高师是把他从社会上保护起来的唯一的避难所，除了短暂的旅行之外，他终其一生也没有离开过这里。

1947年，阿尔都塞完成了他的高等研究资格论文《论G·W·F·黑格尔哲学中"内容"的概念》。这是他第一次论及黑格尔和马克思。这时，阿尔都塞并未加入法共，但他已从法共以及当时理论界流行的对马克思和黑格尔的解释中发现了很多可疑的东西。他认为，将这两位德国思想家引入法国的俄国学者考杰夫其实并没有真正理解黑格尔和马克思，虽然包括拉康在内的大多数人都是从他那里开始接受他们。而要发现这一点，就必须自己去阅读。因此，他称赞了依波利特在翻译《精神现象学》时所持的学术态度，即并非以绝对权威的方式来解释黑格尔，而是直接给出自己的意见，这其实也是考杰夫的《黑格尔解读入门》的诠释态度。阿尔都塞指出，人们都致力于分析黑格尔所论述的“主人与奴仆的关系”和“自然辩证法”的全部荒谬性。即使是他自己的老师巴什拉尔，也没有真正理解黑格尔。所以，至少是在法国学界，黑格尔需要被重新理解和解释。因此，具有讽刺意味的是，他事实上是以考杰夫式的解读方法将黑格尔与马克思联系了起来，这正是风行当时法国学界的思维方式。

当时阿尔都塞已经研读了黑格尔的《精神现象学》、《历史哲学》、《哲学全书》、《信仰与知识》、《费希特哲学与谢林哲学的差异》以及《早期神学论文集》，而《逻辑学》还没有进入他关注的视野。而关于马克思的阅读则几乎全部是他的早期著作：《1844 年经济学—哲学手稿》、《德意志意识形态》和《黑格尔法哲学批判》。

青年阿尔都塞就是这样来理解和支撑黑格尔哲学思想的，可以说，他这时候是个不折不扣的黑格尔主义者，当然，这更接近于青年黑格尔派的思想，这就与马克思的出发点一致起来。于是，在对黑格尔的论述中，阿尔都塞不知不觉地导入了早期马克思。他反对传统上的马克思主义的苏联模式，对新兴的“早期马克思”理论倾注了极大的热情（注意，他这时候还远不是一个马克思主义者!）。在该论文中，他论述的中心是与黑格尔法哲学相对立的马克思的立足点。从文章的基调来说，他是从黑格尔的观点出发，来思考所谓“黑格尔与马克思的关系”问题。但另一方面，青年阿尔都塞却批判地同意了马克思指出的黑格尔法哲学的缺点（他称之为“恶的内容”），因此，他在文中对黑格尔这一点的批判原封不动地照抄了马克思。例如，他认为，黑格尔在国家（普遍）与人民（特殊）的关系中，犯了一个主谓语“颠倒”的错误。然而，阿尔都塞对马克思的赞同也就止于此了，他在一个更关键的问题，即哲学的本质问题上站在了黑格尔一边。在他看来，黑格尔与马克思对此的理解有根本分歧，或者，不如说是马克思误解了黑格尔。黑格尔认为，哲学要认识和达到自己的本质，必须要经过一个自我异化的过程，但这种异化以及在此之前的“空”都是有终结的。这一终结即哲学追寻的目的。换句话说，当哲学终结的时候，在它的所指中所内蕴的对“智慧”的要求才会达到，这就是黑格尔的绝对知识。

从这样的观点出发，阿尔都塞批判了《德意志意识形态》的立场。他指出，《德意志意识形态》的唯物论前提，即书中所说的“我们出发的诸前提……是现实的前提……它是现实的诸个人、他们的行动和物质的生存条件”，虽然具有划时代的社会历史意义，但却偏离了哲学的“应有”状态。马克思主义继承了黑格尔客观的必然性和客体的矛盾论思想，但却忽视了主体的否定性力量。

从某种意义上说高等研究资格论文时期的阿尔都塞站到了黑格尔主义与早期马克思主义的临界点上。

1948年，阿尔都塞加入了法国共产党，但在党内并不担任重要职务，最初只是默默无闻地参与一些文件的起草工作。他在致玛利亚·昂托涅塔·玛西奥基的信中解释了他入党的原因：“我在中学和大学期间，曾是‘行动的天主教’的积极分子，教会在三十年代创建了自己的青年组织以便抵制‘社会主义’思潮的影响。它对我们很有帮助。我们都是小资产阶级家庭出身。我们的指导神甫同我们谈论过‘社会纠纷’。这使我们更快地了解了社会，那个时期信仰天主教的同学大多成了共产党员，这真是历史的玩笑！人民阵线、西班牙战争、反法西斯战争、抵抗运动使我们进一步了解‘社会纠纷’的含义，并且使我们得知它真正的名字：阶级斗争。1948年我任哲学教授，并且加入了法国共产党。从这时起我就在高等师范学校教哲学。1949年复活节，我去了意大利……我一直讲授哲学，并努力成为共产主义者。成为哲学上的共产主义者意味着成为马列主义哲学家，而要成为马列主义哲学家也不是一件容易的事。”

不久以后，阿尔都塞的思想开始发生变化。在1950年完成的《回到黑格尔》中，他转向了对黑格尔进行批判的立场。这一方面是受卢卡奇《青年黑格尔》一文的影响，另一方面，还是应当到当时的政治与学术的大环境中去寻找原因。

战后，经济决定论、资产阶级与无产阶级科学的简单二分等教条主义在世界范围内的共产主义政党和学者中占统治地位。法国与19世纪相比，陷入了一种可悲的“理论贫困”之中。在赫鲁晓夫批判斯大林之后，这种氛围变得有所好转。但这并不足以促使受教条主义束缚已久的理论界在短时间内产生出新的、具有原创性的成熟理论。人们沉醉在将马克思“胡塞尔化”以及“人本主义的马克思”的理论热情中。

胡塞尔的流行得益于当时已非常有名望的两位法国学者萨特和梅洛-庞蒂。然而对于前者，阿尔都塞的评价深刻得近于尖刻。他说，萨特通俗化的理解与胡塞尔和海德格尔深邃的思想本身已无多大联系，它们相去甚远。那不过是在一个对现象学通俗化到曲解的框架中的笛卡尔的“我思”理论的一个翻版。相比之下，梅洛-庞蒂对胡塞尔的介绍更具有启发性。阿尔都塞称赞他是哲学巨人德里达出现之前法国最后一位真正的哲学家。与这两者的人文背景不同，德桑提是一位出色的逻辑学家和数学家，他完全用胡塞尔式的术语来言谈马克思。这致使当时的很多学者都试图从胡塞尔的“实践”那里为马克思的“实践”概念寻找到一个意义基础，然后宣称拥有了对马克思哲学意义的话语权。阿尔都塞很反感这种做法，尤其厌恶将马克思的哲学人本主义思想和早期著作的意义无限提升。他既不赞成德桑提也不同意人本主义学者的诠释，并公开承认这是由于自己憎恶一切声称在根本上具有先验意义和真理的哲学。据说阿尔都塞是当时法共内部唯一同时反对这两种观点的人。究其原因，是他对一切自认为拥有先验意义和真理、却实际上不过是预定论哲学的极度厌恶。

阿尔都塞反对萨特所说的，马克思主义是“是我们时代不可超越的哲学”。他一向认为萨特作为诸如《存在与虚无》和《辩证理性批判》之类杰出“哲学小说”的作者，尽管拥有一个敏锐的头脑，但从来没有真正理解黑格尔和马克思的任何东西，更不必说弗洛伊德了。他觉得他最多也只是一个后笛卡尔主义者和一个马克思所厌恶的后黑格尔的“历史哲学家”。

同时，阿尔都塞认为，法共的指导思想中始终存在理论空白，因为他们过多地注重了政治传统而轻视了理论的作用。大部分理论家认识不到马克思主义不仅是一门政治学说、一种分析和行动的“方法”，而且作为科学，它是发展社会科学、人文科学、自然科学和哲学不可缺少的基础研究的理论领域。从这个意义上来说，法国党所接受的理论早已与马克思相去甚远，它不过是从苏联、尤其是斯大林的所谓“辩证唯物主义”的诠释中派生出来的，其理论基础具有一种“危险的荒谬性”。他认为，随着他阅读面的增加以及对马克思的研究的深入，他越来越意识到马克思确实已经抓住了他之前的学者们（诸如伊壁鸠鲁、斯宾诺莎、霍布斯、马基雅维利［部分地］、卢梭和黑格尔）所精心阐述的主要学说。但这时阿尔都塞还不能肯定那是不是马克思有意为之的。不过，他相信黑格尔和费尔巴哈的哲学同时是马克思概念的基础以及其发展和公式化的认识论工具。

阿尔都塞指出，要澄清这种理论谬误，唯一的途径就是“回到马克思”。当然，从阿尔都塞自己后来的理论建树来看，他也根本未能达到这一目标。但这一口号的提出在方法论上仍具有极大的意义。

虽然阿尔都塞在党内处于极为孤立的地位，并且埃莲娜由于某种政治误会早已被开除出党，这都未能动摇他继续留在法共内部的决定。哪怕是后来他的合作者们也纷纷遭此厄运时仍然如此。因为阿尔都塞自称，他的目标即是“以一个哲学家的身份介入政治并在哲学领域中成为一个哲学家”。

20 世纪 60 年代是阿尔都塞最富创造性的时代。

1962 年以后，阿尔都塞在雅克·马丁的介绍下开始阅读让·卡巴伊艾斯（Jean Cavailles）和乔治·康基莱姆（Georges Canguilhem）。从前者那里，他借用了几个术语（例如，“概念的而非辩证的批判”）。而从后者那里，他开始领会科学与意识形态的关系。阿尔都塞认为重要的是：第一，他发现了一直以来他非常关注的所谓的认识论在科学史的框架以外是何等的荒谬；第二，与启蒙逻辑不同，这样一种历史可能会在它自己所指定的基础上对它的发现有所暗示。而在与当时的术语使用几乎相同的意义上，哲学表述作为一种“科学的意识形态”，并以完全悖论的方式对科学的发展、科学概念的产生乃至本质都产生了影响。阿尔都塞觉得，正是康基莱姆引导他远离了唯心主义者的道路，而这种唯心主义在早年曾启发阿尔都塞在理论上将哲学定义为一种有关理论实践的理论。同时，在康基莱姆的启发下，阿尔都塞还坚定地认为，认识论不过是一种知识论的变种，是那种认为哲学是真理或真理的保证的现代（相对于笛卡尔和康德来说）版本。真理的存在仅仅为事物的确定秩序以及人们之间道德和政治的联系提供最后保证。

正是在这种理论背景之中，阿尔都塞于 1965 年出版了《保卫马克思》和《读〈资本论〉》两部著作，这也是他对后世影响最大的两个文本。但，这两者都并非对自己观点进行阐述的系统论著，《保卫马克思》是他早期的一些论文的选编。它以对思想史的理论研究，批判地解读了早期马克思。而《读〈资本论〉》则是他在 1964 年期间主持的一个讨论的文章结集。从文本学角度来说，这在客观上对解读阿尔都塞的思想造成了一定的障碍，它使得读者必须躬身进入著者的众多篇章，将散见于各类文本字里行间的思之追问收集并连缀起来。

然而，在完成了这两个文本之后，阿尔都塞却陷入了一种极度的精神恐慌当中。一方面，他为自己的心血能够顺利付梓感到高兴；另一方面，他又害怕由于这两部著作的问世，他的观点得以最大程度的公开，从而使人们看穿他的本质，认为他不过是个玩弄伎俩的骗子，无论对哲学史还是马克思都一窍不通。因为实际上，他确实也只深入研究过马克思的早期著作并在 1964 年因为主持讨论的需要阅读了《资本论》第一卷。他觉得，自己似乎变成了某种独裁的理论建构的一部分，而这种建构，早已极大地偏离了马克思本人的意愿。因此，当有人指责阿尔都塞和萨特一样，不过是在自己的理论范畴内制造了一个“假想的马克思”时，他欣然地承认了。尽管他并不认为言者真正地理解了自己所说的这番话的全部意义。

在《读〈资本论〉》出版后两年左右，阿尔都塞改变了自己先前对马克思主义哲学的定义。他原来认为，哲学是理论（科学）实践的理论，同时又是理论问题式的理论及其历史的理论。它拥有自己的对象，尽管这一对象本身与（自然）科学不同。然而现在，阿尔都塞从这个关于哲学的定义中看出了他所反对的“理论主义”倾向。于是，在1967年的《为了科学家的哲学讲义》中，他重新说道：“我出版它（讲义），目的是作为一种理论回顾的证明。事实上，就哲学一般以及特殊方面来讲，在这里可以看到关于马克思主义哲学研究中所‘首创’的转折点的最初定式。实际上，以前在《保卫马克思》和《读〈资本论〉》中我把哲学定义为‘理论实践的理论’，不过这一讲义中表现了新的定式。哲学不是（像科学具有对象那样）具有对象，而是具有论争点。哲学不是生产知识，而是论述命题，等等。诸命题开辟了通向科学实践与政治实践等诸问题的正当命题的道路。”[1]

这里新提出来的哲学实践的目的是排除障碍，以期达到科学的认识。它与阿尔都塞的意识形态理论相关。

阿尔都塞与结构主义的关系也是后世争论得较多的焦点。客观地说，结构主义本身并非哲学，它是语言学和人类学的研究方法，但因为具有瓦解近代主体哲学基础的功能，因而扮演了哲学的角色，其中尤以索绪尔和列维—斯特劳斯为代表。由于众所周知的阿尔都塞和拉康的亲密交往以及在他的文本中表现出来的结构主义的风格，人们通常认为他也是结构主义的一员，甚至在国内早期对他的学说思想的评介中就曾直接使用“结构主义的马克思主义”的界定。当然，客观地来说，结构主义对阿尔都塞的影响是不能忽略和小视的，但他自己对此曾给出了明确评价，我们不妨来看一下。

将以上阿尔都塞的自述做一个概括，即他认为结构主义的意义，在

1　《哲学与科学的自发哲学》，法国马斯佩罗出版社1974年版，第8页；转引自《阿尔都塞——认识论的断裂》，［日］今村仁司著，牛建科译，河北教育出版社2001年版，第219页。

于它从根本上批判了以存在主义为代表的近代主体哲学，将个人主体看作一定结构的承担者，而结构才是其中起关键作用的基始。很明显，结构主义的这种观点与阿尔都塞的“无主体”思想有异曲同工之妙。因此在阿尔都塞看来，结构主义实际上批判了“理论的”人本主义，而他本人也恰恰是反对人本主义的。这一观点也成为后人指责阿尔都塞向结构主义“献媚”的根据之一。但另一方面，“献媚”即意味着并非真正与结构主义合流。阿尔都塞看到了结构主义所主张的“结构”的缺陷，他认为结构主义在使用历时性与共时性这对范畴时，是以柏格森的“绵延的”、同质的时间性的意识形态为前提的，而在阿尔都塞眼中，真实的时间（历史）却是由标志着异质出现的“断裂”所构成的。在公开出版的《读〈资本论〉》一书中，他曾批判性地提到了结构主义杰出代表列维—斯特劳斯的名字，但是语焉不详。而在其未曾发表的论文《论列维—斯特劳斯》中，他对斯特劳斯的“结构人类学”提出了批判。尽管有学者认为其中大部分观点并未击中列维—斯特劳斯的要害，但我们可以从他们对立的焦点上来寻觅阿尔都塞与结构主义的差异。阿尔都塞批评列维在列举社会的形式条件时，采用了语言—符号学的二元对立和现代形式逻辑，他认为这样一种对“结构”的建构，实际上是从概念的形式化到数学的形式化，是数学的“组合（combinatoire）”而非异质要素的“结合（combinaison）”，其结果只可能产生同质的空间。同理，如上文所述，他们在对历史的看法上也是有着根本差异的。而众所周知，列维—斯特劳斯的符号学的结构论恰恰是结构主义最基本的特征，因此，从这一点来看，阿尔都塞并不等于结构主义，尽管“结构”一词频繁地在其文本中跳跃。

在政治行为上，阿尔都塞把 1968 年和 1968 年以后把对革新过的“革命理论”进行研究的人团结在他周围。他的影响大得足以使一些高师学生追随他一起加入法共。但在此时，马克思主义无论在学术思想层面还是在政治运动层面，都遭到了国际性的危机。因而决定了阿尔都塞在公开的一面，即作为党的哲学工作者，坚定并顽强地维护马克思主义原则，但同时又由于当时的法共放弃了“无产阶级专政”，而与其处于对立状态。由于他的观点同当时的法共领导人相左，政治处境颇为窘困。一些与他有合作关系的学者先后被开除出党（如艾蒂安·巴里巴尔、雅克·朗西埃等）。

在这一段时间，阿尔都塞的精神旧疾又开始发作。在极度沮丧和恐慌的精神压抑之下，阿尔都塞开始每天接受心理分析医生的检查，他被认为患有轻度躁狂症。在阿尔都塞的多次自杀威胁之下，他被送进了苏黎世的医院直到恢复正常。

其实，政治与哲学的关系，是阿尔都塞始终予以重视的。这种对政治哲学的关心，从其处女作黑格尔论，经50年代末的孟德斯鸠论和60年代的马克思论，直到70年代理论中的阶级斗争论和意识形态论，都是作为不变的主题而贯穿其中的。

斯宾诺莎是从很早开始就对阿尔都塞产生了启发的思想家之一。阿尔都塞对意识形态理论的研究在一定程度上是从斯宾诺莎的想象力论中找到了灵感。他从斯宾诺莎的绝对内在论出发，构思了结构因果性理论。并且，他在斯宾诺莎对于第三种知识的论述中，发现了独异者的思想。我们放在这里进行论述，主要是想在纵览他将近一生的政治举动后，再来看一看这一人物的影响究竟在他全部哲学和政治选择中扮演了怎样的角色。

阿尔都塞指出，他从斯宾诺莎那里发现了一个关于宗教意识形态的庞大理论，一个颠倒世界、置因为果的“思想的机器”。它将自己与社会的主观性相联系，并完全以此术语来表达。而这恰恰被证明是一个具有“去污力”的手术。

他还发现斯宾诺莎所谓“第一性”的知识并非我们通常意义上的知识，它更不是一种知识论——一种关于所有知识的绝对“保证”的理论，一种唯心主义的理论——而是一种与生活世界直接有关的理论（对阿尔都塞而言，第一性的理论即意味着世界，换言之，就是共同感的自发意识形态的直接性）。毕竟，阿尔都塞在斯宾诺莎那里发现了最具有震撼力同时也是最鲜为人知的“第三种”知识的例子，或至少是阿尔都塞对它的看法。它是知识的最高形式，同时提供了对一个客体的唯一和一般性的解释（尽管他也承认这多少是对斯宾诺莎的黑格尔式的解读，但他认为却并非一种错误的解读。黑格尔认为斯宾诺莎是“最伟大的”并不是偶然的）。它所达到的认识是人的独特的历史个体性理解，是犹太民族的理解（阿尔都塞相信斯宾诺莎在“第三性”中，旨在指出一种具备所有独特和普遍的个性的知识）。

不过，阿尔都塞对斯宾诺莎的研究并没有就此结束。他还认为，斯宾诺莎是一个拒绝任何知识论（无论是笛卡尔的还是后来康德的）的思想家：一个从根本原则上反对笛卡尔的“我思”的主观性概念的作家。斯宾诺莎把“我思”当作一个事实提出，但却未从此出发得出任何先验性的结论。并且，斯宾诺莎相信事实的真实性，而这种真实性对于一个从假想的上帝及其属性推演出世界的存在的独断论者来说无疑是令人惊愕的。没有比这种既无起源又无终结的想法更唯物主义者的了。后来，阿尔都塞从中得出了他关于历史和真理的描述：它们是一个没有终点（不带有任何预定的末世学命定论色彩）的无主体（为一切意义提供了起源和基础）的过程。他使用了以下的隐喻：一个唯心主义者是一个知道列车从哪个站台驶离以及到达哪个目的地的人。他提前就知道这一点，因此当他踏上一辆列车时，他知道自己往何处去，因为他正是和列车一同前进。另一方面，唯物主义者是一个踏上列车时，既不知道它从何处来也不知道它往哪里去的人。

从上可以看到，阿尔都塞认为唯物论是一班飞驰的列车，既不知从何处而来，也不知到何处而去。从这里导引出了他 70 年代末以后思考并提出的“偶然相遇的唯物论”。这是基于对斯宾诺莎的重读，而这次重读是在遭遇了马基雅维利之后。

其实，早在 1961 年夏天，阿尔都塞在意大利的帕尔奇诺鲁逗留的时候，就已经从葛兰西的著作中首次读到了马基雅维利。他在《来日方长》中表达了这种相遇给他带来的理论震惊，并认为这是一位比他当时正在阅读的马克思更令他着迷的作者。但从阿尔都塞留下的文本来看，马基雅维利这一名字出现的频率远低于马克思。对于这个问题，他的一个学生泰勒说道："马基雅维利的名字在阿尔都塞的著作中很少被提到。除了 1977 年的题为'马基雅维利的孤独'的演讲之外……，我仅仅发现了两处比较重要的引用……做一个更加仔细和小心的搜索……也许可能会找到一些补充证明。但这并不会改变这样一个一般性的印象，即马基雅维利只是偶然并分散地现身于阿尔都塞的公开著作中。然而，所有聆听过阿尔都塞的学生都知道：这一印象是错误的。这根本不能反映出他从马基雅维利那里认识到的历史原则……的极端重要性。面对如此（对马基雅维利——笔者注）的沉默，我想起圣-约翰·佩斯的诗句：'太阳从不被提起/但它的力量泽被我等……'"[1]

日本学者今村仁司认为，虽然阿尔都塞在读马克思的《资本论》第一卷时，就已经注意到了"相遇"的概念，但这时候的相遇侧重的是必然性的"结合"，而将"相遇"与"偶然"联系在一起，却是在马基雅维利的思想中发现的。阿尔都塞曾说："我从马基雅维利那里得到的真正惊人的东西是他认为机会（偶然性——笔者注）从本质上来说与'空'同等重要的极端思想，其中最出色的是君主的内部真空问题。这一思想如同一只狐狸，在马基雅维利的激情与原则的平衡与相互作用中起到了积极作用……这个惊人的概念，一旦变得明确，就会与最深刻的分析经验相一致，使人们与自己的激情——或者，更准确的，与自己的反移情——保持距离。我在斯宾诺莎与马基雅维利那里所读到的，正是我在自己的生活中直接经验到的。这无疑就是为什么我会对在他们之中与它的'相遇'格外感兴趣。"[2] 他进一步解释道，在马基雅维利看来，只有在"空"与"空"的相遇中，才有可能产生新的事物。这是他的理论核心。并且，阿尔都塞为这种"偶然相遇的唯物论"寻找到了历史根

1 Louis Althusser: *The Future Lasts a Long Time* and *The Facts*, trans. Richard Veasey. London: Oliver. 1993, p. 12.

2 Louis Althusser: *The Future Lasts a Long Time* and *The Facts*, trans. Richard Veasey. London: Oliver. 1993, pp. 241 - 242.

源，即与德谟克利特与伊壁鸠鲁的原子论相关联。

阿尔都塞宣称，唯物论并非如传统认为的那般强调必然性，它更重视偶然的相遇，认为世界是由此产生的。与唯心论不同，唯物论既关心这一从偶然相遇中产生出来的世界，同时又回归到使世界之所以能生发出来的可能的场，即偶然相遇的场，并从该立场出发对当下的世界秩序进行批判，揭示其被隐藏的基础。

偶然的相遇，用伊壁鸠鲁的话来讲，就是“偏斜”。原子在虚空中下落的过程中，偶然产生偏斜，与其他原子相遇、碰撞，这时，产生万物，并由此形成世界。偶然性正是世界成立的可能性的条件，当这种可能性的条件在意识形态上被消去的时候，就诞生了具有起源和目的的世界及其解释（必然性的世界）。唯物论主张世界形成以前的“无形”状态或者只有运动是现实的真实。这是从德谟克利特和伊壁鸠鲁，中经卢克莱修到马基雅维利和马克思的唯物论传统。关于马克思，可以说在晚年阿尔都塞的思想中，马克思的哲学是不存在的，只有支撑马克思思想的古代以来的唯物论传统。既无目的也无起源的过程的思维在近代，在马基雅维利和马克思那里更加尖锐地被重复。只有作为这种哲学倾向的立场，才能与科学认识论产生创造上的联合。阿尔都塞把这种倾向比喻为既没有始发站（起源）也没有终点站（目的）的行驶的火车。唯物论就是“跳上”这样的火车的哲学，是持久性抵抗和批判的思想。

在后来的题为《马基雅维利与我们》的论文中，阿尔都塞进一步从政治哲学的立场阐述了马基雅维利思想中的这两个概念。他在这篇论文中同时提到了马克思，其目的是从马基雅维利哲学以及他受马基雅维利影响而重新理解的斯宾诺莎哲学立场出发，来解读马克思的思想（从博士论文开始）。因而，在他眼中，马克思也成了提倡“偶然”的哲学家。

在私人生活方面，埃莲娜于 1968 年搬至高师与阿尔都塞同住，两人于 1976 年结婚，终于结束了长达 20 多年的不安定。但在 1974—1975 年间，埃莲娜的精神状态也开始恶化，不得不每天接受心理医生的护理和治疗。但这一治疗并未取得明显效果。也由于这种情况，在其后的一段时间内，阿尔都塞夫妻的关系开始出现较大裂痕，我们将在后面谈到。

1979年期间，阿尔都塞的状况开始趋于稳定。他的妻子埃莲娜在心理医生的治疗下，也有所好转。但逐渐地，阿尔都塞却发现自己在高师所开的讲座很难有进一步的发展。并且，从1979年年末开始，他的食道开始感到不适，吞咽困难。这使他不得不接受手术，尽管阿尔都塞本人一再反对并两次推迟了手术时间，但在医生的强烈坚持下，手术最终得以进行。从技术上说，这是一次成功的外科手术，但它却以一种奇特的方式将阿尔都塞又带入了一种新的心理焦虑和沮丧。这被确诊为"精神忧郁症"并且极为严重。

1980年以后，这种精神上的困扰持续加重，阿尔都塞不得不又进入了医院。埃莲娜又被重新置入了一种孤独的境地。这也使她从刚刚获得的平静中摔落出来，陷入了孤寂与恐惧编织的罗网。

9月份以后，阿尔都塞出院，两人得以再次重聚。在一次为期8—10天的短暂旅行之后，阿尔都塞的情况甚至恶化到了比先前更严重的地步，于是他们不得不回到家中。然而，到了此时，埃莲娜再也不能忍受这种始终处于动荡不安、时刻需要担惊受怕的生活了。她向阿尔都塞表达了要离开他单独生活的愿望，并开始外出寻找房子。这使阿尔都塞大为吃惊并感到恐惧，鉴于我们在上面曾论述过的原因，并且他坚信两人在内心中还是彼此相爱，因此他表示反对。事情表面上看起来似乎是以埃莲娜的妥协为结束，她搬出去独居的行动也不了了之。但两人之间却开始了旷日持久的冷战。这当然主要是埃莲娜单方面造成的。她不再与阿尔都塞做任何交谈，经常整天不知所踪。阿尔都塞将这段日子称为"地狱般的生活"。这种僵局一直持续到悲剧的发生。

埃莲娜的死无疑是个任何人都未曾想到的突发事件。没有人（包括阿尔都塞）知道事情的具体经过。在那之后，阿尔都塞被送入精神病院接受监管与治疗。在他被免于起诉后，虽然外界媒体大多抱着指责与抨击的态度，但令阿尔都塞宽慰的是，他的旧日好友们无一不怀着信任的态度，站在他的一边。

几年后，阿尔都塞离开了医院，开始恢复旧日的生活。尽管他的低调并未能就此扼杀各类媒介对他的甚至带着恶意的好奇，但毫无疑问，他将他的平静保持到了 1990 年去世之时。这时，距离他妻子的离去已有 10 年。

最后，我们来看一看阿尔都塞在晚年是怎样告别了马克思主义的。

阿尔都塞是在意识形态论的基础上来思考马克思主义的局限性的。在他没有发表的 1978 年手稿《马克思的局限性》中，阿尔都塞一方面肯定了马克思哲学在思想史上具有的决定性意义，另一方面也指出了它所具有的局限性。面对国际共运的失败以及理论上的死胡同，他不得不承认自己在 60 年代中期所致力的运用“症候阅读法”读出马克思文本中的“空白”以期拯救被庸俗化了的马克思主义的做法从出发点开始就不过是一种理论的乌托邦而已。而在《保卫马克思》和《读〈资本论〉》中他绞尽脑汁所构筑的“马克思的哲学”，也只是像早年对黑格尔的解读一样，是在马克思的幌子下塞进了自己的东西（这似乎是阿尔都塞一贯的风格）。但这并没有改变公认的马克思主义和共产党理论的贫困问题。对此，阿尔都塞提出了和高等研究资格论文中类似的主张，即应当到历史过程中去重新体味和思考马克思及马克思主义的思想和运动。但实际情况是，面对一次又一次的危机，马克思主义根本缺乏正视自己贫困的勇气，也没有对自己的思想进行过真实而深入的剖析。“对过去这所有的实际情况不屑一顾，再加上不能从正面加以看待，其结果是，马克思主义者们……丧失了证明自己历史的能力。”[1] 当然，这并不意味着在阿尔都塞看来，马克思对社会和历史的科学研究及理论已失去了其全部意义，他不过是想表明，作为意识形态及其运动的马克思主义和共产主义运动正在解体。基于这一点，阿尔都塞谈到了修正（订正）

---

1 [法] 阿尔都塞：《政治哲学文集》第一卷，Stock/IMEC 出版社 1994 年版，第 360—361 页；转引自《阿尔都塞——认识论的断裂》，[日] 今村仁司著，牛建科译，河北教育出版社 2001 年版，第 252 页。

马克思主义的可能性，但这种他希图以曙光形式出现的可能性却被淹没在他对马克思主义局限性的探讨之中。

在具有自传性质的《The Future Lasts a Long Time》中，阿尔都塞声称，从本质上说，马克思根本不是一个哲学家，他并没有什么为人称道的哲学建树。他最大的功绩就是发现了阶级斗争的规律，而在这个发现过程中他是从一种新的哲学立场出发，这使得他成为了一个理论家。仅此而已。

首先是唯心主义的影响。他认为，曾被称赞为是生产方式理论积极成果的马克思的手稿《前资本主义诸形态》和《政治经济学批判导言》，实际上是有始有终的目的论的历史观，是唯心论立场，《资本论》中的自由王国论和作为平等的共同体的共产主义理念，也是唯心论的产物。并且，阿尔都塞还肯定地指出，马克思所谓的"只有在生产力高度发达以后，革命才有可能"的观点，是典型的黑格尔主义思想的产物。

其次，阿尔都塞还在《马克思的局限性》一文中指出，马克思直到最后也没能在他的任何一个文本中明确提出国家的功能（在这里，马克思甚至不及黑格尔）和再生产的结构问题，因此，他也没有真正理解意识形态的本质。可以说，马克思的国家政治理论，不但没有提供一个摆脱他在《意识形态与意识形态的国家机器》中批判的工具理性的国家论的途径，反而在其中越陷越深，甚至受其所害。

从这些论断可以看出，晚年阿尔都塞的思想已经发生了与其早期大相径庭的转变，甚至可以说是完全颠覆了他的早期理论。也许正是从这一点出发，他才走向了我们前面所说的"偶然相遇的唯物主义"。

空无辩证法：阿尔都塞的高等资格论文研究

多重指向的阿尔都塞：幻像？断裂？

与我现在所能列举出的大部分哲学家一样，初识阿尔都塞实在没什么可夸耀的精彩之处，这个名字是一个闷热的下午，在鼓楼校区教学楼的一间小教室里第一次听到的。当时，我还是一名哲学系的本科生。在那人头式串讲的“西方马克思主义”课上，为了能记住这些在前两年从不被老师提起、却在一时间纷至沓来的名字，我自己甚至编纂了一个人物目录。其中，阿尔都塞（Althusser）被我置入了首字母为“A”的哲学家行列，紧随阿多诺（Adorno）之后。在关于他的附注中，我仅记下了“法国哲学家，出生于阿尔及利亚，结构主义的马克思主义和科学的马克思主义代表人物”一行文字。可笑的是，对于当时还在人本主义语境中徘徊的我来说，“结构主义”不过是一个可以拿来对非哲学专业的学生吹嘘的模糊概念而已。同样的，阿尔都塞的名字也在匆匆的“惊鸿一瞥”之后被随便地放置在记忆的角落中。在我看来，这四个字仅仅是一个符号，一个凭借着我良好的记忆力和笔记上的烙印记住即可的物件，因为身处当时的我，根本无暇去想象和了解，它背后所代表的竟是一个在肉体与精神之中苦苦挣扎的生命，以及那么多的赞誉和非议。

而这，是在一年多之后，我以一种迥异于第一次那样漫不经心、姗姗而来的方式再次遭遇阿尔都塞之后才逐渐了解到的。和国内绝大多数哲学专业的学生一样，我对阿尔都塞文本的接触始于他 20 世纪 60 年代发表的《保卫马克思》、《读〈资本论〉》以及《意识形态和意识形态国家机器》——这些也是他被当作正统的西方马克思主义者最光辉和仅有的著作。在这里，首先使我感到震撼的是他的“问题式”概念和“症候阅读法”的提出（关于以上提到的三个文本的解读，请参阅张一兵教授的《问题式、症候阅读和意识形态——关于阿尔都塞的一种文本学解读》，中央编译出版社 2003 年版）。在我看来，这个方法论上的重大革命最重要的意义是消解了平面式的线性阅读和面对文本时的神目观态度。也正是这一认识论上的突破，使得阿尔都塞在 20 世纪 60 年代法国的璀璨群星中毫不逊色地闪耀着自己的光芒。关于这一点，日本学者今村仁司不无夸张地感叹道：“1965 年，是思想的地震年。”[1] 可是不久以后，当我开始试图从他的英译本自传《The Future Lasts A Long Time》和《The Facts》中来了解这位思想家时，我却在他的思想轨迹中发现了一个他在描述别人时经常使用的词语——“断裂”：我原先认识的西方马克思主义阵营中科学主义流派的代表者路易·阿尔都塞真的是面前这些文本中所展现的那个早年信奉天主教、一生充满焦虑和抑郁、晚年竟是在精神疗养院中度过的杀妻犯吗?! 我的疑惑迫切地需要解答。当然，这种好奇并非因着我对原因不明的暴力事件（弑妻）的某种偏好，而是我发现在阿尔都塞将马克思进行二分（“青年马克思”和“成熟时期的马克思”）的同时，他本人的生活和思想轨迹中也布满了甚至更多的决定性“断裂”，当他从自己的文字中缓缓地迎面走来，从一个虔诚的天主教徒逐渐转变为黑格尔主义者、马克思主义者以及晚年被很多人误认为的反马克思主义者时，我想知道的只是：在以“阿尔都塞”为题的这段乐章中，所能欣赏到的难道只是跳跃的音符和零落的小节，和声呢，

1　［日］今村仁司：《阿尔都塞：认识论的断裂》，河北教育出版社 2001 年版，第 5 页。

真的没有吗？

当然不是。在用了两年时间读完了当时所能找到的全部阿尔都塞的著述（仅限于中、英文文献）之后，我惊奇地发现，尽管常常赋形于不同的面目，有一个滥觞于阿尔都塞青年时期的概念却自始至终游弋在他的文本中，这就是“空无”[1]。顺着这个概念的线索，那令我讶异的不为人知的阿尔都塞才逐渐和人们所熟知的作为革命斗士的阿尔都塞联系在了一起。不过，由于篇幅的限制，本文仅着重致力于他青年时期的著作的分析，同时与他60年代最辉煌的两个文本做一个连接，希望能以此来展示“Young Althusser”到“Mature Althusser”的思想脉络。

不过，由于阿尔都塞青年时期的文集《Spectre of Hegel（黑格尔的幽灵）》直到1997年才出版，国内当时尚无中文译本（这项翻译工作已由我和唐正东教授完成），所以我的文本依据是Verso出版社出版的英文版的《Spectre of Hegel》。其中，《黑格尔哲学中的“内容”概念》所引用的文字主要参照唐正东教授的译文（部分地方有修改），其余文本的引用文字均是笔者自已翻译。同时，由于迄今为止整个国际学界对这批著作的研读（仅限于中、英文文献）寥寥，所以在对文本的解读方面，笔者所能借鉴的不多（但今村仁司所著的《阿尔都塞——认识论的断裂》对我有很大启发）。不过，于空白处作文却也有一个便利之处，即是省去了旁征博引、比较鉴别的麻烦。凭它如何，我只说自家之言。姑且作为一种尝试，就当是能引出玉的那块砖。况且，砖的本分便是作垫脚之石，这又何尝不是它的荣幸呢。

---

1 关于这个概念，在阿尔都塞的法语原著中为vide，英译本译为void，指的都是空无一物的状态。《阿尔都塞——认识论的断裂》的中文译者将其译为“真空”。而从阿尔都塞的文本来看，他对这个词的使用，虽然也包含了中文中“空”的意义，但更多的是在和“有”（即他的“内容”）相对立的“无”的层面上来说的，张一兵教授在《问题式、症候阅读与意识形态——关于阿尔都塞的一种文本学解读》一书中将其译为“无”，我则译为“空无”。但在讨论中，会涉及它所蕴涵的“无”和“空”的特性。

“空无”的血脉

一、“空无”与“内容”

“神说：‘要有光’，就有了光。神看光是好的，就把光暗分开了。”[1]这是圣经《创世记》中为我们做出的第一个区分，它告诉我们，光和暗是对峙分立的。福音书也说，“光照在黑暗里，黑暗却不接受光。”[2] 两者的关系是如此地显而易见。没有人可以否认光明的对立面是黑暗。然而，另一个同样清晰的事实却常为人们所忽略：没有暗，光就失去了存在的必要，因为黑暗恰恰是光明的见证，而神也正是在黑暗中完成了创世的第一个行为！仍然是圣经提供了论述，在《出埃及记》里，摩西在何烈山被神呼唤，巨大的光芒使他无法看见神——于是，这表面上决然对立的两者却在相同的极点处不期而遇——绝对光明和绝对黑暗是同样使人目盲的！因为只有在光暗相互作用的前提下，世界才得以显现。

可见，越是对立的范畴在存在的意义上对对立面的依附性也就越大。在这个前提下，我们可以来考察另一对比“光”与“暗”更具有基始性的范畴——“有”和“无”。尽管在阿尔都塞的文字里，“空无”并没有直接和“有”相伴生出现，但代替“有”的是“内容”（最具标识性的文本是他的高等资格论文《黑格尔哲学中的“内容”概念》），并且就他为“空无”所设定的本原性地位和整个辩证逻辑的三段论出发，“有”就成了我们不能不选择面对的另一面，这对理解“空无”为什么成了阿尔都塞如此重要的关键词不无裨益。当然，这也就是为什么在一篇围绕着“空无”大肆发挥的论文中，阿尔都塞却选择了“内容”作为标题的缘故。

1　《旧约》：创世记 1 章 3—4 节。

2　《新约》：约翰福音 1 章 5 节。

“有”和“无”可以说是最基本、也最彻底的一对对立范畴。巴门尼德就曾经论证过“‘存在’（‘有’）存在，‘不存在’（‘无’）不存在”的命题，从根本上否定了“无”在一个以“在”为基本属性的世界中的存在。在关于世界本原问题的争论上，虽然古往今来的众多哲学家从未达成过什么协议，但不论是锁定自然元素、物质实体还是抽象概念，都无一例外是一种“在”。但这一切到了阿尔都塞那里，就被完全颠覆了。他大反其道而行，将“空无”界定为世界（“有”）的开端，确定了“无”的辩证法。这又是如何实现的呢？“有”和“无”是否也能像光和暗一样找到相遇点呢？这就是本文试图完成的工作。

鉴于阿尔都塞本人对非历史的方法所持的抨击态度，为免人诟病，在进入阿尔都塞之前，我们先本着历史的态度从哲学史的线索上来梳理一下“无”这个概念的发展。因为在我看来，阿尔都塞本人对这一概念的起用除了源于圣经的天主教教义影响和对黑格尔的直接承袭之外，正是得益于对哲学史问题域的总结以及对这一遗产的继承和扬弃，而远非一时的灵光忽现。通过这样一个回溯，我们也就可以清晰地看见，阿尔都塞在他的辩证逻辑中，究竟为“空无”赋予了什么样的使命和地位。

二、“空无”的第一阶段：从泰勒斯到爱利亚学派

阿尔都塞认为，“空无”是“内容”（“有”）——“世界”这一发展过程基始性的存在。在《创世记》中有一个隐喻，“起初”后面即是“神”[1]，不需要任何的过渡或中介。而到了阿尔都塞那里，“起初”后面则变成了“无”。尽管从前苏格拉底的古希腊哲学史来看，“无”作为一个概念，并没有很早就被哲学家界定为世界起初的统一性。但不同学派和学者关于本原的讨论却在一定程度上启发了阿尔都塞，他正是在这一基础上完成了对黑格尔的理解，并将黑格尔的“否定”径直改写成了“无”。

1　《创世记》1章1节：“起初，神创造天地。”

在古希腊哲学史上，首先将万物的起源统一为一的是泰勒斯。他认为这个基始元素就是水。它结合恒动、恒静于一体，既流淌不息，又静若明镜，并能包容（或溶解）一切物体，因而是存在的根源。在这里，我倒不倾向于唯物主义哲学家将泰勒斯哲学概括为朴素唯物主义的观点，他们认为泰勒斯这里指的水即是自然界的水元素。而黑格尔则断言，这恒静又恒动的水，本来就不是指水这种实体物质，而是作为思想的水。换言之，水在这里不过是一个借喻，其真实指向是无所不包并且从不停止运动的思想，它是作为一种物化的状态描摹而使用的。黑格尔做出这个结论是不足为奇的。在他看来，世界乃至历史亦不过是由绝对精神从异化到反观自身等一系列运动构成的。因此，世界的缘起和最终的统一性自然应当归结到思想（精神）这样的抽象的概念。

不过，与其说是我同意黑格尔这种唯心化的诠释，倒不如说是我察觉了阿尔都塞对这一观点的认同。从阿尔都塞的自传中我们可以看到，阿尔都塞本人的哲学史基础并不是很好，关于这一点，他后来在谈到自己的学术支援背景时曾说，事实上，他的哲学文本知识极为有限。只是比较熟悉笛卡尔、马勒伯朗士[1]、柏拉图和帕斯卡尔，斯宾诺莎和黑格尔知道一点，而对亚里斯多德、智者学派、斯多葛学派和康德则几乎一无所知。对于马克思，也只认真地研究过他的少量篇章[2]。因此，我们可以做一个判断，即阿尔都塞在很大程度上是通过黑格尔的《哲学史讲演录》和《历史哲学》来了解古希腊哲学的。在对阿尔都塞进行研究的学者眼中，截止到高等资格论文时期的阿尔都塞（这时他已经研读了黑格尔的《精神现象学》、《历史哲学》、《哲学全书》、《信仰与知识》、《费希特哲学与谢林哲学的差异》以及《早期神学论文集》，而《逻辑学》还没有进入他关注的视野），其哲学世界观几乎是完全借助于黑格尔来

---

1 尼古拉斯·马勒伯朗士（1638—1715），法国哲学家，试图把笛卡尔学说的形而上学与新柏拉图主义及圣奥斯汀的哲学思想综合起来。

2 Louis Althusser: *The Future Lasts a Long Time* and *The Facts*, trans. Richard Veasey. London: Oliver. 1993. p. 165.

确立的。而“无”这一概念的明确提出也正是在他的高等资格论文《黑格尔哲学中的“内容”概念》中。因此，我们几乎可以肯定黑格尔的这种理解对阿尔都塞的影响。同样，我们可以走得更远一点，既然阿尔都塞的整个希腊哲学史课程都是在黑格尔那里补上的，并且此时黑格尔对他来说几乎是一面折射率可以忽略的平板玻璃，那我们大可以通过考察黑格尔对这一时段中不同学派和学者的态度来看他们对阿尔都塞的影响（这正是我下面的做法），因为关于这些学术支援背景，阿尔都塞实在是吝啬言辞。但是，由于在阿尔都塞的辩证法中，“无”正是通过不断地否定并超越自身的运动——扬弃（当然，朴素的泰勒斯离这一点还很遥远），而产生出万有——即内容的。根据我的判断，恰恰是从古老的泰勒斯哲学中，阿尔都塞为他的“无”找到了最初的性质。

比起泰勒斯设定的令人争议的本原，同时代的毕达哥拉斯就要明确得多。丰富的数学素养是毕达哥拉斯区别于许多其他哲学家的地方。同样，他的哲学也是建立在数学基础上的。他认为，数及其间的关系是存在的基础，“一”[1] 是万物之源。这是古希腊哲学史上第一次将世界的起源界定为一个非感性的抽象物，因此，毕达哥拉斯比之泰勒斯，确实是前进了一大步。当“一”组合为“二”的时候，依照毕达哥拉斯的学说就不仅仅是数的叠加，而是从统一开始出现了差别和对立。根据这一思路发展下去，“后期毕达哥拉斯学派把一称作神，把二称作物质。三赋有很大的意义，一通过二重新在三里面到达它的圆满阶段。对三的崇拜从毕达哥拉斯学派传到了基督教。”[2] 当然，也传到了身为天主教徒和黑格尔信徒的阿尔都塞。很明显，关于统一、对立、扬弃乃至三段论等第一批也是最重要的辩证法概念在这里隐约地有了它们的雏形。而在我看来，阿尔都塞“无”的生化过程几乎也只改写了一步，它的开始是：“无”——“有”（内容），即零是如何变成了“一”。

1 数词“一”（die Eins）在德语中是阴性词，黑格尔为了区别它和毕达哥拉斯作为世界本原的“一”，特意使用了中性用法（das Eins）。

2 ［苏联］阿尔森·古留加：《黑格尔小传》，商务印书馆 1978 年版，第 155 页。

从上段末尾提出的问题我们看到了阿尔都塞需要解决的下一个关键。在毕达哥拉斯学派看来，“一”到“二”是组合的问题，“二”只是“一”到达“三”的中介。我认为，在这个哲学刚刚开始起步的阶段，毕达哥拉斯及其门徒注意到的只是作为基底的世界的终极统一性，用辩证法的术语来说，即还停留在第一步的肯定上，尽管他们已经开始认为“一”到“三”是一个循环发展（当然，这不是他们的措辞）的过程，但对于作为中介的“二”却语焉不详。在他们注意到“二”是“一”的结果的同时，却没能发现（或提出）“二”的存在本身就是对“一”的否定。因此远未达到辩证逻辑的高度。

实现这一突破的是爱利亚学派。芝诺两个著名的悖论——“飞矢不动”和“阿基里斯与乌龟”——揭示了运动过程中存在着矛盾。在矛盾中，每一方都对另一方进行了否定。但是，由于爱利亚学派的历史局限性，他们未能看到矛盾在对立的同时还有统一和相互转化的一面。例如，就上面的悖论而言，在“静止”和“位移”这一对矛盾对立的范畴中，只有连续性能将它们联系在一起。而正是连续性使运动成为可能，也恰恰是在运动中，才实现了超越。

因为这种局限性，爱利亚学派断言感性世界的事物是不真实的，即他们否认变化和多样性的真实性，并认为唯一的真实是“有”（因此巴门尼德证明了“无”不存在，只有“有”是存在的）。他们将这种“有”描述为无法被感官所感知的，因为它既不能被看到，也不能被摸到或感觉到，不在任何地方，没有过去也没有未来，只有理性才能触及它。这样的“有”其实是取消了一切具体存在的规定性，最根本的就是时间性和空间性。实际上，这也就意味着，爱利亚学派所提出的“有”不过是一个抽象的概念，只是哲学史的发展还没有成熟到能使他们认识到这一点。

在这里，“有”第一次被当作一种脱离了具体事物和现象的“纯在”提了出来。但因为在爱利亚学派的思想中，“有”是被当作“一”、当作唯一的真实，所以其对立面是“多”，而不是“无”。但我认为，正是爱利亚学派所证明的“有”的无规定性（由于抽象概念的范畴当时还未形成，这种无规定性也给他们自己造成了极大的困惑），为后来的哲学家使“有”走向“无”奠定了基础。

三、“空无”的第二阶段：从赫拉克利特到亚里士多德

紧接着就是受到了黑格尔极大肯定的赫拉克利特。而显而易见的是，作为帮助阿尔都塞确立哲学视角的老师的黑格尔对这位哲学家的褒扬和详细论述影响了他的再传弟子。赫拉克利特认为，宇宙不是一位外在的造物主的精美作品，它是自为存在的，“过去、现在和将来都永远是一团熊熊烈火，尽量地自行燃烧又自行熄灭”。[1] 根据这一学说，火的变化形成了世界的多样性：它通过燃烧熄灭产生了湿气，形成了水、土，反之，土也会燃烧或液化、蒸发变成水。由此可见，自然其实不过是一个圆圈（循环），其起点和终点是相通的，所有的对立也是相通的并且可以互相转化——“有”和“无”同样不例外！黑格尔在他的《历史哲学》中对此给予了极高的评价，他认为赫拉克利特在前人已经达到的“有”和“无”抽象的基础上确定了它们的关系，由此就衍生出了另一个辩证范畴——生成。

这给了阿尔都塞莫大的、也是极为关键性的启示。赫拉克利特所确定的“无”和“有”的这种互通和对立统一使他迈出了更为大胆的一步：在众多哲学家不约而同将世界的本原聚焦在存在——不论是抽象存在还是具象存在——时，他却选择了似乎是完全对立的另一个极端：无。理由正在于此！在阿尔都塞的三段论中，初始状态的“无”通过否定自身产生了内容。

黑格尔的逻辑学更几乎是照搬了赫拉克利特这种范式。他虽将“有”（das Sein）设定为基础概念，但又立即指出，由于这个概念本身

---

1 ［苏联］阿尔森·古留加：《黑格尔小传》，商务印书馆 1978 年版，第 186 页。

缺乏任何具体规定且毫无内容，因而与其对立面“无”（das Nichts）相同。当然，这里的“有”和“无”并不针对具体事物，而是纯然抽象的一般概念。用海德格尔的话说，是在“在”而非“在者”的层面上来说的。黑格尔据此进一步指出，“有”和“无”虽然截然对立，但又不可分割，每一方都在否定对方并在对方中得到否定。这一不间断的相互作用就形成了生成。在黑格尔看来，生成是第一个有明确内涵的范畴，它意味着世界处于并永远处于运动变化之中，任何一种具体存在也都在不断地向其他的状态过渡，即永恒的生成。因为“有”和“无”之间的相互否定，不是纯粹的对立，而是类似于植株对种子的否定、果实对花朵的否定，即“扬弃”。只有在生成中，“有”和“无”都处于被扬弃的状态。黑格尔这一革命性的贡献对后世哲学发展的影响无疑是巨大的，“生成”和“扬弃”成了自黑格尔以降的所有哲学家（包括马克思）的辩证法构造中的核心环节。因此，辩证逻辑到黑格尔那里就已经完成了，在我看来，不管是阿尔都塞的“无”、萨特的“匮乏”与“谋划”，甚或阿多诺的“非同一性”，都不过是黑格尔辩证法或粗糙或精致的改写罢了。这一点我们会在后面具体谈到。

前面我们谈到了爱利亚学派对“有”这一范畴的设定和由此产生的困惑。这在柏拉图那里得到了澄清。他认识到，“有”之所以既是唯一的存在，又没有任何规定性，因而根本不存在的最终原因就在于“有”本身是一个共相。它是一切“在者”所共同具有的，即存在本身，也就是海德格尔所说的“在”。并且，这种共相其实是一种绝对，它与自身同一，自我规定。“它的生成［发展］即是它自己的潜在性的实现，它所变成的东西，即是它原先就已经是的东西。它是它自己运动的起点，但它在运动的过程中决不走出自身之外。”[1] 这种极具思辨色彩的界说是一个重要的理论命题，后世哲学家无一例外地将其作为世界理由（无论这理由是什么）的本质属性。因为只有自我规定的存在才能成为世界的

---

1 ［德］黑格尔：《哲学史讲演录》第 2 卷，商务印书馆 1960 年版，第 183 页。

“第一推动力”，它就是绝对，就是上帝！虽然柏拉图已经认识到了共相的抽象和无规定性，但他不敢就此明确地断言“有”是不存在的，只好羞羞答答地说它“不在时空之中”，可正如我们上文所说，对存在的时间性和空间性的否定，其实就已是一种“非存在”了。这一点的胆怯也使柏拉图在他关于“质料”的学说中遇到了矛盾。

之所以要提到“质料”学说，是因为根据我的分析，除了以上关于绝对的学说之外，阿尔都塞的“无”与“质料”之间也不无关系。柏拉图所谓的“质料”是无形式、无特点、无规定的，它是一种“虚空”，是事物的无形式的基质。“质料”甚至不是共相，它被剥离了一切共相，只有当质料分有共相时，才构成具体的事物。因此，质料从本质上来说是更加彻底的“无”，柏拉图把它叫做“非存在”。同时，“他却认为它（质料——笔者注）必须是永恒地存在着以便理念把自己的影象打印上去。它不是从理念中产生出来的东西。而是与理念同样原初的、非派生的、独立不依的，因此，这样看来，它非但不是绝对的非有，毋宁说是一个绝对的有，绝对的真实。”[1] 柏拉图不敢做出“绝对的有＝绝对的无”这样的结论，他要了一个小小的花招。对此，黑格尔在《哲学史讲演录》中说：“柏拉图力求保持‘有’与‘非有’的区别。‘智者’篇对‘有’与‘非有’作了进一步发挥：一切事物皆存在，皆有其本质，但也不存在，‘非有’亦属于一切事物。”[2] 这样，通过把“无”设定为一种存在，“质料”问题就得到了圆满的解决。不过，在论及具体事物时，他本着“一切肯定都是否定”的原则，将一物内的“非有”解释为他物的无，因为任何一物一旦被规定，就有了限制，它是他物的他物，而一物的存在正表明他物的不在。也就是说，在这里，所谓的“非有”其实就是限制本身所包含的否定性。

阿尔都塞就没有这么束手束脚了。他受到了“虚空”概念的启发，

1　[英] W. T. 斯退士：《黑格尔哲学》，河北人民出版社 1986 年版，第 14 页。
2　[德] 黑格尔：《哲学史讲演录》第 2 卷，商务印书馆 1960 年版，第 207 页。

颠覆性地把这个柏拉图用来描述状态的宾词提升为主词，他所谓的世界开端处的“无”其实就是一种空无状态。在阿尔都塞那里，“无”不但存在，而且是独立的自在，它虽然没有任何（外部）规定，但却自我规定，正是自我规定创生了内容。可见，与柏拉图不同，阿尔都塞的“无”不是一种等待外在物充满的“空”，也不是准备被按照理念或其他什么来塑形的泥坯。它不是“为他的存在”，而是自为的，它就是本原，其发展和变化正是它“潜在性的实现”，这一潜在性不是外物给它的，而是它在自我规定中就已经包含和预示的。

其实，阿尔都塞与柏拉图的上述区别正是他借鉴了亚里士多德的缘故。亚里士多德指出，形式与质料相结合才成为事物。“质料自身确实是无，但它却潜在地是一切事物。它就是一切事物的潜能。但它只有得到形式时才得到现实性，成为一个‘事物’。”[1] 并且，亚里士多德关心的是世界的推动力问题，他肯定了在形式与质料的结合过程中，两者都占支配地位。进一步，他又将“目标”这一使命赋予给了形式，使它在自身中就包含了变化的方向性。正因为如此，才在变化的同时维持了自身的同一。因为亚里士多德认为，目标应当从一开始就活跃于整个过程之中，否则就不可能推动并形成存在不断向高级状态发展。不过，在目标还未实现之时，它只是潜在的。英国新黑格尔主义者斯退士这样解释道：“如果橡树的种子是开始，橡树是目标，那么橡树已经潜在于橡子之中。人类已潜在于类人猿之中，虽然只在他成为人之后才是真正的人。如果不是这样，发展的现象是不可解释的。”[2] 的确如此。生成本身就意味着某种新存在的产生，从归谬法来说，如果这个新存在是从来不曾存在（包括潜在）的全新因素，那么我们就要面对从纯粹的、没有任何外在以及自我规定的“无”中生出“有”的问题。那么显然，一切就真的如巴门尼德所说的那样不可能。于是，我们可以得出结论，新的因

1 ［英］W. T. 斯退士：《黑格尔哲学》，河北人民出版社 1986 年版，第 20 页。
2 ［英］W. T. 斯退士：《黑格尔哲学》，河北人民出版社 1986 年版，第 21 页。

素（目标）早已潜在于现有中了，并且它只有通过运动才能实现自身的目标。这就已经是十分彻底的思辨视角了。因为存在所保持的自身的同一不是僵死的、不变的同一，而是迈向目标的发展的同一。黑格尔评说道："在亚里士多德那里，不是枯燥的同一性；这枯燥的同一性不是那尊贵者、神，能力（可能性——笔者注）才是神。能力是活动性、运动、斥力，——因此不是死的同一性；能力在差别中同时也与自身等同。……可能性和实在性是同一的，理性（作为本原的绝对——笔者注）也就是可能性，……这个理性本身乃是自在的一切；但它只有通过活动性才具有真理性。"[1]

经过这番论证，我们就可以清楚地看到阿尔都塞的"空无"的自我规定性的意义和可能性之所在了。这样我们在后面具体来面对这个问题时也就不至于知其然，而不知其所以然了。

当然，亚里士多德对阿尔都塞的帮助还不止于此。他还把所谓世界原初时的"绝对"提到了逻辑的高度。他认为，绝对作为世界的理性（理由），不在世界之外，就是世界中的理性，或世界本身的理性。同时，我们称它为本原或第一性的，是在哲学而非经验的意义上来说。绝对并不存在于世界开始之前，也不在时间中"创造"世界。尽管后来哲学家们经常乐于用上帝来代表绝对，因为在宗教中，上帝被视为原初的存在者，一切均由他而生。但绝对不是站在世界之外大声说"要有光"，它和世界的关系是一种逻辑关系，它存在的第一性应当被正确地认识为是一种逻辑先在。我个人认为，这就是西方的形而上学与中国宇宙观之间的质的差异，因为后者还只停留在自然观的层次上。这一点明示也为我们在真正进入阿尔都塞的"空无"之前作了一个提醒，即我们在他那里所涉及的存在完全是逻辑存在，而不考虑经验层面的问题。

在结束了亚里士多德的讨论以后，熟悉哲学史的人都可以看出黑格尔哲学、尤其是他的辩证法在古希腊那里的源头了。这不足为奇。华莱

---

1 ［德］黑格尔：《哲学史讲演录》第2卷，商务印书馆1960年版，第300页。

士在他翻译的《精神哲学》的译者序中就曾说过："黑格尔打算提供的，不是什么新奇的、特殊的学理，而是那普遍的哲学。这个哲学经过许多世纪时窄时宽的变迁，在本质上仍然保持同一。这个哲学自觉到它是柏拉图和亚里士多德的教诲的继续并以这种同一性而自豪。"[1] 其实，这话对于阿尔都塞（仅指他的高等资格论文所构筑的"无"的辩证法）是同样适用的。当然，在深刻性和精致程度上，他远比不上黑格尔！从前面阿尔都塞交代自己的学术背景时我们看到，他熟悉柏拉图（他后来曾在巴黎高师讲授柏拉图哲学）而对亚里士多德比较陌生。但由于他本人模仿的对象是黑格尔，因此我们仍然可以在他的体系中看到这种同构性。

四、"空无"的第三阶段：斯宾诺莎的否定

斯宾诺莎是从很早开始就对阿尔都塞产生了启发的思想家之一。阿尔都塞后来对意识形态理论的研究在一定程度上是从斯宾诺莎的想象力论中找到了灵感。他从斯宾诺莎的绝对内在论出发，构思了结构因果性理论。并且，他在斯宾诺莎对于第三种知识的论述中，发现了独异者的思想。他发现斯宾诺莎所谓"第一性"的知识并非我们通常意义上的知识，它更不是一种知识论——一种关于所有知识的绝对"保证"的理论，一种唯心主义的理论——而是一种与生活世界直接有关的理论（对阿尔都塞而言，第一性的理论即意味着世界，换言之，就是共同感的自发意识形态的直接性）。毕竟，阿尔都塞在斯宾诺莎那里发现了最具有震撼力同时也是最鲜为人知的"第三种"知识的例子，或至少是阿尔都塞对它的看法。它是知识的最高形式，同时提供了对一个客体的唯一和一般性的解释（尽管他也承认这多少是对斯宾诺莎的黑格尔式的解读，但他认为却并非一种错误的解读。黑格尔认为斯宾诺莎是"最伟大的"并不是偶然的）。它所达到的认识是人的独特的历史个体性理解，是犹

1 ［英］W. T. 斯退士：《黑格尔哲学》，河北人民出版社 1986 年版，第 1 页。

太民族的理解。阿尔都塞相信在斯宾诺莎的“第三性”中，所谈到的是一种具备所有独特和普遍的个性的知识。当然，这是另外一个问题。

不过，阿尔都塞对斯宾诺莎的研究并没有就此结束。他同时认为，斯宾诺莎是一个拒绝任何知识论（无论是笛卡尔的还是后来康德的）的思想家：一个从根本原则上反对笛卡尔的“我思”的主观性概念的作家。斯宾诺莎把“人思考”当作一个事实提出，但却未从此出发得出任何先验性的结论。因为斯宾诺莎虽然首先认识到第一原则必须是自我解释的，它“在自身中并通过自身而被认识，它的概念不依赖于它必须由之形成的另外一个东西的概念”[1]，但由于他相信事实的真实性，而这种真实性对于一个从假想的上帝及其属性推演出世界的存在的独断论者来说无疑是令人惊愕的。没有比这种既无起源又无终结的想法更唯物主义者的了。其实，这也就是阿尔都塞后来抛弃神学的上帝、架构了一个以“空无”为逻辑起始的世界生成图景的一大原因。它也最终导致了20世纪60年代阿尔都塞关于历史和真理（我赞同今村仁司先生的观点，阿尔都塞在高等资格论文中所指的内容，就是真理的内容）的描述：它们是一个没有终点（不带有任何预定的末世学命定论色彩）的无主体（为一切意义提供了起源和基础）的过程。尽管这一行为本身对于斯宾诺莎来说已经是一种不可饶恕的冒犯：阿尔都塞竟然用“空无”取代了他设定为唯一实体的上帝！

在更直接的关系上斯宾诺莎系统而详尽地阐述了“一切肯定即否定”的原则，认为对概念内涵外延的规定和限制本身就是一种否定，简言之，即肯定包含否定。黑格尔却用同样的原则反推了这一命题，得到的结论是否定必然也包含着肯定，因为它们本来就是彼此联系，相互包含的。于是，对于黑格尔来说，否定就有了它“巨大的力量”——它就是创造过程。原因在于，任何事物的规定、定义的意义就在于确定事物的内涵外延，即确定事物本身，显然是一种肯定，这就可以推出：事物

---

1 ［英］W. T. 斯退士：《黑格尔哲学》，河北人民出版社1986年版，第53页。

自身的肯定本性是包含在其诸规定之中的。但由于斯宾诺莎已经论证了规定即为否定，置换一下就可以得到：事物的肯定本性包含在否定之中，也就是否定包含了肯定。所以，否定是肯定性事物的真正本质。一切看起来都非常合理，可我却认为，如果将这一论证与斯宾诺莎对相反命题的证明联系起来，实际上就形成了一个循环论证的过程。这样的论断在读者眼中多少有些大不敬的意味。但我之所以这样说，是因为如果按照黑格尔的思路将斯宾诺莎的结论再往前推进一步，同样可以得出“肯定是否定性事物的真正本质”。其正确性也是毋庸置疑的。有例为证，印度佛教在解释“佛”时，并没有给出诸如“绝对”、“本质”之类的正面定义，因为在他们的理解中，“佛”本身就是不可限定的。他们只能采用否定的形式——否定不是“佛”的对象和客体。但谁又能说在这种纯粹的否定中没有肯定呢？也正由于这确定的肯定性的存在，宗教研究者把这种方式命名为“遮诠”，并肯定它是定义的形式之一。那黑格尔为什么要这样做呢？是他没有看到这一点吗？当然不是。根据对他的哲学体系的分析，我的判断是：他是有意为之的。换句话说，不是因为否定原本就是肯定性事物的真正本质，而是黑格尔根据他建构体系的需要使否定成为了肯定性事物的真正本质。在黑格尔哲学中，从“类”到“种”到“个体”，其关键就在于种差的突显所产生的对他种的排斥（否定）。这也就决定了在即使面对“肯定即否定”这样的同一性证明时，他必然要选择使否定成为高于肯定的本质性存在。

对于以上黑格尔在生成问题上的观点，阿尔都塞全盘地继承了下来。不过，与黑格尔不同，他的第一性存在不是“有”，而是“空无”。在这里，他把被黑格尔颠倒的斯宾诺莎的命题再一次颠倒了回来。把纯粹的“有”变成了“无”。对于他来说，“无”生成“有”的途径，靠的正是黑格尔所说的这种“否定的巨大力量”。这留到我们下文详细解读阿尔都塞时再说。

通过对哲学史有选择的回溯，我们已经看到了古往今来不同哲学家对于世界本原及生成这个本体论问题的思考，“空无”渊源的血脉被一点点呈现出来。由于在面对这段历史时，我所试图做的，就是像阿尔都塞一样，借助黑格尔的眼睛来看，所以，倒是黑格尔本身没有被单独地拿出来讨论，但随处而见的，无不是他的身影。那么，下面，就把时间留给阿尔都塞自己，他的“空无”的辩证体系终于“千呼万唤始出来”了。

“空无”的辩证法

一、“空无”的起点：天主教人学观

在阿尔都塞去世后不久的20世纪90年代，早已经被盖棺定论为“结构主义的马克思主义”的他凭借着一大批不同时期著作的问世再一次华丽地登场。在这批新出版的文本中，最引人注目的要数他青年时的文集《黑格尔的幽灵》了。这个文集收集了他从1945—1953年间的文章。而这段时间正是他从一个天主教徒转变为马克思主义者的经历。出版《黑格尔的幽灵》英译本的Verso出版社在他们介绍这一文集的文字中写道：“被公认为20世纪后期学界巨人的阿尔都塞为我们留下了丰富的遗产。这一文集不仅给予我们一种独特的视野观察这位名人的成长，也使我们将那‘不为人知的阿尔都塞’重新复归到二战后的马克思主义史和哲学史的中心。”

尽管在后期阿尔都塞由天主教立场转向了马克思主义，并且在中国学界对他的指认中也常常忽略他的前期背景。但在西方的阿尔都塞研究中，有学者指出，事实上，阿尔都塞后来用以审视马克思主义的视角仍然有着早期的宗教成分。在自传中，阿尔都塞也直言不讳地说，他主要是通过“行动的天主教”的一些组织接触到阶级斗争进而了解马克思主义的。这种“行动的天主教”其实并不是一个统一的派别，它是由分属

不同阶层和职业的天主教徒分别组成的小团体而掀起的一场声势浩大的运动。“行动的天主教”要求教会内部改革，并提出了“宗教与社会解放相结合”的口号。这一原则在很长一段时间内极大地影响了阿尔都塞，包括他后来在天主教与马克思主义之间的动摇也不能不部分地归因于此。但历史惊人巧合在于，“行动的天主教”通过揭露“社会问题”和“教会的社会政治”，使无数布尔乔亚的青年人和小布尔乔亚的父母们（包括参加“青年基督教农业工人运动”的农民们）被介绍认识了它害怕会吸引他们的东西：社会主义。阿尔都塞说，事实上，教会通过它的牧师和教皇训喻使它的斗士们意识到了“社会问题”的存在，而这些问题却被当时大多数人完全忽视了。因此，当他们一旦认识到存在“社会问题”并且提出了可笑的补救措施，那么不用费多大力气就能挖掘出藏在天主教教会混乱不清的标语之后的东西并在加入共产党之前迅速信仰马克思主义！这就是为什么有成千上万的来自“青年基督教运动”的学生、工人和农业生产者主动接触 CGT 和党的官员，他们大多是通过人民阵线来实现的。因此，阿尔都塞在直到 1947 年左右的很长一段时间内保持了对“行动的天主教”的“忠诚”。

天主教思想与黑格尔的邂逅，产生出了阿尔都塞的“空无”的辩证法。我们在论文的开始部分已经说过，这一理论建构不是阿尔都塞在某个时期特定的想法，而是贯穿了他一生。下面我们就要来分析，“空无”，这个阿尔都塞情有独钟的概念，究竟在他早期各个不同的文本中扮演了什么角色。

《善意的国际》是阿尔都塞公开发表的第一篇文章，写于二战结束后的 1946 年。当时，整个国际学界，包括西方马克思主义都对由二战根源以及它引发的一系列问题进行了思考。这一点，单从法兰克福学派的一系列著作中就可以看到。阿尔都塞也不例外。不过，此时的阿尔都塞还是一个虔诚的天主教徒，尽管在“行动的天主教”的运动中他已经开始接触共产主义理论，但其思考的立足点仍然是神学性的，包括在他那里初步形成的对“空无”的指认。

这篇文章从一开始就对马尔罗、加缪、马塞尔等阿尔都塞称之为“现代先知”的理论家们提出了批评和嘲讽，认为他们在战后冷战格局逐渐形成、军备竞赛不断升级的情形之下，虽然也提出了虚张声势的抗议，却没有收到任何成效。因为，“这个以人道的抗议来反对命定的‘国际’栖身于对一个事实的逐渐觉醒的意识之上。这一事实即是人类正在遭受威胁，并且在面对威胁的过程中已经变成了一种恐惧的‘无产阶级’”。[1] 阿尔都塞指出，与被社会学的、经济的、历史的条件所定义的工人无产阶级不同，恐惧的“无产阶级”是由心理条件——威胁（intimidation）和恐惧（fear）——来定义的，它是一种“人类条件意义上的无产阶级”。这种无产阶级是在对原子弹和死亡（未来）的恐惧中被统一起来的。

但由于恐惧本身是一种一般形式的心理氛围，它和工人无产阶级所赖以被界定的当下条件不同，是对还没有到来的命运的恐惧。或者毋宁说，是对主体所想象出来的自己在他者中的命运的恐惧。“我恐惧的不是作为战争的战争，而是在战争中成为伤员、残疾或遭受痛苦。战争并没有进入我的恐惧，在恐惧中，我只看到我的躯体被战争所毁。我恐惧的真正对象是想象着自己在未来的什么时候将遭受痛苦。这对象不是别人，而是我自己，不是真实的、而是想象中的我。恐惧的内容是想象的、不存在的东西……”[2] 正由于恐惧的对象本身在现实中是缺失的，它和无产阶级在世界中的真实阶级处境不一样——后者可以通过革命等其他方式来现实地超越。所以，恐惧反而成了无法逃离的监禁，因为想象是不可能被废除的。阿尔都塞把恐惧的人比作是没有真实的监狱和栅栏的囚犯，正因为这监狱和栅栏正存在于恐惧者的自身的灵魂中，监禁是他自己造成的——工人无产阶级可以被解放，而“人类条件意义上的无产阶级”却永不可能被解放！

---

1 Louis Althusser: *The Spectre of Hegel*: *Early Writings*, London: Verso, 1997, p. 23.
2 Louis Althusser: *The Spectre of Hegel*: *Early Writings*, London: Verso, 1997, p. 25.

这样一个理论界划其实正源自于阿尔都塞的“空无”观。他虽然没有明确阐述这一点，但从他对工人无产阶级和“恐惧的无产阶级”的对比中我们可以发现，他实际上是把工人无产阶级在资本主义世界所受的真实的奴役当作一种辩证的既定物，这就意味着在它的真实内容之外是存在“空无”的，因此它可以通过反思内容并借助行动来改造和超越内容，从而把具体的奴役转化为具体的自由。但“恐惧的无产阶级”恰恰相反，他们所居有的是一种在想象的威胁前的焦虑，由于它是一直未曾到来的想象（“明天不会到来”），没有真实具体的内容，所以本身就是一种“空”，反而没有了可以否定和超越的空间和可能——即“空无”——他们唯一的命运就是在死亡中实现的平等。

也正因为此，阿尔都塞批判这些“现代先知”们把人们引入了一种万劫不复的绝望，并且他们还暗示这种死亡中的平等就是末世来临时上帝面前的平等。而这在期待救赎的阿尔都塞看来，无异于将他诉求的上帝和期待的弥赛亚彻底地掀翻在地。仍然还是一个虔诚的天主教徒的他是不可能原谅这一指认的。

在尖刻的嘲讽和批判之后，阿尔都塞究竟提出了什么解放的途径呢？很可惜也很可笑，生吞活剥地接受了斯大林模式的阿尔都塞虽然没有直接地将问题抛给他的上帝，但却提出了一个更令人吃惊的简单答案，即通过技术克服原子弹所带来的恐惧。他满怀信心地说：“如果已经发现了原子能的人类，却不能发现一种为人的利益而利用它的途径，这将是令人难以置信的。”[1] 事实上，这种机械的人类进化论思想实在和中世纪的神学救赎没有什么本质区别，它只是将难题交托给了一个更遥远的他者——未来。而这一带有神学特征的教条马克思主义就是阿尔都塞此时思想层面的真实写照。

我想特别说明的一点是，阿尔都塞本人虽然是一个天主教徒，但与共产主义理论的遭遇却使他经历了一个类似马丁·路德在改宗前所产生

---

1 Louis Althusser: *The Spectre of Hegel: Early Writings*, London: Verso, 1997, p. 31.

的思想转变。黑格尔曾精辟地论述道："这个理念（关于上帝的生活和上帝的知识——本文作者注）如果内中缺乏否定物的严肃、痛苦、容忍和劳作，它就沦为一种虔诚，甚至于沦为一种无味的举动。"[1] 但传统的天主教思想立足于"赎罪论"，"教会为要驱使世人前来领受圣礼的恩惠，不得不诉诸骇人的恐惧"[2]。他们认为，信徒的一生其实是从泪谷步行至天上耶路撒冷的旅程，其中所受的一切苦难不过是为罪的律法在自己肉体上的统辖所付出的代价。在这个意义上，他们如张一兵教授所说，把个人的现世生存视为一种需要排解的虚假空无。沉重的肉身惟有通过中介（圣徒、圣母、教会等），才能与神交通。《圣经》上也说："因为受造之物服在虚空之下，不是自己愿意，乃是因那叫他如此的。但受造之物仍然指望脱离败坏的辖制，得享神儿女自由的荣耀。"[3] 天主教徒将英文《圣经》中"虚空"（futility）理解为要被"上帝之城"完全否定的现实的虚妄性，但如果阿尔都塞真是从这一基点出发，也就不可能有他的不断扬弃的"空无"了。在这个问题的理解上，他更接近于坚持"救赎论"的路德改革后的新教徒。马丁·路德对天主教教义的改革之一就在于他指出，作为带有原罪的个体，人不可能通过任何行为为自己赎罪，但他们的被赦免在于基督耶稣在十字架上的道成肉身。也就是说，从那一刻起，亚当、夏娃与上帝之间的律法之约已经被恩典之约所取代。因而，人在生命道路中所邂逅的一切（不论在人眼中是好是坏）不过是神让我们借此操练和学习的功课。只有这样，基督徒才能结出"圣灵的果子"。可见，在这里，现实的情境虽然还是被作为一种"空"，但却不是要被简单颠覆和抛弃的，而是要不断地扬弃和超越它，也就是阿尔都塞的作为起点的"空无"。我不能确定阿尔都塞的这种观点是承袭基督新教教义还是黑格尔，但他的思想路径却大抵如此。只是

---

1 ［德］黑格尔：《精神现象学》（上），商务印书馆 1979 年版，第 11 页。

2 ［美］罗伦培登：《这是我的立场——改教先导马丁·路德传记》，译林出版社 1993 年版，第 8 页。

3 《新约》：《罗马书》8 章 20 节—21 节。

又经历了一次教条马克思主义的“油炸”罢了。

二、 黑格尔的幽灵：战后的法国学界

其次就是他的高等资格论文《论G·W·F·黑格尔哲学中的“内容”概念》，这是阿尔都塞从战俘营回到巴黎，进入高师后在其导师加斯东·巴歇拉尔的指导下于1947年写成的高等研究资格论文，这是他青年时期最重要的一篇文章，也是他站得离黑格尔最近的时候。在该文中，他完整地阐述了自己的“空无”世界观。

首先，我们要对这篇论文的成文背景与主要内容作一个简介。当然，这里有一个不能不谈到的人，即亚历克山大·考杰夫（Kojeve·Alexander，1902—1968，哲学家，出生于俄罗斯，后入法国国籍）。他与阿尔都塞并无直接师承关系，而是于1933—1939年在法国讲授黑格尔的《精神现象学》，其讲义《黑格尔解读入门》于1947年出版。当然，考杰夫不过是法国当时兴起的黑格尔复兴热潮的冰山一角，其他诸如伊波利特等学者也都积极投身于此次理论热潮之中。但不可否认的是，考杰夫对黑格尔的解读对当时的法国学界起到了极大的影响，这自然也波及了阿尔都塞，尤其对他早期关于黑格尔与马克思的解读起到了至关重要的作用。

大战之后的法国学界，是一个“黑格尔=马克思”的时代，众多的学者们致力于将黑格尔与马克思一体化的建构，其中以考杰夫的“马克思化”的黑格尔影响最为深远，即通过马克思的观点来对黑格尔哲学进行诠释。这种理论建构上的取向在今天（无论是从现象学还是解释学的立场）无论如何是不可取的。在这里，马克思成了一个棱镜，它将经由它折射出的黑格尔的映像呈现在人们的眼前。年轻的阿尔都塞躬逢其盛，他也并未能超脱出这种学术上的“时尚”。

1947年，阿尔都塞完成了他的高等研究资格论文《论G·W·F·黑格尔哲学中“内容”的概念》。这是他第一次论及黑格尔和马克思。

这时，阿尔都塞并未加入法共，但他已从法共以及当时理论界流行的对马克思和黑格尔的解释中发现了很多可疑的东西。他认为，将这两位德国思想家引入法国的俄国学者考杰夫其实并没有真正理解黑格尔和马克思，虽然包括拉康在内的大多数人都是从他那里开始接受他们。而要发现这一点，就必须自己去阅读。因此，他称赞了伊波利特在翻译《精神现象学》时所持的学术态度，即并非以绝对权威的方式来解释黑格尔，而是直接给出自己的意见，这其实也是考杰夫的《黑格尔解读入门》的诠释态度。阿尔都塞指出，人们都致力于分析黑格尔所论述的“主人与奴仆的关系”和“自然辩证法”的全部荒谬性。即使是他自己的老师巴歇拉尔，也没有真正理解黑格尔。所以，至少是在法国学界，黑格尔需要被重新理解和解释。因此，具有讽刺意味的是，他事实上是以考杰夫式的解读方法将黑格尔与马克思联系了起来，这正是风行当时法国学界的思维方式。

作为一个黑格尔主义者，尽管阿尔都塞在论文中引用马克思早期著作（《1844年经济学—哲学手稿》、《德意志意识形态》和《黑格尔法哲学批判》）中对黑格尔的批判，但实际上却是坚定地站在黑格尔的立场上来批判马克思的。这自然与考杰夫的将黑格尔“马克思化”的倾向相反。但可以肯定一点，即阿尔都塞是从考杰夫的《黑格尔解读入门》中得到了理解黑格尔的钥匙。日本学者今村仁司认为，阿尔都塞在黑格尔“否定性”的概念里，发现了黑格尔哲学最重要的核心内容。在作为“无化的无”的否定行为里，发现了使人成为人的“人类发生的”原理，但这些是他从考杰夫那里学来的。青年阿尔都塞对黑格尔的理解，虽说增加了一些独到的成分，但基本上还是用考杰夫的思想来论述黑格尔的。因此，在这种意义上，即使说青年阿尔都塞正好是追随考杰夫的也不过分。考杰夫还将黑格尔哲学中所谈到的“历史的目的”看作“历史的终结”，并提出历史终结之后人类社会应当是“普遍的等质国家”，这一思想同样被阿尔都塞接受。但不同的是，对于这种普遍等质的无矛盾共同体，阿尔都塞使用了“死亡的胜利”一词。这就与考杰夫有了区别。原因在于，在考杰夫的思想中，普遍国家的到来，是对死亡，即否定性的克服。在黑格尔和考杰夫那里，是精神战胜死亡。为什么产生了这样的不同呢？原因在于考杰夫始终是把黑格尔作为“无神论”来解读的。而尚未脱离天主教的青年阿尔都塞正好是在这一点上与考杰夫有一种不协调感。他虽然模模糊糊地转向了唯物论一方，但却不像考杰夫那样彻底地站在无神论的立场上。他在某些地方还残留着对“超越性的东西”的憧憬。

三、“空无”的辩证法：对“内容”的反拨

上文已经提到过，论文中的“内容”指的是作为“哲学真理”的“内容”，但这里的内容指的已经不是思维平面中那个与形式相对的内容，而是“历史维度”中作为真理具体生成的内容，也就是物象背后的理念丰富发展的历史进程。因此，我们也不难理解青年阿尔都塞为什么会赞同黑格尔关于真理的内容只有在历史中才能显现的观点，认为哲学通过主体的解释生成于历史的世界中，它是内在于“世界”的，并且他认为黑格尔哲学也是如此。阿尔都塞说：“真理的生成就是真理的真理，真理的发展就是真理自身内容的显现。”[1] 因此阿尔都塞从行文的一开始就强调了历史方法的重要性，他认为，要想真正达到法国学界当时兴起的黑格尔复兴运动的目的，即“回到黑格尔”，就必须进入黑格尔的真理内容里，不仅是了解，而且是同其一起生长。阿尔都塞把黑格尔哲学与历史的关系定位在“历史给黑格尔主义提供了其自身所缺乏的要素：对自为的检验”上，在他看来，仅仅封闭在黑格尔的思想体系之中，而不能跳出其外、从历史的维度上来对待它，就必然不可能发现其发展规律以及内含的矛盾。从方法论上来说，这一点是确定无疑的。根据我个人的判断，这种萌发于青年时代的方法论原则在学理上贯穿了阿尔都塞

---

1 Louis Althusser: *The Spectre of Hegel*: *Early Writings*, London: Verso, 1997, p. 36.

的一生，他于60年代在《保卫马克思》与《读〈资本论〉》中所提出的“症候阅读法”和“问题式”也正是这一原则的深化与发展。在《读〈资本论〉》的长篇序言中，阿尔都塞区分了无辜的阅读（innocent reading）和有罪的阅读（guilty reading）。这种宗教神学式的借喻从某种程度上来说，其实就是阿尔都塞对现象学式的阅读与解释学式的阅读的态度。在阿尔都塞的眼里，无辜的阅读就是理想化的希望“回到文本本身”的直接阅读，“这种直接阅读假设，读者在阅读中将不加任何外来因素地直接看到作者所表达的全部东西”，而实际上，这不过是“一种神目观式的天真”[1]。按照阿尔都塞的问题式理论，真实发生的阅读其实都是有罪的。当文本写成之日起，作者在话语权的意义上就已经死了——除非是他言说自己的文本。文本成为独立的、不依附作者存在的客体。它只在历史中存在和被面对，历史对其存在意义的判定甚至超过了文字本身。而正是这种存在的历史性决定了读者必然不会也无法像作者一样来面对文本。甚至可以说，尽管文字从未变化，但对于读者与作者而言，早已不再是同一个文本！因此，如胡塞尔的“事情本身”一般的纯粹文本是不存在的，就像无垢的伊甸园对于亚当之后的人类来说只能是一个遥不可及的梦想。“回到”不过是为古老的神话穿上今天的新衣，它所能做的也只是当下式地重温来时的路径而已——只是路旁的风景已今非昔比。在这个意义上，我们竭尽所能，达及的也只是“回”，而永不可能“到”！因为那个梦想的家园（纯粹的文本）自它诞生之日起就已经消失了，留下的不过是一个关于它的传说和向往。因此阅读是带有原罪的，它就如同人的原罪一样无法抹去，成为一种存在的烙印。同时也因为缺乏耶稣基督式的通向主体（在宗教中指上帝，此处指作者）的中介，它甚至连救赎的希望也没有。有罪就是它降世的样式！从这一点上，宗教教义对作为天主教徒的阿尔都塞的影响昭昭在目。

---

1 张一兵：《问题式、症候阅读与意识形态——关于阿尔都塞的一种文本学解读》，中央编译出版社 2003 年版，第 64 页，重点是原作者所加。

今村仁司认为，阿尔都塞这篇论文的导言实际上是在正文部分完成之后匆匆写就的。虽然至今也没有什么直接而明显的文本证据来证实这一点，我仍然同意这种判断。导言本身更像是一个后记，它充满了诸多总结和辩解式的言辞，仿佛在为自己选择了“内容”这一向来不为人们注意的概念大做文章而给出的一个说明——当然，也包括说服他自己。整篇导言是一个方法论的正名，与后文关系不大。阿尔都塞首先指责了在黑格尔去世之后，学界所出现的类似“老黑格尔派”和“新黑格尔派”等种种喋喋不休的争论，认为这其实是黑格尔哲学被分裂和肢解的解构过程，在这一过程中，黑格尔思想作为整体已经死去，被当作一具尸体任人宰割。人们按预设的判断标准和意识将其拆分为诸如辩证法、自然哲学、宗教哲学等等，不同的派别保留的只是其中的某种精神或总体趋势，没有人再真正关心内容——“一个被已经异化了的形式所抛弃的内容”[1]。阿尔都塞认为，造成这一结果，其原因在于，我们在面对黑格尔时，预先将它设定为一种对象式的客体，从而造成了一种如同实验操作人员面对实验对象时的外在性。而消除这一外在性的唯一方法就是重新把黑格尔当作主体，深入它的内容并与其一起成长。换句话说，也就是关注黑格尔思想的发生学过程，注重生成而非结果。阿尔都塞坦言，这种方法论其实来源于黑格尔，它本身就是对黑格尔真理的一种贯彻，“因为黑格尔思想进程的最基本方式是取消既定之物”。这个帽子着实扣得不小，阿尔都塞俨然成了黑格尔言说自己的代言人。而让人感到讽刺的是，当阿尔都塞这样一副真理在握的样子时，他恰恰忘了说明，按照他自己的方法论原则，他这种努力固然可嘉，但也不过是他的努力，黑格尔依然在那伸手不可及的云端。甚至，努力本身究竟是缩短还是拉长了与黑格尔的距离，我们都不得而知。因为“回到黑格尔”的幌子下，变卖的不过是阿尔都塞的家当——“回到”是一个梦想，也仅只是一个梦想（这不由让我们想起了十几年后他又提出的“回到马克思”

1 Louis Althusser: *The Spectre of Hegel*: *Early Writings*, London: Verso, 1997, p. 38.

的口号，可见他对这一方法论的一以贯之，虽然结果并不那么令人惊喜，但无论如何，在一片自以为是的误读声中，这种努力的方向是值得肯定和亲身蹈之的）。

我已经说过，这篇论文中的“内容”实际上是生成性的真理的内容。于是，在正文开始的“概念的起源”部分，阿尔都塞首先将“真理”理解为一种使其自身不断完成和充盈的行动，而非既定不变的现成结果。这一设定就为“空无”的出现提供了前提。因为这种作为行动的真理，从正面来说，是一个不断生成的建构，从反面而言，则是空无得以暴露的媒介了——建构本身正是为了充满空无。也就是说，黑格尔在使用“内容”这样的概念的时候，其实已经从反面设想了“空无”的状态，它是哲学的出发点，是自我意识的真实状态，需要哲学思考来填充。他将康德的自我纯粹性看作“空无”，将其作为一种存在论的真实乃至必然性而积极地加以肯定，并进而将物自体看作“空无”的自我“向外部投射”，即自我“空无”的外化，认为必须通过与外部进入意识里的“他物”的同一化来填充自我的“空无”。从这个意义上说，“空无”是改造自我意识的原动力。阿尔都塞对此深表赞同。他认为，“空无”这一填充的需要，其实正是对自身进行否定的需要，是在已经对一定内容揭示的条件下对新内容的呼唤。但新内容一旦产生，就变成了有限的既定之物，也就必然产生新的空无，从而实现了内容的不断展开和前进。显而易见，“内容”不过是阿尔都塞的一个由头，他真正想说的其实是“内容”背后的“空无”。而实现这两者连接的，正是黑格尔所倚重的“否定的巨大力量”。

黑格尔在《精神现象学》中曾经说过：“活的实体，只当它是建立自身的运动时，或者说，只当它是自身转化与其自己之间的中介时，它才真正是个现实的存在……它这个存在才真正是主体。……所以唯有这种正在重建其自身的同一性或在他物中的自身反映，才是绝对的真理，而原始的或直接的统一性，就其本身而言，则不是绝对的真理。真理就是它自己的完成过程，就是这样一个圆圈，预选它的终点为目的并以它的终点为起点，而且只当它实现了并达到了它的终点它才是现实的。”[1]

我认为，阿尔都塞正是领会了黑格尔在这里所强调的重点。即实体不具有直接的自明性，它不是自在自为的，只有当它在原始的同一性上同时是自己与自身转化（即对象）的中介时，它才成为主体。非主体没有对象，也就是说它根本不涵括与自身转化之间的投射关系。事实上，对象（object）这个能指从语词形象上就已经体现了从主体出发的这种指涉关系。对象的必要条件是主体的存在，例如，椅子就不可能成为桌子的对象。因此，主体正是重建自身（区别于原始自我，是在区别中经过认同的自我）的同一性或在他物中的自身反映。这种反映即使是出自本能的（如狼对羊的捕杀），也是使主体首先在他物中了解到了满足自己需要或欲望的必要性，从而产生自身认同的。正是在这个意义上，主体的树立建立起了区别，成为一种纯粹否定性的体现。这正是对康德的“表面的知识”、费希特的“普遍实体性”和谢林的机械“图式主义”的拒斥。

其实，这种理论上的发挥和借用并不只是阿尔都塞的专利。萨特在他 1943 年的《存在与虚无》中就已经隐约表达了这样的意思。他认为，自为的存在并不总是一种肯定，它总是显示为“不是其所是和是其所不是”的面貌[2]。但由于萨特此时的人本主义立场，加上他对黑格尔的一知半解，决定了在这一文本中，他虽然模棱两可地意会到这一点，却南辕北辙将其作为论证人的自由本质的论据。这一对黑格尔的背叛实在是不无讽刺。直到 1960 年出版的《辩证理性批判时》，萨特对此才有了真正的领悟。他提出了“匮乏”与“谋划”这一对概念。而所谓的“匮乏”正是既定的总体性的内在局限，即空无，也就是他早年所说的“虚无”，“匮乏”产生出需要，从而通过“谋划”超越“匮乏”。多么熟悉的公式！只是黑格尔式的形而上学的命题这一次却变成了萨特的人存在

1 ［德］黑格尔：《精神现象学》（上），商务印书馆 1979 年版，第 11 页。重点是原作者所加。

2 ［法］让-保罗·萨特：《辩证理性批判》（上下卷），安徽文艺出版社 1998 年版，编者序，第 3 页。

的真实情境。

阿尔都塞对黑格尔与康德的关系作了一个正确的判断。他认为，康德的“物自体”及其运动其实是一种空洞的同一性，不具有反思维度。“他（康德——笔者注）只是根据其内在的自我对这种深刻性进行了实录而已，就像只是把它们转移到了一种预先准备好的形式”[1]。因为在康德那里，矛盾只有对立而无统一，它是事物发展的障碍而非动力。因此，批判是被当作纯粹的否定来看待的。事物以及知识的局限不是由它内含的矛盾的否定性一面所揭示的，相反却是一种只能为纯粹理性所把握的先验知识。这是一种绝对分离的基础性二元论。阿尔都塞认为，黑格尔的贡献就在于提出了“否定的巨大力量”，它解决了两种空洞的纯粹之间无法统一的问题，使虚无变成了存在，从而抛弃了先验论，奠定了辩证法的基础。其实，阿尔都塞在此想说明的只是一个问题：空洞的纯粹同一性不可能是始源的同一性，因为它使“空无”没有了存在的可能。阿尔都塞所要的“空无”不是单调的同一性，它必须有对现有满足进行超越的欲望，废除既成的满足，并从不满意中获得它想要达到的充盈。由此可见，在真理的发展过程中，“空无”的意义实际上是在于废除“空无”而获得内容，它是一个不断要求充盈的无底洞，因为一旦所要求的内容得到满足而成为既成物，新的空无同时也产生了。

接下来，阿尔都塞借用对数学证明过程的分析解释了“内容”与“空无”的关系。他认为，“内容”只是“空无”发生作用、建构真理这一经历的见证，是“空无”不断超越自己的一种结果，真正起支配作用的其实还是“空无”。这也就是为什么在他以“内容”为题的论文中，“空无”却成了关键词的缘故。因此，在整个真理的生成过程中，“内容”是相对的，是暂时存在和等待被界定的，“空无”才是绝对的。并且，就自身完满性而言，绝对真理只能与“空无”相媲美。但若“空无”只停留在自身同一的地步，它就没有任何意义，如同成为唯一实体

1 Louis Althusser: *The Spectre of Hegel: Early Writings*, London: Verso, 1997, p. 52.

的上帝。对此，黑格尔自己也说："上帝、绝对、永恒等字也并不说出其中所含的东西，事实上这样的字只是把直观当作直接性的东西表述出来。"[1] 所以，不包含否定的绝对真理和"空无"是没有生命的自指的直接性，它缺少了中介。而只有不断实现从"空无"——充满，过程才能将必然性寓于自身之中。反之，就会走向康德的自在之物，"其现实性本身就将消失在"'绝对的无'中，所有的差异性在其中都衰退了，就像奶牛走进了德国的夜晚一样。在这样的语境中，必然性就不内在于内容之中，从它是一种纯粹必然性的时刻起，它就不能把握住内容。"[2]

作为既定物的内容一直是阿尔都塞反对的对象。他认为，既定指向的是已经的维度，它不仅是时间次序，也是存在的次序。于是，当内容成为既定物时，思维的运动就被构想成了与它的惰性的相遇。这也就是阿尔都塞后来在《读〈资本论〉》中批判的"看"的哲学——视觉性的思维，即将认识对象（在这里指内容）的全部本质（内容的生成过程）归结为现成存在的简单条件。他认为这就是从笛卡尔到谢林的直观的认知模型。他不无嘲讽地说："思想对那个既定物的经历之无辜呈现为最初伊甸园中的那些初民的形象。动物也是适用于此的，生命突然降临到它们身上，它们也毫不犹豫地接受了这种生命：天堂是动物的乐园。"[3] 这个隐晦的比喻将那种等待与惰性的既定物相遇的思想比喻成还没有偷尝智慧之果的初民和只接受给定命运的动物：他们面对的只是平面的现实。阿尔都塞的这种暗示意在表明，知的直观的视觉模式虽然已脱出了"神目观"的追诉，但仍然渗透着强烈的神学思维，它是以一定程度的先验论为基础的。但很遗憾，这一点也不是阿尔都塞自己的原创，他的老师巴什拉尔对视觉主义的反对实在与此不无关联。

不过，阿尔都塞还是用不同于巴什拉尔的方式来阐述了这一点，他

---

1 ［德］黑格尔：《精神现象学》（上），商务印书馆 1979 年版，第 12 页。

2 Louis Althusser: *The Spectre of Hegel: Early Writings*, London: Verso, 1997, p. 63.

3 Louis Althusser: *The Spectre of Hegel: Early Writings*, London: Verso, 1997, p. 65.

认为，在这种视觉型思维中，内容不是主体性地自我展开的，它与自身相分离，仅仅显示为现存一个维度。然而，静止的、平面的现存决然不是普遍的真理，它在被居有的一刹那已被摧毁。于是，现成在手的既定物必须“被经历为某种尚不在那儿的东西：存在直接就是虚无……”[1]看，阿尔都塞至此仍不过是在黑格尔的“否定”上大做文章。唯有如此，内容才能“总是年轻的”。因为内容向外去探索的东西其实就是它自身的对立面——空无，它不断摧毁掉自身被给定的本质也就是在不断抛弃（也可以说充满）原有的空无，从而使自己生发出新的真理。“事实上，内容已经被包含在它自己摧毁体现在它自身中的直接性形式以及经历它自己的一种自我征服的过程之中了。”[2] 也就是说，年轻的内容一旦被确立，它立刻就成了既定之物，变得衰老而被扬弃，使自己处于永恒的更新之中。然而，这并不意味着阿尔都塞完全否定了既定之物，恰恰相反，他认为，只有在既定物存在的前提下，更新才有发生的可能。他想说的只是：内容过去、现在、将来都不是既定之物！

阿尔都塞就这样为内容赋予了反思的性质，使得它在不断要求充盈的“空无”的作用下不再自我封闭，而向其真实本质的外界及他者开放。这是对康德的物自体、斯宾诺莎的实体、笛卡尔的“我思”以及谢林的先验唯心论体系的一次全面反击。并且，他在黑格尔关于“否定的巨大力量”的观点之上更进一步，提出：就这一内容揭示的过程而言，“空无”才是真理的本质。对于前现代以及现代性思想而言，这不能不说是一个离经叛道的宣言。我认为，后现代的解构主义运动应当正是从这一基础生发开去的，不同的是，在他们那里，“本质”已经是一个过时的、祖父辈的传说了。

基于这种思想，作为天主教徒的阿尔都塞重新注解了关于人类起源的堕落的神话。他说，“堕落”一词的使用本身，就是相对于伊甸园中

1 Louis Althusser: *The Spectre of Hegel*: *Early Writings*, London: Verso, 1997, p. 66.
2 Louis Althusser: *The Spectre of Hegel*: *Early Writings*, London: Verso, 1997, p. 66.

的无垢状态而言的。而“无垢”的存在，正是以亚当和夏娃无条件地接受被给定的命运以及律法——甚至神的存在本身——为前提的。这时候，没有任何主体性可言。而只有当人类发出了出于自己意愿的“伸手去拿”的律法和禁令之外的动作时，他们才第一次作为主体存在。“智慧之果”是一个象征，它的获得是对既定的无垢的毁坏。这种隐喻当然也指向另一个维度。“智慧之果”的功效在于分别善恶，而善恶的共同存在形成知识，知识本身正是对命定（直接性的）真理的反驳。这种命定的真理表现为在偷吃果子这一行为发生之前的纯粹的善的状态，也就是说，此时的初民不是不能分辨善恶，而是不知善恶，因为恶本身是不存在的。然而，当夏娃为着辨别善恶而打算摘果子的时候，恶就产生了，他们也就由此获得了辨善恶的能力。也就是从这时起，人类就告别了直接性的真理（无垢，“纯善”），开始面向世界的命运。阿尔都塞没有明说这种直接性就是空无，但我们依然可以得出结论：尽管受诱惑在先，夏娃“摘下果子来吃了”的行为其实根本就是对“空无”进行否定的本能欲望（即内在必然性）。而魔鬼所化身的蛇，不过使她认识到了当下实现否定的可能性。

通过对人类起源神话的肯定性改造，阿尔都塞从其中引出了他所要的积极意义：“从此以后，真理将是被放逐的，将居住在外面，其本身将成为一种外在”。[1] 这样，外在性就变成了内居于内容的存在了，并成为真理追逐自身的必要条件。这时，阿尔都塞引用了黑格尔那句卓著的名言，“目标如果脱离了通向它的道路，是没有任何意义的”。而真理的道路就是不断否定既定物，也就是使外在性不断内在化的道路。阿尔都塞利用这一理论平台对黑格尔的“概念（Beriff）”哲学进行了评述，高度赞扬了他所提出的圆圈理论。和黑格尔一样，阿尔都塞也认为，这种由直接性出发，由疏离而到实现更高的直接性的起点和终点迂回重合的过程要得以实现，必须依赖中介性。在作为天主教徒的阿尔都塞眼

1 Louis Althusser: *The Spectre of Hegel*: *Early Writings*, London: Verso, 1997, p. 73.

里，中介性之于真理显现的必要性，犹如降世为人的耶稣基督（圣经也把他称为“中保者”，这是不无道理的）之于救赎。走出伊甸园的人类抛弃了纯然无玷的直接性，而恩典之约之所以确立，就需要基督的道成肉身。同样，真理只有在外在性的帮助下实现自我反思，才能辩证地扬弃自身。于是，外在性就作为一种被观照的方式被整合进真理的内容，成为相对于上一个起点的终点所固有的一部分。

从字面上看起来，我们似乎可以下一个不客气的结论，阿尔都塞用超过了他论文一半的篇幅所建构的“无”的辩证法依旧不过是对黑格尔的粗糙的改写。他沾沾自喜的“空无”虽然也加入了一些独到的成分，但在很大的程度上，根本就是黑格尔的“否定性”概念。如果论文仅止于此，那不能不说这是一个恰如其分的评价。阿尔都塞也知道这一点。所以，他大费周章为的只是要解决我们在这一部分开始时提出的那个问题，即澄清他从理论界所流行的黑格尔“时尚”中所看到的问题。而上面这个理论平台，正是他自认为的对黑格尔的准确理解。可以说，他这时候是个不折不扣的黑格尔主义者，当然，这更接近于青年黑格尔派的思想。

四、 阿尔都塞眼中的马克思与黑格尔

在必要的理论铺垫之后，阿尔都塞就势以三段论为基础将“必然性”（奴役）与“自由”、“形式”与“内容”、“外在性”与“内在性”等对立范畴全部统一了起来，重新解释了著名的“主人与奴仆”的论述。他认为，以“空无”为本质的内容概念本身就包含了“主”与“奴”、“自由”与“奴役”、反思与中介的辩证法。因为作为真理的“内容”的展开逻辑从根本上与自我意识的二重性相合，是从被规定、被观照的客体向主体的转型，这也是自由的获得过程。他说：“自由是迂回，这种迂回就是主体的出现。在一种反思性的辩证法中，主体不是舒适地存在于它的属性之中，而是服从于这些属性。不只是奴隶才是奴隶，主

人也是奴隶。”[1]

在论文的最后部分阿尔都塞论及了黑格尔与马克思。由于阿尔都塞此时的理论出发点与马克思早年对黑格尔的视角基本一致，于是，在对黑格尔的论述中，阿尔都塞不知不觉地导入了早期马克思。他反对传统上的马克思主义的苏联模式，对新兴的“早期马克思”理论倾注了极大的热情（注意，他这时候还远不是一个马克思主义者!）。在该论文中，他论述的中心是与黑格尔法哲学相对立的马克思的立足点。从文章的基调来说，他是从黑格尔的观点出发，来思考所谓“黑格尔与马克思的关系”问题。但另一方面，青年阿尔都塞却批判地同意了马克思指出的黑格尔法哲学的缺点（他称之为“恶的内容”），因此，他在文中对黑格尔这一点的批判原封不动地照抄了马克思。他认为，黑格尔在国家（普遍）与人民（具体）的关系中，犯了一个主谓语“颠倒”的错误。他说：“在黑格尔所描述的国家中，具体的不是普遍的，普遍的也不是具体的。”[2] 不过，阿尔都塞对此进行解释的根据却仍然是他自己所建构的真理从空无到充盈的圆圈理论。或者说，阿尔都塞对马克思的赞同是因为他认为，马克思对黑格尔的批判正是因为他领悟了黑格尔没有贯彻到普鲁士王国中去的国家的本质，而这个本质就是由“空无”的不断自我否定所达到的普遍性和自由。他数落道，“黑格尔没有向我们提供一种循环的整体性，在这种整体性之外，不管是新生的还是已经实现了的自由都不存在”[3]。阿尔都塞的敏锐在于他一针见血地指出，黑格尔的错误在提出了一个绝对的国家本质，也不在于他如实或是美化了普鲁士，而在于他把真实存在的普鲁士国家当作了这个现实化的理念。他在马克思对黑格尔的批判里找到了他的“空无”，同时他也指责黑格尔根本不是为幻像所迷惑，而是有意为之的一个“阳谋”，即为一个不合理的内容赋予了理念的声望和合法化的身份。在借助马克思揭露了黑格尔在《法

1 Louis Althusser: *The Spectre of Hegel: Early Writings*, London: Verso, 1997, p. 90.
2 Louis Althusser: *The Spectre of Hegel: Early Writings*, London: Verso, 1997, p. 118.
3 Louis Althusser: *The Spectre of Hegel: Early Writings*, London: Verso, 1997, p. 118.

哲学》中的伎俩后，阿尔都塞得意洋洋地总结道："黑格尔采用了唯一可能的解决方法，即非法走私；可他却没能成功地对付作为海关工作人员的马克思，当黑格尔正在实施虚假内容的走私时，马克思逮住了他。"[1]

然而，阿尔都塞对马克思的赞同也就止于此了，他在一个更关键的问题，即哲学的本质问题上又重新站回了黑格尔一边。在他看来，黑格尔与马克思对此的理解有根本分歧，或者，不如说是马克思误解了黑格尔。黑格尔认为，哲学要认识和达到自己的本质，必须要经过一个自我异化的过程，但这种异化以及在此之前的"空"都是有终结的。这一终结即哲学追寻的目的。换句话说，当哲学终结的时候，在它的所指中所内蕴的对"智慧"的要求才会达到，这就是黑格尔的绝对知识。阿尔都塞认为，黑格尔其实已经抛弃了古典哲学家所抱有的在现实世界中抛弃异化、使世界与自身相和谐的愿望，在自我反思的层面上为异化寻找到了终结。因为"当异化在历史中被具体地克服之前，它既不会在一个人物中被排除，也不可能简单地被认为是思想的本质"，而是由于"精神已经作为一种同质的整体性而最终显现了出来，所以，消除异化的思想就成了对异化的清除，对异化的思考就不再是一种异化的思考"。[2] 这一点成为我们在黑格尔以后的哲学家那里屡屡发现的熟悉的背影。加缪在《西西弗斯神话》一书中几乎完全套用了这一点，在他充满悲剧色彩地将生存直指为荒谬之后，又将仅有的一点希望从潘多拉的盒子里拉了出来：在荒谬中直面荒谬就是对荒谬的否定。而萨特却又将这一点重新打回了悲剧情境，他说，异化是绝对无法摆脱的，正是异化为反抗提供了武器，因此反抗也早已打上了异化的烙印。我们只能寄希望于总体化是不会完成的，个体的抗争就在于不断进行着的总体化——尽管这也是无力的。

1　Louis Althusser: *The Spectre of Hegel*: *Early Writings*, London: Verso, 1997, p. 119.
2　Louis Althusser: *The Spectre of Hegel*: *Early Writings*, London: Verso, 1997, p. 132.

然而，青年马克思没有看到这一点，他批判黑格尔陷入了思维的异化，于是，这成了阿尔都塞攻击马克思的靶子。他认为，黑格尔的深刻性在于在反思的坚固根基使思想（真理的主体化）成为一种对真理的思考（自我反思）。相形之下，马克思却没能使思想的条件与具体层面上的思想统一起来，尽管他对资产阶级社会存在的异化进行了尖锐的批判，但在这之后只是含糊其词地预言异化将在即将到来的革命中得到终结，这种遥遥无期的推脱实在和把希望交托给隐藏在云端的上帝一样可笑。

从这样的观点出发，阿尔都塞批判了《德意志意识形态》的立场。他指出，《德意志意识形态》的唯物论前提，即书中所说的“我们出发的诸前提……是现实的前提……它是现实的诸个人、他们的行动和物质的生存条件”，虽然具有划时代的社会历史意义，但却偏离了哲学的“应有”状态。因为这些可以用纯粹经验的方法来确定的前提其实是一种既定物，它们不可能在自身中找到自我存在和否定的原因，而要借助于纯粹的外在性，要在自身之外、在历史过程中为自己的存在寻找理由。按照阿尔都塞的理论，这些被马克思用以构建唯物论的前提其实根本不存在有否定性力量的空无，它们只能成为对象而不是具备自我意识的主体。因此，阿尔都塞对马克思的批判正基于马克思对黑格尔辩证法的“颠倒”的无效性。也就是说，他认为马克思主义只继承了黑格尔客观的必然性和客体的矛盾论思想，但却忽视了主体的否定性力量。我不得不说，这个评价在某种程度上确实是正确的，至少，它厘清了马克思在关于哲学和历史终结问题上对黑格尔的误解。但是，和第二国际一样，把马克思主义指认为一种单纯的经济决定论却是错误的，这当然也与当时法国所流行的对马克思的斯大林式的“油炸”有关。它使阿尔都塞没能真正发现马克思和黑格尔哲学的本质区别，只是在黑格尔的模型内对马克思进行了一次多删少补的整形手术而已。而至于马克思主义辩证法所内在的主体性，阿尔都塞没能看到。这个问题，张一兵教授在他的《马克思历史辩证法的主体向度》一书中已专门论及，我就不赘述了。

从上面的论述可以看出，在某种意义上来说，高等研究资格论文时期的阿尔都塞已经站到了黑格尔主义与早期马克思主义的临界点上。而这，正是凭借了他精心构筑起来的“空无”的辩证法。

从黑格尔到马克思：阿尔都塞早期思想中的“断裂”

一、天主教与共产主义思想的纠缠

与高等资格论文写于同年的《人，那个夜晚》是一篇直接谈论考杰夫、间接涉及黑格尔的文辞优美的小短文。文章的题目[1]引自黑格尔，从原文中我们可以看到“夜晚”不是“黑暗的、盲目的宁静……相反……成了光的诞生之所”[2]，这不正是阿尔都塞的“空无”吗？的确，这正是他理解黑格尔的切入点，或者毋宁说，是他在黑格尔那里又找到的一个对自己的“空无”论的有力证明。在文章中，阿尔都塞指出，“夜晚”就是存在的空无，人就是这个空无，他从诞生的那一刻起就是通过实践不断地来充满空无。而“历史不过是人的空无状态的胜利和认

---

1 题目是1805—1806年间黑格尔所做的一个演讲中的短语，亚历山大·考杰夫在《黑格尔解读入门》，巴黎Gallimard出版社，1947年，第573页（《黑格尔和人类精神：耶拿时期关于哲学精神的演讲译文》，里奥·罗契译，韦恩州立大学出版社，底特律，1983年版，第87页，译文有改动）：“人就是那个夜晚，那个在它的朴素中包含了一切的空无：很多无穷多的表现、形象，没有一个会直接与它相联系，但也无一不在。这就是夜晚，存在于此自然的内在——纯粹的自我。在某些变幻不定的表述中，到处是夜晚：此处一个流血的头颅突然被射中，彼处一个白色的人影瞬间消失。当我们在眼睛里观察人类的时候我们看见了夜晚，那个使我们害怕的夜晚：世界的夜幕在我们面前升起。”见 Louis Althusser：*The Spectre of Hegel*：*Early Writings*，Verso，1997，P. 172.

2 Louis Althusser：*The Spectre of Hegel*：*Early Writings*，London：Verso，1997，p. 170.

可，这是由劳动的权力和武器的力量所保证的。因为通过劳动，人使自然服从自己的意志并使之成为自己的居所；通过斗争，他赢得同伴的认可并使自己成为人类的居所”[1]。人的劳动和斗争在这里就成了改造和超越人的现存条件的否定性力量。这与他前两篇文章的观点正是一脉相承的。

但不同的是，阿尔都塞已经从《内容》一文对否定的主观维度的强调转向了对其客观维度的关注。他写这篇文章的目的正是为了批判考杰夫重视主体而忽略物质的思维方式。这也是阿尔都塞受马克思主义不断浸染的一个顺理成章的结果。在文中，他借助唯物论将黑格尔的总体改造成了空无（主体）与存在（物质）的共同体，认为除去我们已经说过的主体自我反思和扬弃的过程以外，必须要强调精神对客观物质的依赖性，他甚至使用了“人的自然产物”这样的字眼。这不能不说是违背黑格尔原意的。更有甚者，阿尔都塞居然指出，马克思主义只关注了黑格尔的“物质”，而考杰夫又仅仅留心了主体。这两者都是对黑格尔的误解。但事实上，他自己的这个大胆的断言无论对黑格尔还是马克思才是真正误解吧。不过，从这里我们已经可以看到阿尔都塞正逐渐由唯心论的生成观向唯物主义过渡了。

但他与黑格尔的距离直到几年后的《回到黑格尔》中才真正显现出来。这篇文章的副标题是“学术界最近的修正主义话语”[2]。正文开始前引用了伊波利特关于要利用黑格尔哲学对马克思主义进行修正的一段

1 Louis Althusser: *The Spectre of Hegel*: *Early Writings*, London: Verso, 1997, p. 170.

2 阿尔都塞这篇文章打印稿的标题为“黑格尔、马克思和伊波利特以及学术界最近的修正主义话语”。下面这段开场白并没有发表在《新批评》上：“这篇文章的对象首先是哲学系的学生，共产党员以及有着类似思想的非共产党员。我们打算以对 M. 伊波利特著作的讨论为线索，来处理黑格尔的幽灵与法国资产阶级哲学相结合的问题。我们希望表明：(1) 资产阶级哲学对黑格尔的发现和再发现是与帝国主义时期的资产阶级意识形态紧密相关的；(2)；资产阶级思想家们抹杀黑格尔的真正历史意义，利用黑格尔哲学来为他们的目的服务；(3) 这种抹杀是对马克思主义的批判、修正和“超越”，是企图把知识分子的视线从最激烈的阶级斗争中转移到为法西斯式的意识形态寻找论据上来；(4) 对于工人阶级来说，黑格尔的问题‘早就已经解决了’”。见 Louis Althusser: *The Spectre of Hegel*: *Early Writings*, Verso, 1997, p. 183, Note 1.

话。文章正是为了批判这种对"反动的黑格尔"的利用，认为马克思主义的登场就已经使黑格尔的问题被解决了。不过，我不同意今村仁司认为写作该文时的阿尔都塞就已经脱离了黑格尔的观点。我认为，虽然他此时已经转到了马克思主义立场，但仍在某种程度上保留着对黑格尔的忠诚——也许，是对他从黑格尔那里得来的"空无"的忠诚。

阿尔都塞对比了1930年前后法国哲学界对黑格尔的迥然不同的态度，轻蔑地将这种从固执的漠视和忽略到言必称黑格尔的转变讥讽为"不过是对一具尸体的盛大复活的欢庆"[1]。但他紧接着就指出，这并不是因为黑格尔本身真的是一只"死狗"。尽管它曾经被用来论证普鲁士专制政权的合法性，但黑格尔学说其实是具有它的合理方面和积极意义的。他说，"因为其推理方法和作为过程的历史概念及其在劳动和辩证法上的投射，黑格尔哲学也可以被培养成一种'批判的革命哲学'，这种哲学不但对封建制提出疑问，而且对已经在法国和英国建立起来的、同时也无声地冲击着德国封建制基础的资产阶级秩序也提出了疑问"[2]。而这种被马克思和恩格斯征用了的辩证法的理性形式就是阿尔都塞自己建构的"空无"的辩证法——他认为这才是正确理解黑格尔的钥匙。因此我的判断是，阿尔都塞对他曾经汲取营养并无条件赞同的考杰夫和伊波利特等所谓"资产阶级学者"的批判仍是根源于不能忘情的"空无"。不过这一次，他把真理的旗帜插到马克思主义一边，认为马、恩对黑格尔的批判是为了要获得他哲学中理性的、革命的核心而采取的辩证方法，正是黑格尔的辩证法为他们提供了革命方法的前提。在阿尔都塞的意识中，黑格尔的辩证法就等于"空无"的辩证法。唯因如此，他才以宣判的语气断言，伊波利特、考杰夫（阿尔都塞认为他虽然在黑格尔那里看到了"空无"，但没能在研究黑格尔时贯彻这一点）等人对主人与奴仆关系的关注是将"法西斯分子的题目应用到了黑格尔研究中"。因

1 Louis Althusser: *The Spectre of Hegel: Early Writings*, London: Verso, 1997, p. 173.
2 Louis Althusser: *The Spectre of Hegel: Early Writings*, London: Verso, 1997, p. 175.

为他们对黑格尔的利用是描述性的，是把注意力集中在其哲学的反动方面，并试图用这反动的一面去反对和修正马克思。

值得一提的是，阿尔都塞的这篇论文其实不过是重复了卢卡奇在《青年黑格尔》一书中的观点和在索尔邦大学的演讲（阿尔都塞聆听了这次演讲），其学术意义无足轻重。并且他在文中无论对以“父亲”形象出现的黑格尔，还是他拥护的马克思，抑或是他反对的伊波利特等人的诠释都含有极大的曲解成分。但恰恰是他刚从黑格尔（考杰夫式的黑格尔）倒向马克思时的真实思想写照。这与他 1948 年加入法共、急欲表明自己的政治立场不无关系。他在致玛利亚·昂托涅塔·玛西奥基的信中解释了他入党的原因：“我在中学和大学期间，曾是‘行动的天主教’的积极分子，教会在 30 年代创建了自己的青年组织以便抵制‘社会主义’思潮的影响。它对我们很有帮助。我们都是小资产阶级家庭出身。我们的指导神甫同我们谈论过‘社会纠纷’。这使我们更快地了解了社会，那个时期信仰天主教的同学大多成了共产党员，这真是历史的玩笑！人民阵线、西班牙战争、反法西斯战争、抵抗运动使我们进一步了解‘社会纠纷’的含义，并且使我们得知它真正的名字：阶级斗争。1948 年我任哲学教授，并且加入了法国共产党。从这时起我就在高等师范学校教哲学。1949 年复活节，我去了意大利……我一直讲授哲学，并努力成为共产主义者。成为哲学上的共产主义者意味着成为马列主义哲学家，而要成为马列主义哲学家也不是一件容易的事。”然而，阿尔都塞此时却未意识到，他自己所付出的这种努力实际上还不过是在被教条主义牵着鼻子走。

二、与天主教的诀别

这种情绪也表现在他在差不多同一时期给他的恩师让·拉苦劳瓦的一封长信中。让是他在里昂时代的中学老师，是一位人格主义的天主教徒，主要侧重于历史哲学方面的研究并在该领域给了阿尔都塞以指导。

阿尔都塞的早期思想可以说主要承袭于拉苦劳瓦。同时阿尔都塞也是从拉苦劳瓦那里接受了改革派天主教的立场，这对他加入“行动的天主教”运动（正是在拉苦劳瓦执教的时间内，阿尔都塞参与并成为这一运动的学生团体的领导人）起到了关键性的影响。阿尔都塞自言他在拉苦劳瓦那里学到了在艰难的环境中保持勇敢态度的精神，他认为这对他一生的影响甚为重要。

但是，到了1949—1950年之际，他在给这位从中学时期开始就对他影响至深的恩师的一系列信件中提出了对他的批判，这同时也是对拉苦劳瓦所代表的天主教的批判。在信中，他一方面抨击了拉苦劳瓦对马克思主义的批判，另一方面，表达了自己脱离天主教的愿望。但事实上，阿尔都塞根本无法在思维本质上割断与天主教联系，他此刻视域中的马克思，亦不过是一个扭曲了的形象而已。

不过，阿尔都塞首先肯定了拉苦劳瓦对马克思的理解[1]，认为他超越了当时教会中其他的基督教左派领导人，已经触及了“马克思主义难点的核心”。但他同时却针对拉苦劳瓦关于马克思主义的批判大肆抨击，指责他形成这一错误的原因在于其唯心主义的思维方式和在实际批判中放弃了事实上已经接受并维护了的论点（马克思主义）。阿尔都塞对拉苦劳瓦的批判集中在真理观和历史观两个方面。在真理观方面，他将拉苦劳瓦所奉行的天主教原则判定为“绝对道德论”，认为由于这种理论的根基仅仅是在某种召唤下发自自身的空虚的信仰，而缺乏对现实的社会生活的认定，因而，它也可以轻易地为任何人——无论是斯大林还是希特勒——居有。这也就是一个基督徒（不管是天主教徒还是新教徒）根本无权责备一个同样虔诚的法西斯分子的原因。对于随便什么人都可以根据自己的原则而自诩拥有“绝对道德”的情况，阿尔都塞觉得这是“不知不觉地从一种真理的理论转到了一种良知的理论，一种没有明确

1　由于拉苦劳瓦给阿尔都塞的信根本未被发现，并且他本人的著作《马克思主义、存在主义和个人主义》（法国 Univertaires 出版社，1950年）没有被介绍进国内，我们无从判断阿尔都塞的这一评价正确与否。

界定的、武断的、可以包罗一切的良知”[1]，因而实际上成为了一种意识形态。我认为，这一批判是中肯的，因为曾经是虔诚教徒的阿尔都塞在与马克思主义的猛烈撞击中已经自觉到宗教原则在面对马克思的问题域时的内在缺陷，这种自省远比那些毫无宗教背景和情感的门外汉的抨击深刻得多。只可惜，拥有了批判话语的阿尔都塞就精彩了这么一瞬，当他一转过身来肯定马克思主义时就立刻变得无比苍白了，他只能重复地说着“真实而不抽象的真理……是具有特定内容的、有条件的真理”。可见，阿尔都塞所能做的不过是变着花样改写马克思的论述，他唯一保持了一点自己东西的地方就在于他指出，这种真理应当“对当下提出质疑并把目光投向了未来”[2]，从这里我们还是可以依稀辨出他那个否定性的“空无”的影子。或者也可以说，他从他的“空无”中找到的是对无产阶级革命理论的呼应而非宗教式地隐忍现状，从而完成了他的哲学与马克思主义的对接。

这也在他对拉苦劳瓦的历史观批判中进一步体现出来。阿尔都塞强调，伊波利特认为马克思试图终结异化并最终终结历史的观点是错误的，而拉苦劳瓦对这一观点的附和也是没有看到马克思和黑格尔关于“异化”和历史理论的差别。不过，阿尔都塞这一次把反对票投给了黑格尔。他复述了黑格尔的绝对精神从外化（异化）到反观自己、直至在异化中重新居有自己的过程，指出，异化在黑格尔那里其实是绝对的自我意识的外在存在，因而异化就成了全部的历史，从而得出了异化的终结=历史的终结的结论。阿尔都塞明确表达了对这一观点的反对。请注意，这正是他在高等资格论文中所极力拥护并作为自己体系基础的东西。但现在，他已经从本体论上放弃了自己原先的构建，将“空无”的概念从黑格尔那里搬到了马克思的理论中。

阿尔都塞谴责了伊波利特直接把黑格尔的异化与马克思的等同起来

---

1 Louis Althusser: *The Spectre of Hegel*: *Early Writings*, London: Verso, 1997, p. 201.
2 Louis Althusser: *The Spectre of Hegel*: *Early Writings*, London: Verso, 1997, p. 197.

的做法。他指出，“在马克思看来，历史既不是上帝（或者某种绝对的自我意识）的异化，也不是人的异化，而是人的生活（在这个词的任一意义上）的产物……异化是一个经济概念”[1]。这是不错的。在青年马克思那里（马克思后来逐渐放弃了这个概念），异化确实是被用来描述资产阶级社会中的无产阶级被剥削的状况。那时，异化还没有获得它在西方马克思主义者那里所拥有的普遍性和存在论上的绝望意义——在我看来，西方马克思主义在异化理论上的这种发展也可以说是黑格尔的异化观在某种程度上的复活。但阿尔都塞也就仅到这里为止。他花费了大量的篇幅来论证马克思如此界定异化的“现实”意义。他延续了《善意的国际》一文中的观点，认为现存的资产阶级社会造成的无产阶级的异化正是为他们创造了改造和超越现实的可能性空间的“空无”。因而他推导出异化的终结实际上是人“按照自己被启蒙的自由意志自由地创造和发展历史的可能性”的全部实现。阿尔都塞充满憧憬地描写了在这个“革命后的社会”中人是如何完全、直接地回归自己生命本质的。他认为，至此历史不但是没有终结，反而是经历了从前历史到历史的真正转变！然而，到这里的时候，阿尔都塞为了追求与马克思的“必然王国”到“自由王国”路径一致，却放弃了自己的“空无”的生成力量，也就在事实上将他向往的这个自由的社会变成了一种匀质流动的静止图景。从对这个美丽的乌托邦的贫乏描述中，我们发现，一心想追随马克思主义的阿尔都塞真的紧紧跟着马克思留在了异化理论的前现代史中。而这种我们国人曾经历过的朴素的幻想和他的僵硬的教条主义态度是分不开的。由此，他在面对两种相互冲突的哲学立场时的焦躁心情就淋漓尽致地凸显了出来。

不过，值得庆幸的是，阿尔都塞的这次“背叛”被拉苦劳瓦宽容地接受了，这也使他们之间的友谊得以持续一生。

---

1 Louis Althusser: *The Spectre of Hegel: Early Writings*, London: Verso, 1997, pp. 208-209.

三、保卫马克思

阿尔都塞的被俘生涯开始于1940年。三个月之后，他惊喜地发现自己正处于一个完全陌生的境地当中，周围充塞着形形色色的人们，他们与他从童年时就十分熟悉的家人、老师、同学完全不同。这是一个书本以外的世界，也是一个他一直渴望、却被母亲单方面封闭了的世界。而现在，他感到了从家庭——一个令人窒息的意识形态国家机器中解脱出来的喜悦。正是在战俘营这个特殊的环境中，阿尔都塞第一次从一个巴黎记者皮埃尔那里接触到马克思主义。这对他后来的思想产生了极大的影响。

阿尔都塞的马克思主义立场的正式完全地确立是在他1953年所写的《关于马克思主义》中。这是一个标志性的文本，它体现了阿尔都塞在思想（不仅仅是态度和立场）上与天主教神学的决裂（但我不否认即使在这以后，阿尔都塞仍在某些方面保留着宗教情结）和对马克思主义正确理解的开始。从这里，我们可以看到他后来在60年代浓彩重墨地推出的一些观点的萌芽。

在《关于马克思主义》一文中，阿尔都塞分别列出了几个他认为在马克思主义理论研究中应当注意的问题，首当其冲的就是关于马克思早期著作的争论。这一点可以说是对当时的整个政治学术大环境中的理论意识形态的一种澄清。战后，经济决定论、资产阶级与无产阶级科学的简单二分等教条主义在世界范围内的共产主义政党和学者中占统治地位。法国与19世纪相比，陷入了一种可悲的“理论贫困”之中。在赫鲁晓夫批判斯大林之后，这种氛围变得有所好转。但这并不足以促使受教条主义束缚已久的理论界在短时间内产生出新的、具有原创性的成熟理论。人们沉醉在将马克思“胡塞尔化”以及“人本主义的马克思”的理论热情中。除了那些对马克思不同时期文本的非法同质引用外，鼓吹马克思早期著作的文章比比皆是。连伊波利特这样的学者也加入了这一行列。

阿尔都塞很反感这种做法，尤其厌恶将马克思的哲学人本主义思想和早期著作的意义无限提升。他既不赞成“胡塞尔式的马克思”也不同意人本主义学者的诠释，并在自传中公开承认这是由于憎恶一切声称在根本上具有先验意义和真理的哲学。据说阿尔都塞是当时法共内部唯一同时反对这两种观点的人。究其原因，是他对一切自认为拥有先验意义和真理、却实际上不过是预定论哲学的极度厌恶。阿尔都塞说，诚然，这些著作的确如公认的那样反映了青年马克思的兴趣，但“应该把这些著作当作过渡性的，并在其中寻找青年马克思的思想轨迹而不是马克思主义的真理”[1]。他指出，从马克思所遗留下来的文本可以发现他既不是如伊波利特所认为的那样直到《资本论》也一直忠于他的早期哲学，也不是像古尔维希虽然看到了前后期的巨大差异，却认为后者是次要的。阿尔都塞在文中第一次提出了对马克思思想发展阶段的分期（这也就是他后来的“断裂说”的起点），并大加褒扬了《德意志形态》和《哲学的贫困》在其中所起的里程碑意义。尽管在后来的研究中，阿尔都塞的很多详细观点并不是那么经得起推敲，但他在当代马克思研究中的地位却依然是不可取代的。

同时，阿尔都塞对马克思主义的两个方面——历史唯物主义和唯物辩证法——分别进行了阐述，指出，马克思主义不仅是一门政治学说、一种分析和行动的“方法”，而且作为科学，它是发展社会科学、人文科学、自然科学和哲学不可缺少的基础研究的理论领域。他认为，“马克思主义同时表达出了科学活动最苛刻的要求和将它们统一进人类历史和实践的现实的黏合剂”[2]。由此我们发现，作为“科学的马克思主义”斗士的阿尔都塞正呼之欲出了。

不过，在文本史的意义上，这篇充满了旁征博引的文章中有一个观

1 Louis Althusser: *The Spectre of Hegel: Early Writings*, London: Verso, 1997, p. 243.
2 Louis Althusser: *The Spectre of Hegel: Early Writings*, London: Verso, 1997, p. 256.

点是值得注意的，即他对自己在给让·拉苦劳瓦的信中所维护并论证的马克思关于不存在“历史终结”的观点进行了批判。他认为，“在这一点上，马克思主义牺牲了它的科学借口，目的是为了成为一种理想的具体化。尽管这种乌托邦式的理想正处于运动中，并且像所有的理想一样，它陷入了理论矛盾和具体方法的‘不纯粹’的困境中，但它时刻打算按照它的要求来改变现实”[1]。

至此，阿尔都塞完成了从宗教神学到马克思主义的过渡。在《关于马克思主义》之后的整个50年代，阿尔都塞进入了文本发表的蛰伏期，他将自己全部沉浸到黑格尔以前欧洲17、18世纪的政治哲学的研究中去，以至于他这一时期的思想线索，我们只能从他1959年发表的《孟德斯鸠》和60年代的卢梭论当中窥出一二。然后，便是他60年代中期的一次厚积薄发——《保卫马克思》和《读〈资本论〉》。

作为一个哲学家，阿尔都塞当然没有忘记在这两个自传性文本中为他的理论建构留出空白。坦言自己关于哲学文本的知识极为有限，只是对柏拉图、帕斯卡尔、笛卡尔和马勒伯朗士比较熟悉，关于黑格尔稍了解一些，而对于斯宾诺莎就知之甚少，至于亚里斯多德、智者学派、斯多葛学派乃至康德则几乎一无所知。即使是在他著作中频频出现的马克思，他也只是读过一些篇章而已，缺乏全面系统的研究。关于自己接触和了解哲学的途径，阿尔都塞调侃地说那几乎是通过“道听途说”得来的。这倒未必是自谦之词。从我们比较熟悉的《保卫马克思》和《读〈资本论〉》中可以看出，尽管阿尔都塞在方法论方面提出了“问题式”、“症候阅读”等极具震撼性的概念，但他本人对文本的具体解读却远不如前者来得出色。

当然，这里的“道听途说”还有另外一层意思，即阿尔都塞承认他使用的很多概念和术语都是从他的朋友和学生的论文中借用过来的。这就是他的可爱之处，一种难得的学术上的诚实。正如他的《读〈资本

1　Louis Althusser: *The Spectre of Hegel*: *Early Writings*, London: Verso, 1997, p. 244.

论〉》的献辞和文本中多次提及雅克·马丁一样，在《The Future Lasts a Long Time》中他也屡屡表达了对他的称赞和友谊。他指出，雅克·马丁是在1961年（此时他们同是巴什拉的学生）的一篇关于黑格尔的个体的论文中将“问题式”置于统领一切的地位，并认为这是一种试图从严格意义上给予辩证法说明的唯物主义者的哲学。这对于我们了解“问题式”的原初语境以及它的确切意义确实又是一个有力的旁证。

谈到自己的反人本主义倾向，阿尔都塞也把这一切归功于雅克·马丁，因为他不但教会了自己思考，更教会了自己有别于传统途径的其他思考方式。于是，在经过自己的阅读和思考之后，他说：“对于那些认为马克思早期作品具有人本主义倾向和重大意义的声称，我感到极为愤慨。我既不同意Desanti对马克思的‘胡塞尔式’解释，也不赞成任何人本主义者的解释。”究其原因，是他对所有认为自己拥有先验意义和真理，而实质上不过是预定论的哲学极度憎恶。

阿尔都塞认为，马克思在发现了阶级斗争的规律的过程中采纳了一种新的哲学立场，正是这一点使他成为一个理论家。为了使自己的主张明确化，阿尔都塞反对斯大林体系对辩证唯物主义所做的阐释，提出了“回到马克思”。而这显然与拉康的“回到弗洛伊德”有异曲同工之妙。本着一贯的诚实原则，阿尔都塞对此并未避讳，他说“他（拉康）反对心理主义，正如我反对历史主义一样。这就是我们能够相互理解的原因。我被他的结构主义深深吸引了。”由此，我们或许可以明白为什么在阿尔都塞的文本中，拉康成了隐在云端里微笑的上帝。

第二编

德勒兹（上）：差异

批判性自由

通过批评哲学史中的思维印象，德勒兹对差异与同一的关系进行了重新界定，肯定了差异是第一原则。这一命题极大地挑战了从柏拉图到海德格尔对差异概念的理解。对于德勒兹而言，对传统的异同关系的颠覆不仅仅是对一个哲学概念（“差异”）的重释，更关系到另外一个隐含在他哲学背后的概念：自由。在他看来，自由所意指的不是一场政治革命，而是一种可能性空间，是以非权力话语的方式思考，是生活在别处，是创造出无法被同一化的差异。在此，自由与差异是紧密相关的：它们都寻求摆脱同一性的绝对统治。在这个意义上，德勒兹哲学所关注的问题实际上是差异的产生所需要的条件。

一、 德勒兹自由思想的内在含义

德勒兹所关注的自由概念与个体主体并无关系；相反，他所讨论的是自由与产生变化的条件相关，而回避了法律和道德领域。德勒兹的自由不是试图反抗某种暴力压迫的政治自由。它所意味的既不是行动的自由性也不是取得某种利益的权力，而是产生出一种或几种新的关系的能力或潜在可能性。他的“先验的经验主义”方法论指出，不同流之间的相互阻碍、各种元素的相遇以及力的方向的改变或合并都可以产生出新的关系。这些新的关系是能够创造出异质性的积极的力。因此，这种自由也就意味着创新的自由。保罗·帕顿认为德勒兹对自由概念的这种解读非常接近于尼采的“自我超越”概念。对此我表示部分地赞同。但我认为这两者之间的本质不同在于，尼采的自我超越是一种对现状进行否定的能力，它意味着通过自制或克己的方式来达到自我提高。而这一过程本身是有目的性的，即它是朝向“提高”的方向行进的。德勒兹的自由概念则并非如此。新型关系的出现仅仅意味着条件的改变：不是提高，不是退步，只是改变——纯粹的改变。尽管这种变化本身也意味着对先前状态的否定甚至是颠覆，但这一过程本身并没有预设任何的方向性或目的性。因此由新关系所造成的改变可以被认为是中性的。从这一点我们可以发现，德勒兹所勾勒的自由不是由内在或外在现实的压迫性所激发的自由，而是生产体系的自由——自由的流，自由的选择和自由的综合。

德勒兹的自由概念和他的整体哲学一样显示出了一种非人格化和非主体化的特征。在《千高原》中，德勒兹严厉批评了现代哲学对主体的热衷。在他看来，康德哲学和黑格尔哲学，甚至是哈贝马斯的哲学，都倾向于将主体塑造成一个立法者，尽管他们所刻画的主体形象大不相同。在这种主体性思维中，这些哲学家无一幸免地陷入了一个“恶的循环”：“服从得越多，就越是主人。因为你所服从的只是纯粹理性，换言之即你自己”。[1] 德勒兹认为，即使撇开这些不同形式的主体哲学的逻辑问题不谈，其对自由的诠释也只强调了主体自由的一个维度，即作为立法者的自由权力。而德勒兹则希望建立一种不同的理论，它能够将哲学思考从主体性倾向中拯救出来。不过，这并不意味着要废弃主体的概念或否定主体在思维中的作用；相反，他的哲学建构是要将人类从一切社会、历史、政治的约束力中释放出来。但实际上，“自由”这个字眼很少出现在德勒兹的文字（包括他和加塔利合著的文本）中。据加塔利的

---

1 Deleuze, G. & Guattari, F.: *A Thousand Plateaus: Capitalism and Schizophrenia*, trans. B. Massumi. Minneapolis, MN: University of Minnesota Press, 1987, p. 376.

描述，德勒兹本人非常不喜欢以重音结尾的法语词汇，“自由（*liberté*）”就是其中之一。[1] 我不确定这种在语言上的喜好在多大程度上决定了德勒兹对概念的使用，但它显然不足以作为唯一的解释和根据。在我看来，德勒兹一直试图将自己的哲学区别于从笛卡尔到黑格尔的整个哲学传统。于是他尽量避免使用那些容易让读者想起传统哲学的字眼。对“自由”概念的舍弃应该就属于这种情况。在《差异与重复》的导论中，德勒兹将传统的自由概念解释为传统哲学用来诠释重复的三个概念同一性之一。然而，我在本文中仍然使用这个术语为的是凸显德勒兹哲学所具有的追求自由和解放的精神。他的“先验的经验主义”的整个构架以及全部概念的使用都试图能够实现自由，流和力的自由，人类和思维的自由，创新的自由。对于德勒兹而言，内在性生产平面上的生产系统从根本上克服了否定性。生产，完全地独立于主体性的经验和知识之外，而且是基于不同方向的力之间的相互作用。德勒兹将这一点具体化为对弱势因素的重视。弱势因素，或者说边缘性因素，是指占统治地位的意识形态所排斥的东西，但却是对抗强势因素的革命因子。“变为弱势”是避免法西斯化的一个方式。在统治机器中，弱势因素所扮演的是弱小但却突出的角色，因为它所指征的是变化的方向及可能性。弱势因素并不一定是强势因素的对立面，也可能是强势因素所忽略的方面。它作为一种虚拟力量，可能在某种条件下发挥作用。

德勒兹努力恢复被康德的道德哲学所压抑的自由的积极主动方面。这包括两个层次的意义。首先，进取性的自由意味着主动力量的胜利。在其早期著作《尼采和哲学》的英文版序言中，德勒兹言明，自己的立场是反对“被动力量在人类身上的胜利”。因此，用尼采的主仆关系来比喻，德勒兹所要的自由是主人的自由。而这种自由并不是指个人主体的自主性。正如我在文章开头所指出的那样，德勒兹的自由概念与经验

1　Smith, Daniel: Deleuze and the Liberal Tradition: Normativity, Freedom and Judgement. *Economy and Society*, 2003 (5), pp. 299 - 324.

主体的自由无关。这里的主人也不代表统治的个体或阶级，而是指主动性力量处于优势地位。其次，我用“进取性自由”这样的字眼所强调的是这种自由持续地影响现实的能力和潜力。德勒兹的自由不是一种监禁的解除或关系的脱离，而是主动实施的自由。这种作为生成的自由是一个不间断的过程而非结果：它不能被具体化或僵化——它总是指向更多和更大的自由。

这两层意义在一点上是统一的：要达到进取性自由，主动力不仅要能够占据主导地位，还要能改变被动力。这个改变的过程其实就是“在原先同质性占优势地位的地方创造出多样性”。[1] 在这个意义上，德勒兹的自由不仅与各种形式的不自由相对立，而且与奴隶的自由也相对立。套用他对尼采的解读，进取性的自由是一种狄奥尼索斯式的自由，它与新质素的产生息息相关。事实上，德勒兹正是从尼采的“权力意志”概念中借鉴了进取性的特质。因为“意志想肯定的正是它自身的独特之处”。[2] 我之所以把德勒兹的自由称为“进取性的”，原因在于它能够彻底开垦出自身能力所及的范围：自由地保存差异以及产生差异。它的进取性正表现在它试图通过对主动力的居有来生产和创新。进取性自由允许主动力发挥建设性的作用，而不是以某种特定的法则或价值的名义将其驯化。德勒兹为了形象地描述进取性自由的创新过程，将生产力界定为非个体性的欲望，同时也创造出欲望机器这一生产机制，它的功能是产生欲望流。于是，自由则成为了该生产机制的内在属性。

二、 德勒兹的论证方式

德勒兹把自由问题归结为“界外思维”之一。他指出，这种思维总

---

1 Buchanan, Ian: Deleuze and Cultural Studies. *The South Atlantic Quarterly*, 1997. 96 (3), 483 - 497, p. 491.

2 Deleuze, G.: *Nietzsche and Philosophy*, trans. H. Tomlinson. London: Athlone, 1981, p. 9.

是不容于现存条件的。不过，这种“界外思维”并非来源于一个外部的领域或文化。要产生“界外思维”，就要“使得思维成为一个战争机器”。[1] 战争机器这个概念，使德勒兹成功地回避了传统哲学的主体特征，而专注在创新的条件上。战争机器是一种有助于保存异质性的游牧力量。在《千高原》中，德勒兹用它来反对国家机器。德勒兹认为，国家机器作为对现存体系和同一性的维护，总是试图保持同质性和极权主义。尽管各个具体国家的政策可能不尽相同，但它所遵循的发展趋势是不断地复制自己或与自己保持同一。因而，作为国家机器的对立面，战争机器所意味的是在国家秩序之外的无政府存在，因为战争是“直接反对国家形式的最可靠的机制”。[2] 在这里，战争并不必然表现为一种混乱状态；相反，它只是提出了一种与国家秩序不同的新秩序。在这个意义上，战争机器可以被看作是一种生产机制，它引入了界外因素，对现存体系提出了挑战。“必须把战争机器看作一种纯粹的外在形式，与此相对照的是由国家机器所构成的内在形式。我们常常习惯性地把后者作为范例，或是根据它来进行习惯性的思考。”[3] 但是，“战争”一词在这里并不意味着武装暴力冲突，只是对既定秩序的一种反抗。尽管在某种程度上战争的目的在于消灭或政府敌对力量，但它本身更多地是一种对既定秩序的逃离，而不是战斗。因此，战争机器并不以发动战争为其目的。它是一个建立在逃逸线基础上的线性集合：它创造出了游牧状态。与国家相对，战争机器扰乱了固定秩序，并使其变得动荡不安。所以，所有被规定和统治的因素都被从常规秩序中解放出来，变成了新的流。在其运行的过程中，这些新的流必然和统治体系相冲突，从而形成了自己的辖域来保存自己。所以这个过程可以被看作对原来的权力流的解辖

---

1 Deleuze, G. & Guattari, F.: *A Thousand Plateaus*: *Capitalism and Schizophrenia*, trans. B. Massumi. Minneapolis, MN: University of Minnesota Press, 1987, p. 377.

2 Deleuze, G. & Guattari, F.: *A Thousand Plateaus*: *Capitalism and Schizophrenia*, trans. B. Massumi. Minneapolis, MN: University of Minnesota Press, 1987, p. 357.

3 Deleuze, G. & Guattari, F.: *A Thousand Plateaus*: *Capitalism and Schizophrenia*, trans. B. Massumi. Minneapolis, MN: University of Minnesota Press, 1987, p. 354.

域化。但是，这个解辖域化的过程同时也是一个再辖域化的过程：它开放了新的空间。正如德勒兹所言，战争机器的目的其实旨在创造出“不断建立、占领和拓展的平滑空间。而游牧状态正是战争机器和平滑空间的结合”。[1]

德勒兹用游牧来表达一个过程，在这个过程中界外不断地渗入国家机器内部。在游牧状态中，一切事物都处在生成的关系当中。因此，它不是一种恒常的稳定状态，而是不断地生成异质性，或者用德勒兹的话来说，成为弱势。换言之，德勒兹将差异当作一种外在性引入到了内在性之中，这种引入的路径本身可以不断地超越各种限制：这就是虚拟。虚拟从另一个平面或维度引入力，作为界外因素发挥作用，从而在原平面内产生出变化。这是一种新的综合，它使自由创新成为可能。德勒兹把这种综合解释为不同力的相遇。这样一种模式在今天的现实世界中有着深刻的政治意义：它提倡要重视弱势的边缘价值。对于德勒兹而言，所谓的弱势意味的是一种角度或价值，而不是数量。它与处于主流地位的强势形成对比。处于弱势地位的并不是一个固定的团体；它随着条件的不同而有所改变。因此，德勒兹的“成为弱势”实际上是要求强势引入弱势。然而，这样并不意味是要颠覆当下世界的法则或把边缘变成主流；相反，它只是要求不要忽视弱势因素。德勒兹正是通过这样的方式来实现多样性。

居无定所当然是游牧状态最显著的特征。在德勒兹看来，这种生活方式可以不断地穿越由战争机器所开启的新的空间。游牧民并不是从一个国家迁移到另一个国家，他们只是处于不断的变动当中，而从来不会安定下来。因此，他们游离于任何的国家机器之外。但是，尽管游牧民处于不停地运动当中，他们仍然有自己的辖域。这个辖域并不是固定不变的，而是由游牧轨迹上的众多点所构成。在该辖域中，逃逸线随处可

---

1 Deleuze, G.: *Negotiations*, *1972 - 1990*, trans. M. Joughin, New York: Columbia University Press, 1995, p. 33.

见。因此这样一个不断变动的辖域本身就有着解辖域化的功能。游牧状态也在这个意义上可以被看作一种生成，它是德勒兹所寻求的自由的现实形式。这种生成论表达了德勒兹对制度化和极权化的反对。在这里，自由不再是涉及法律和道德的命题，而成了一种生活方式：它一直在途中。这种生活方式创造了导向更大自由的机会。但是，游牧本身并不是无目的的生活：它是国家权力的绝对界外。它可以“在空间上使界外辖域化；并通过建立第二个相邻的辖域巩固前一个辖域；通过从内部瓦解来解辖域化敌方；通过放弃一地去另一地解辖域化自身”。[1] 这种生成性自由的内在本质就是差异、多样性和变化。并且，这种自由本身是积极主动的，因为它追求不断地生产创新。

三、 德勒兹自由哲学的意义及局限性

保罗·帕顿德勒兹的这种自由概括为“批判性自由”。他认为，这种自由模式“不同于所有正统的肯定或否定形式的自由概念，因为它所集中关注的是主体中变化或转化的条件，并且不同于所有形式的个体主体或集体主体的本质”。[2] 从这个意义上讲，真正的自由是能够决定社会结构本身的变化条件的。这也就是为什么德勒兹和加塔利在《反俄狄浦斯》中花费了大量的篇幅来描述各种不同的社会形态，其目的就是为了论证在什么条件下生产可以超越俄狄浦斯三角所造成的限制。自由不仅仅是对现有压迫的抵抗，而且是对新道路的追寻。而这一新道路、新出口对于当下体系必然是绝对的界外。

这种进取的自由哲学在某种程度上与拉克劳、墨菲的激进民主政治理论形成了呼应。后者在《霸权与社会主义的策略》一书中提出了要放弃主体性的阶级斗争，利用新社会运动的力量，实现激进的民主和多元

---

1 Deleuze, G. & Guattari, F.: *Nomadology: The War Machine*, trans. B. Massumi. New York: Semiotext (e), 1986, p. 4.

2 Patton, Paul: *Deleuze and the Political*. London: Routledge, 2000, p. 83.

民主的政治。这种颠覆了经典解读模式的后马克思主义理论反映了在晚期资本主义社会条件下对新的同一性的反思。德勒兹试图奠定差异的本体性地位正是要求在最大程度上实现多样性。这也正是激进民主对新形势下政治实践的探索所追求的目标（尽管两者对于多样性的指向有不同的强调）。他们都在理论上提出了增强社会宽容度的策略。这既是后现代社会不断进步的标志，也是经济上实现全球化的晚期资本主义维护自我的体现。

然而，不论是拉克劳和墨菲的多元主体也好，是德勒兹的进取的自由也好，在政治实践中却都可能遭遇一个极大的风险：社会体系自身的总体化。在现代世界中，总体化其实正是社会本身消化或调和异质元素的整合力。在理论层面，德勒兹通过界定解辖域化和再辖域化过程成功地回避了总体化的问题，但现实层面则要复杂得多。异质性不断地被社会所整合，从而变成了总体的一部分。其结果是统治不断地被强化，这正是全球化语境下的民主国家的真实情形。

德勒兹本人试图以一种游牧的方式来抵抗总体化的作用。然而，这仅仅是一种诗意的理论幻想。因为现代社会中的总体化是通过整合作用的形式将异质性吸纳并消化到原体系内部，使其与原体系相互兼容。德勒兹在《反俄狄浦斯》中指出，精神分裂正是这样一种游牧式的出口，它以分裂的方式来抵御精神分析的总体化。但在现实政治中，解辖域的同时也是再辖域化的过程。换句话说，异质性冲击和突破原有的总体性的同时，即形成了新的总体性。因此德勒兹所勾勒出的逃逸线纵然提供了不断的抽离路径，却也是新的总体化的起点。另一方面，社会自我整合的能力本身也正是总体化的内在要求。作为一个永不停息的运动，总体化由两个完全相反的方向组成。一方面，它使所有的元素凝固化并使之烙上总体的印记。该方向的运动本质上是追求同一性和确定性。另一方面，它不断地引入新元素（异质性），从而对已既定的部分形成批判和更新。因此，社会领域的总体化可以被看作一种持续的努力，它不消灭异质性，反而将与现行体系不相容的因素整合进社会。

同时，总体化也指明了抵抗、甚至是自由的界限所在。以德勒兹的“成为弱势”为例，所谓的弱势因素首先凸显的是其局限性。因为区别强势与弱势的标准是随着客体及其条件的不同而变化的。但这些标准本身是服从于特定的总体性所预设的主导价值的。换句话说，要确定什么是弱势，首先要确定什么是强势。而事实上，这个过程正是对与总体性相符的主导价值的认可。从这个意义上来讲，所谓的弱势并不真的是来自界外的新元素：相反，它所表达的是一个无法逃避的世界本身所蕴含的不能穷尽的生成。这也正是巴迪欧对德勒兹的单一存在进行批判所针对的问题。巴迪欧把存在解释为纯粹的多样性。在他看来，德勒兹和众多的古希腊哲学家一样，没有能解决单一存在所面对的绝对的“一”及其表达的多样性之间的矛盾。因为当绝对的“一”需要表达为多样性的时候，它就必须遵从其幻像的逻辑。因此，无论“成为弱势”的趋势本身是多么有效，它都没有可能颠覆现有体系，其原因在于：弱势始终是边缘性的，它不可能变成强势。“成为弱势”这一表达方式本身也从一开始就限制了抵抗的方向：它承认并接受主导价值；并且，它并不试图改变或取代它们。“成为弱势”只是一种趋势，并不追求一个确定的目标。与主导性的强势相比，弱势所能做的只是作为一种力参与生成。该过程能够在总体内部创造出差异性。这一点是怎样实现的呢？实际上，一定总体内弱势的存在所代表的是该总体性的容忍度和潜在的开放性。而在实际中，这种开放性和容忍度所导致的另一个极端，即表现为同化作用的总体化却勾勒出了具体的差异的自由的局限性。

现代民主国家的自我认同就是这种总体化的最好实例。在民主国家中，人民得到了更多可以“自由”表达自己异议和反对的权利。这些权利表示了政治上的多样性和差异的存在。然而，这种自由本身非常有限：在通常状况下，它是被规定和控制的。例如，尽管民主政体在很大程度上使得异议和反对的声音得以表达，但表达的方式总是由该政体的律法所规定的。而这种规定总是以利于操控为最大目的。因此，我们可以认为，民主国家是以一种有限开放的方式将异议和反对整合进了国家机器，不管后者是否接受了这些不同的声音。从这个意义上说，这种政治层面的自由实践远远不可能达到其理论上的理想境界。就这一点而言，德勒兹的解放所期待的与其说是资本主义的崩溃，倒不如说是高度发达的后资本主义，因为它成功地在总体性内部最大限度地实现了差异。

这种局限性同样体现在文化领域。齐泽克将全球化语境下的文化多元主义称为“压抑性的宽容”，正是因为这种表面上的差异性在本质上并没有逃脱被总体化的前提。从这个角度来看，德勒兹的进取的自由更像是刻画新的乌托邦的又一次努力。

反对辩证法

从早期的《尼采和哲学》到晚期的《什么是哲学?》，德勒兹反辩证法的态度自始至终地贯彻在他的绝大多数文本当中。在他的笔下，黑格尔及辩证法（不仅仅是黑格尔的辩证法）常常被当作潜在的敌人而被加以批判。德勒兹在《差异与存在》中将现代哲学的任务定义为“克服有限/无限、历史/永恒以及特殊/普遍的二元选择”[1] 的不断努力。从表面上看来，这一声明与传统哲学所说的矛盾的统一并无二致。但事实上，德勒兹却反驳了这种判断。他认为哲学最深刻的地方不在于它的历史性和永恒性，而在于尼采所说的“不合时宜”[2]。哲学的意义在于它必须“永远不合时宜，而且只能不合时宜”。在他看来，克服了有限/无限、历史/永恒以及特殊/普遍这些二元选择的不是“统一”这个超验概念，而是一种外在于时间或历史的条件：不合时宜性。这一界定与马克思所谓的哲学的“时代精神”说正好相反。它是德勒兹对自己理论提出的一个要求：超越时间和历史性。这种超越并非意味着哲学思想的普适性（这或许可以被称之为“总合时宜”），而是指出了哲学作为思维的集大成者，需要外在于一切的时代。哲学的不合时宜也就是它的不趋

1 Deleuze, G.: *Nietzsche and philosophy*, trans. H. Tomlinson, London: Athlone, 1981, p. 8-9.

2 Deleuze, G.: *Nietzsche and philosophy*, trans. H. Tomlinson, London: Athlone, 1981, p. 12.

时，是游离于一切既定之外的疏离。这种孤独的距离恰恰是思考所需要的冷静的距离。从这个意义上说，不合时宜的哲学所体现的是哲学桀骜的本性，是不臣服于一切时代的独立性。哲学被德勒兹定义为"形成、发明和构造概念的艺术……它必须要决定概念的要素、时机和环境，决定其地形和角色，决定其条件和未知"。[1] 这段说明性的文字将哲学拉出了本体论和传统认识论的框架：它将哲学定义为与存在的条件相关的艺术。确切地说，对于德勒兹而言，哲学不是一种简单的推理或思辨，而是一种创造性的行为，它决定了概念之所以成为概念的各种要素和条件，从而使概念得以形成。而概念本身，作为存在的本体性范畴，是由多元因素决定的。概念的创造与决定存在的条件密切相关。

当然，在真正进入德勒兹的反辩证法思想之前，我们首先需要面对另一个基本的问题，即为什么德勒兹抛弃了在当时正为整个法国学界所青睐的黑格尔，并以辩证法作为自己理论奠基的第一个敌人？对于这一点，哈德特德的解读是触及了实质的。他说："要理解后结构主义的重要性，不应当是去提出一系列新的对立，而必须看到它对于现代性、对于哲学传统、以及对于当代社会实践场所提出来的问题所体现出来的细微差别和替代性方案。"[2] 的确，在德勒兹对辩证法所作的论战中，我们真正应当关注的不是到底谁对谁错的问题，而是德勒兹究竟试图通过这样一种方法论诉求与哲学传统作怎样的一种决裂，是以哲学史研究的方式将自己的问题式呈现在后来者面前，同时也为我们阅读经典哲学史提供了新的角度和视点。明白了这一点，我们或许可以真正领悟众多后现代哲学家对二元逻辑的质疑与对差异的最大限度的肯定是紧密相连的。

---

1 Deleuze, G. & Guattari, F.: *What is philosophy*? London: Verso, 1994, p. 2.

2 HARDT M: *Gilles Deleuze: an Apprenticeship in Philosophy*. London: UCL Press, 1993, p. ix.

一、单义的存在之根

德勒兹的反辩证法立场与他的存在的单义性直接相关，因为前者预设了主客体二分。而德勒兹则认为，存在是单义的（univoque/univocal），既没有传统的主体和客体的区分，也没有所谓的认知客体。思维的发生只是在一个前个体平面上的单纯的事件（Evènement/event）而已。这样的一种全新的理论框架完全摒弃了康德、黑格尔乃至马克思的概念群和认知模式，体现了德勒兹的创造性所在。

这种单义存在的本质不是某种精神或物质，而是单一的内在性差异。差异作为具体存在背后的“一”，本身就是对多样性的积极肯定。“具体的存在是多样而不同的，它们总是通过析取式综合（disjunctive synthesis）生产出来的，因而它们彼此互不相关，没有交集。”[1] 由此可以看出，单义的存在的本体性命题预设了差异的多元性来克服辩证法的二元论。首先，德勒兹指出，一切形式的辩证法都毫不例外地预先假设了一个神学式的前提，即存在一个统一体。即使是黑格尔的矛盾概念，也仍然没有逃出矛盾中的统一这样的综合。它不过是将一切置于两分法的模式当中，然后通过否定之否定的力量来达到一个错误的本体论上的统一。从这个意义上说，要反对辩证法，首先必须反对二元论。斯宾诺莎的“物质（Substance）”概念在这个问题上为德勒兹提供了一个特别的参照。斯宾诺莎的单一的物质指的是上帝或自然，而德勒兹则从这里发展出了连续的内在性平面。这个平面既不是超出物质之外，也不是内在于物质：它就是物质本身。这个虚拟性的方案为从“一”到“多”的转化提供了一个准本体性的场域。对此，阿姆斯特朗是这样解释的：“这一类平面的主要特点在于它引导形式的发展和主体的形成……它是

---

1 Deleuze, G.: *Difference and Repetition*, trans. P. Patton, New York: Columbia University Press, 1994, p. xxi.

一个隐蔽的结构原则和（/或）发生原则，它从形式方面对身体进行组织和界定，并根据身体所希望达到的目的来组织和界定其功能。”[1] 可见，与传统的形而上学的根基不同，先验的内在性平面具有发生学的基础意义。这种基础不是某种根源，而是前哲学的。一切哲学事件在这个平面上形成，而平面本身却没有任何的价值和目的论预设。这个平面，在德勒兹的生成理论中，是一个具有原创性的基础性建构，对于论证存在的单义性具有关键的作用。他的这个命题拒绝一切形式的中介，而中介正是辩证法中的关键性步骤。因此，他认为黑格尔的辩证法之所以有问题原因在于他没有能够认清“中介”（mediation）置换的非法性。在《差异与重复》中，他这样说：“反对黑格尔是因为他没能跳出错误的运动——换言之，即‘中介’的抽象逻辑运动。他们［黑格尔式的辩证法学者们］想让形而上学运动起来。他们想让它动起来，并且能够执行直接性的行动。”[2] 中介的作用，对于自称为经验主义哲学家的德勒兹来说，是将第一手的、直接的记号替换成了间接的表达。辩证法的问题正在于中介的这种替换将肯定性的存在变成了否定性的关系。

然而，单义的存在不是对本原的“一”的肯定，它以强调异质性的差异肯定了多样性。“存在的单义性并不意味着只有一个相同的存在；相反，具体的存在是多样而不同的，它们总是通过析取式综合（disjunctive synthesis）生产出来的。”[3] 析取式综合是在处于同等层级的多个并列项中进行的，它是对多种具体差异进行析取的结果。自在的差异并不是如细胞分化般繁殖开来，通过析取不同的项，单义的大写的存在——自在的差异——产生出了众多的具体的差异。这种从一到多的过程与传统一元本体论的树型进化过程是不同的。用这种方式，德勒兹成

1 Armstrong, A.: *Some Reflections on Deleuze's Spinoza: Composition and Agency*//*Deleuze and Philosophy: The Difference Engineer*. London: Routledge, 1997, p. 47. 52.

2 Deleuze, G.: *Difference and Repetition*. trans. P. Patton, New York: Columbia University Press, 1994, p. 4.

3 Deleuze, G.: *Difference and Repetition*. trans. P. Patton, New York: Columbia University Press, 1994, p. 179.

功地解决了“一”和“二”、甚至“一”和“多”的关系。多样性是内在于存在的；它就是存在本身。

德勒兹从他的“先验的经验主义”方法论出发，论证了具体的差异的多样性是如何被创造出来的。内在性平面本身包含了无限多的元素，它们彼此间不停的相互作用生产出了新的质素，也就是差异。从这个意义上说，德勒兹所设想的这个先验的平台并不是某种固定的存在，而是一个生产系统。他从根本上摒弃了意识和本质的二元论，而仅仅把它们定义成内在性平面的两个方面。这两个方面的相互作用创造出了无限的运动。“这就是为什么总是有无限的运动形成彼此间的碰撞，它们相互交叠，一个运动的返回瞬间就能重新激发另一个运动。它们像一个巨大的梭子，就这样不停地在内在性平面上往返编织。”[1] 从这里可以得出一个结论，内在性平面不是一个固定的、封闭的本质，而是一个永恒流变中的生产场域，事件在这个场域上得以被生产出来。在《斯宾诺莎的实践哲学》中，德勒兹把这个内在性平面解释成一个由经线（运动的速度或状态）和纬线（强度）交织而成的网络，它不断被个体和群体构成和重组。具有不同速度的粒子间的相互运动和嵌入创造出了各种不同的生活方式。这个生产系统克服了辩证矛盾在事物发展中的应用，以一种开放式的生产领域代替了黑格尔的综合。

二、 对黑格尔哲学的反击

黑格尔哲学将存在的本质总结为真正的矛盾，即矛盾之矛盾，也就是综合。所谓的辩证运动，其实只不过是将矛盾代入到更高的所谓的真正矛盾的层面上，从而使其可以被综合所消弭。从整个过程来看，我们可以发现三个置换：对差异的肯定变成了对自我的否定，对自我的肯定变成了对他者的否定，以及最著名的，肯定变成了否定之否定。德勒兹

---

1 Deleuze, G. & Guattari, F.: *What is philosophy*? London: Verso, 1994, p. 38.

省略了这个过程，但他所提出的否定在辩证法中的滥用其实正导致了这三个置换的非法性。在些置换中，当对“他者”被认为是对“自我”的否定的时候，肯定立刻就变成了对“他者”的否定。差异正是被同一性以这样的方式摒弃的。黑格尔为“扬弃”赋予了一种特质，即它是改变与不变之间的一种张力，并利用这个概念解决了辩证法中的发展问题。

但在德勒兹看来，“扬弃”中的“弃”（改变）本身并不是一种正面的、肯定的改变；相反，它是从属于某种既定秩序的（即它只能抛弃旧有）。因而，这个概念表达的并不是一种积极主动的行为，从而无法产生出真正的新元素来。德勒兹认为，黑格尔在这里将差异置于同一性之下，因而他所谓的差异只能是对差异的一个概念性解释，是矛盾最终会被吸收或“扬弃”的一端。在这个意义上，德勒兹拒绝了黑格尔的辩证法，因为辩证法的核心正在于不断地通过否定的运动使差异从属于同一性。

在这里，德勒兹比较了正面的、肯定性的差异与否定性的差异的区别。他指出，肯定或否定的方式都可以生产出差异。黑格尔的主仆关系实际上是以一种否定的方式来表达差异。在主人与奴仆这样一对看似对立的矛盾中，仆人看起来是对主人的否定。但实际上，情形要比这复杂得多。

首先，主人与仆人之间的辩证关系人为地赋予了仆人与主人相对立的特质，从而形成了一对伪矛盾。因此，仆人在这里不是一种自在的存在，他的特质也不是自发形成的，而是完全由否定的方式来决定的。否定变成了达及肯定的方式。德勒兹这样界定辩证法的核心问题，他说：“不是所有的异同关系都足以形成一个辩证法。哪怕是本质性的异同关系也是如此。要形成辩证法依靠的是否定在这一异同关系中的作用。”但事实上，主人与奴仆并不是二元对立的。他们两者之间的不同是由很多非对立性的异质性构成的。而黑格尔所谓的主仆之间的辩证关系之所以是错的，就在于他错误地把这两种不同的力场之间的异质性简化为了二元对立。所以，从根本上说，尽管主仆之间在某些方面确实存在着对立，但他们的联系从总体上不能形成相互否定的对立。在这一点上，德勒兹高度肯定了尼采所提出的主仆之间所存在的实际上是一种多元化的差异系统。也就是说，主仆之间的不同更多地是正面的、肯定性的差异，而不是由相互对立的否定形成的。在德勒兹看来，辩证法所内含的二元关系是对差异的多样性的简单且错误的表达。其次，黑格尔主仆辩证关系是对两者之间差异的一种被动、否定的表达。德勒兹指出，这种否定性的形式正是辩证法的核心秘密。而事实上，差异之所以成为差异，取决于它所内含的体现个体的特殊性质的因素。这种特质并不是在对立的关系中以否定其他个体的方式出现，而是对自身的特异性的肯定。在德勒兹看来，这两种方式之间存在着重大的区别。前者体现的是一种被动的、反抗性的力，而后者则是一种积极主动的力。被动的力是对条件和环境的一种反馈，而主动的力则是出自个体自身的意愿。德勒兹更进一步地将此与尼采的"权力意志"的概念作了连接。他指出，权力意志正是差异的内驱力所在。因此，差异所体现的应当是权力意志对自我的肯定。相反，在辩证法中，差异从来就不是独立的存在，它总是在比照中作为对他者的否定而存在。并且，辩证的综合也不是发展所得出的积极的结果，而是由扬弃（否定的作用）所实现的一种总体性。

德勒兹坚持认为，由否定原则所主导的辩证法所表达的实际上是一种奴性思维。因为否定所代表的被动力是对某种压迫的反应（例如，仆人的否定是由于他所感受到的主人的压迫），它不可能自发地在没有外在压力的情况下发生作用。而"肯定则是创造，不是忍受、容忍或接受"。从这个观点来看，也就意味着正是外在的压力决定了被动力发生作用的方式（"哪里有压迫，哪里就有反抗"）。于是，主动力丧失了其自主性，不再成为一种具有主导权的自为的、肯定性存在。它们的自我认同不得不通过对某种压力或压迫的反馈来实现。而这种压迫也就是马克思主义哲学家们所说的异化。换言之，在德勒兹看来，辩证法误读了差异的肯定性特质，而将其当作了一种异化了的否定性存在。因此，从生产角度来讲，辩证法根本无力产生出新的特质。这对于将创新当作哲学根本任务的德勒兹来说，是不能接受的。

德勒兹反对辩证法的另一个原因在于他对虚假的和解的拒绝。前面我提到过德勒兹反对理论中的一切预设，他认为这样的做法要么缺乏有效论证要么带有强烈的目的论色彩。在他眼中，辩证法中的矛盾综合就是一个被预设的理论综合。在德勒兹看来，矛盾已经是一个可疑的概念，更不要说矛盾的综合了。这种综合是一个被事先就设定好方式和结果的和解，存在的两个对立面之间的张力在综合中消弭不见。他认为，力是指向各个方向的，辩证法忽视了力的这种复杂情况，它的所谓矛盾运动的形式只不过是一种对力的相互作用的过分简单的假设。因而，辩证法中的否定事实上是对其他力的干涉作用的一种错误的镜像。并且，作为和解的综合其实并没有站得住脚的根基。它类似于基督教教义中上帝和人类的和解，都是从起初就被决定了的结果。从这个意义上说，除了黑格尔的“绝对精神”学说，他的辩证法也是带有神学色彩的。

德勒兹认为，尼采的令人瞩目的地方之一就是为我们呈现出了力与力之间相互作用的全面性。当力与力之间彼此出现相遇和干涉的时候，否定根本就不是它们的目的。原方向的力流虽然被截断，但却生成新的力流。这是异质性因素进入生产，产生出差异的过程。“在一个力与其他力发生关联的时候，使它顺从的力量并没有否定其他力或那些非我因素，它只是肯定自己的差异并且享受这种差异。”在这里，德勒兹将否定的角色颠倒了过来，把它变成了对差异的肯定。这种改造体现了德勒兹和阿多诺之间的一个非常重要的区别，或者，从更原创性的角度说是尼采和黑格尔之间的区别。秉承着狄奥尼索斯的精神，德勒兹将否定自我的痛苦变成了肯定差异的快乐，这是一种面对新生事物被创造出来而萌发的快乐。从这一点上，我们可以试着理解德勒兹为尼采笔下的狄奥尼索斯和阿波罗的鲜明对比所作的评论“狄奥尼索斯和阿波罗的对立并不是矛盾的两项，而是两种互相对立的解决矛盾的方式。日神在造型艺术的观照中间接解决矛盾，酒神则在意志的音乐符号中，在痛苦的复生中，直接解决矛盾”。在这两种迥然不同的方式中，阿波罗并没有错，只不过，生产远比观照更重要、更快乐，也更接近生活的真相。

三、与齐泽克的碰撞

不过，对于德勒兹的反辩证法立场，齐泽克却有不同的看法。他认为，尽管德勒兹沿用了很多尼采的概念和方式来表达自己对黑格尔辩证法的反对（尤其是在《尼采与哲学》和《差异域重复》两个文本中），但他的论证却是以一种辩证方式展开的：他设置一系列的二分法以及矛盾——差异与重复的矛盾，弱势与强势的矛盾，“一”（单义的存在）与多样性的矛盾。齐泽克认为，这些二元逻辑重复了传统的唯心主义与唯物主义的哲学对立的不稳定性。[1] 因此，他最终给出了“德勒兹等于黑格尔”的结论。

但是，齐泽克的这一论点被罗伯特·西纳布里克批评为“黑格尔-拉康主义”倾向。西纳布里克指出，齐泽克的问题在于他误读了德勒兹的差异概念。首先，齐泽克没有能够清楚地区分差异概念和概念性差异。他把概念当作了一种解决矛盾的统一。也就说，齐泽克没有能从根本上厘清德勒兹用差异概念反对黑格尔哲学的实质。差异，在他那里成了类似于黑格尔的“基本的普遍性”的东西，这种普遍性的根基正是“差异与同一之间的同一”[2]，而这仍然是德勒兹所反对的隶属于同一的差异，即次要的、非根本性的差异。这一混淆最惊人的地方在于齐泽克始终是在正统的统一范畴之内来考虑德勒兹的差异与相同的关系的。换句话说，对于齐泽克而言，差异并不是一种独立的多样性，而是从属于差异与同一之间的同一性的区分性因素。这是因为齐泽克在思考这个问

---

1 ZIZEEK S: *Organs without Bodies*: *Deleuze and Consequences*. London: Routledge, 2004, p. 52.

2 ZIZEEK S: *Organs without Bodies*: *Deleuze and Consequences*. London: Routledge, 2004, p. 94.

题时，始终没有超越二元论逻辑，没有能够从德勒兹的“先验的经验主义”方法论角度出发。实际上，德勒兹从来不寻求一个抽象的总体性或普遍性或其他什么东西来作为传统哲学中的本体论平面。可以说，齐泽克所忽视的是作为休谟和斯宾诺莎经验主义门徒的德勒兹，后者的根本原则是“根据身体的目的来确定身体的形式和功能，再根据这些形式和功能来组织和定义身体”。

齐泽克同样认为对于德勒兹而言，黑格尔的否定是使差异从属于同一的手段。但当他自己在解读德勒兹的时候，又根据“否定之否定”的原则将德勒兹的绝对差异还原成了一个辩证性的概念：“差异与同一之间的同一”。因为，在齐泽克眼中，一对相互矛盾的概念之间必须要有一种解决或和解，才能推动这两者进行运动。然而，德勒兹却根本不这样认为。他从不曾试图构思一种抽象的普遍性去中介所有对立的东西。因为内在性平面上的不同的力之间的相互作用构成了众多的流，它们可以朝向各个方向，既不仅仅是线性的，也不完全是螺旋的：它们是真正的多样性。正因为这样，力与力之间的冲突并不必然地提出矛盾，而只是阻滞和干扰了其他的力的自主流动，而创造出了新的力流。因此，当齐泽克认为德勒兹的非辩证式的创新生产终将变成一种对同一性的特殊的、辩证的重复时，他完完全全地站在了德勒兹的对立面上。而产生这一误解的原因就在于他错误地将德勒兹哲学中酒神的生产当成了日神的沉思。

事实上，德勒兹对辩证法的这种反对本身不但不是对作为事物发展的核心动力的矛盾因素的反对，相反，在他看来，辩证法的矛盾不足以刻画作为发生学起点的他性（otherness），他将其极端化，确定为肯定性的差异。这一观点体现在历史观方面则是对线性历史的进步论的反对，并转而强调探索形成不同价值的构成性因素。这种对构成性因素的探索正是众多的后现代哲学流派所共同热衷的理论任务：反对先验，强调建构（包括主体的历史性建构）。这和马克思主义哲学的历史唯物主义观点从根本上是一脉相承的。而正是这种从根本上强调建构性的理论态度反映了德勒兹的唯物主义立场，更具体地说，就是从唯物主义的角度探索创造差异的可能性。因此，当我们骤然遭遇德勒兹的反辩证法的态度时，不但不应该从纯然拒绝的角度来看待，反而应该更深入地进入他思想的根源，从更具有当代性的视角来面对。

差异的乌托邦

差异，作为20世纪60年代之后的众多思想家用来对抗同一性的核心的武器，当之无愧地成为后现代哲学以及微政治学路径探索的核心概念。撇开哲学领域不谈，在乌托邦文学中，它以一种更加感性和直接的方式被展开。一直以来，描述异类生命的形态以及更为合理的社会结构（或彼岸世界）都是乌托邦文学和科幻小说共同面对的难题。因为，要打通从当下世界的经验到真正差异的可表述性之间的连接，就必须要面对思维以及经验（还包括语言）的有限性的桎梏。无论是在传统的中国神话小说（如《西游记》）中还是在自托马斯·莫尔以降的大多数各种幻想小说中，差异性生命都表现为各种当下世界的局部经验的抽离、夸张、变形和任意拼接。换言之，这些差异本身是否可以被归结为真正的差异（或极端性差异）是一个存在着巨大争议的问题，因为它们确实都是以假设某种同一性为前提并从属于当下经验的。在这些差异的生产过程中，从来没有真正出现过极端性的异质性因素，所达到的不过是我们熟知的组合方式的陌生化而已。

一、“自在差异”的本体论设定

德勒兹意识到了这个问题，他试图从另一个方面来面对差异及其表征的问题，即撇除具体的差异（被表征的差异）本身，而思考自在的差异——即所谓根源性的差异。这也就意味着他试图要重写差异与“同一性、相似性、对立性或可比性”[1] 四类范畴之间的关系，从本体论意义上来定义差异的基始性位置。在他看来，如果一种关系预设了同一性作为基始性，那么它实际上就肯定了概念的表征功能所造成的压迫和强制，并以“表征主义的方式来定义世界”。[2] 表征系统是通过建立一套固定的规范作为模型来运转的。而差异与同一性的统一也就是这些基本模型中的一个。它起到了表征的媒介的作用。[3] 表征主义正是以将差异从属于同一性的方式扭曲了差异的实质。德勒兹所要做的就是反对这种抑制了创造性力量的模式。在他看来，表征主义将我们的注意力从自在的存在上引开了。结果，人们所关注的通常是它所解释的东西。差异正属于这种情况。在表征模式中，差异被表达为从属于同一性的具体的差异。这种静止的等级式结构不可能想象出与差异相关的变化。因此，德勒兹认为，不能“在一种有机的中介的内在媒介中”[4] 来表现差异。

与此相反，擅长辩证思维的齐泽克在《因为他们并不知道他们所做的》一书中指出，差异性（differentiality）的关系指的是一个术语的显在（presence）即是其反面的不在场（absence）。[5] 齐泽克以白天黑夜为例说，黑夜所意味的其实不是黑夜的在场，而是白天的不在场。如果用这种方式来解读差异，就必然导致如下的结论，差异能指所代表的是作为其对立面的同一性的不在场。而这种简单化的二元论正是德勒兹批判

1 Deleuze, G.: *Difference and Repetition*. trans. P. Patton, New York: Columbia University Press, 1994, p. xv.

2 Deleuze, G.: *Difference and Repetition*. trans. P. Patton, New York: Columbia University Press, 1994, p. ix.

3 德勒兹描述了这一媒介的四个方面：同一性、类比性、对立性和相似性。一个概念只有处于这四种关系的表现模式中，它才可能被以表征的方式表达出来。

4 Deleuze, G.: *Difference and Repetition*. trans. P. Patton, New York: Columbia University Press, 1994, p. 29.

5 [斯洛文尼亚] 斯拉沃热·齐泽克：《因为他们并不知道他们所做的——政治因素的享乐》，江苏人民出版社，2007，第 28 页。原文为：“差异性（differentiality）说明了一种更为精确的关系：其中，一个术语的对立面，其显在（presence）的反面并非是另一个术语，而是第一个术语的不在（absence），即其铭写位置的虚空（void）。”

的作为表征模式之一的对立思维（其实也正是他齐泽克本人所批判的"颠倒说"的状况，不过他显然没有意识到[1]）。差异与同一性之间从来就不是一种对称性的关系。因而尽管作为同一性逻辑的对立面，差异所挑战的并不是同一性的在场，而是它的基始性（primacy）。换言之，差异哲学家或差异文化倡导者所希望实现的并不是一个"一"完全缺席、只剩下"差异"群魔乱舞的景象。相反，他们是以差异作为武器，提起了对"一"的独裁的抗议和斗争。抗议的结果不是将"一"从肉体到精神完全消灭[2]（暴力革命的模式往往如此），而是请它退居到它应有的位置上，使原先被雪藏的差异走到台前。差异既不是多元化的现象，也不是差别的存在，而是最大的可能性空间。从这个意义上说，它可以被认为是解放了意志或欲望。

德勒兹深信，现代社会不但在极大的程度上压制了差异及其创生机制，并且剥夺了人们发展的可能性。而一旦要肯定被德勒兹定义为变化和差异之流的现实，就意味着首先必须颠覆既定的身份认同，从而最大可能地变成我们所能够变成的。从这个意义上说，创造性的行为本身正是通向自由的一个切实的途径。不过，这里的自由并不等同于一定社会形态中行为的自在性，相反，它与社会结构本身的变化条件相关。

但是，即使是"自在的差异"这样理想化的设定，仍然引起了一系列的问题。因为当它被用于对差异进行表达的时候，它仍然是悖论性的。阿多诺曾说，思维从本质上而言就是一种同一化的过程，因为思维所试图理解的东西，正是按照某种同一性所架构起来的。因此，思维必然有其界限，它不可能以这种方式达及真正的差异。于是，以有限的、

1 齐泽克援引了黑格尔在《精神现象学》中对基督教关于来世设想的"颠倒的世界"中的双重倒置的分析。他以《格列佛游记》中的侏儒国和人-马岛为例指出，这种倒置的幻象所体现的不仅仅是现实的一种镜像（mirror-image），同时也表达了主体的象征性认同（symbolic identification）。

2 何况，作为人类理性基础和法则的同一性与人类思维本身同生共死，以理性消灭同一性是一项"不可能完成的使命"，而抛弃理性，回归非理性，即便可能，也必将是一种文明的倒退。

受经验限制的思维去想象一个极端的他性看起来似乎变成了不可能完成的任务。其中的障碍之一正在于“言说不可言说”和“想象不可想象”的矛盾中原有的张力和不连续性。即使从字面上来看，这样的表述已经明白无疑地显示了思考真正的差异这个悖论的本质，因为德勒兹所言的真正差异必然是思维本身的绝对界外。

二、“差异”概念在现实层面的困境

上面的讨论仍然是局限在形而上学层面上。而一旦我们将问题的思考域放到全球化的市场中，俨然是另外一回事了。差异生产的问题，更多地与资本逻辑扩张所带来的文化的领土性的消弭有关。因为在新的世界性文化空间中，随着电子媒介的大范围使用和网络的延伸，地理区域的界限对文化的影响逐渐弱化，与此相关的文化的特性更多地变成多元化的虚拟世界中的一种特例的展示。在这种情况下，差异虽然仍旧存在，但已经沦为了全球化文化产业的所追逐的一个对象。差异的确被合法化了，但是这种合法化同时也削弱甚至扼杀了它本身的革命意义。这种差异商品的世界化正是真实的历史情境中的总体化现象。因为差异本身是可以被不断制造和消费的。这种人为的制造出来的差异本身是一种影像（image)，但它通过媒介的传播对人发生影响。这种影响从表面上看起来似乎是具有了差异，但这种被表征的差异影像与自在的、真正的差异之间却有可能存在着断裂。这样的差异实际上是一种伪差异。事实上，这也正是从莫尔的乌托邦建构到现代科幻小说所面对的难题。德勒兹部分地回避了这个问题。正是在这个意义上我认为，当德勒兹试图以“自在的差异”这样本体化的预设来解决部分经验的碎片化的局限性时，实际上却建造了一个差异的乌托邦。而这，是他既不愿意看到也不愿意承认的。

在詹姆逊称之为“晚期资本主义”的这个历史阶段中，差异已经成为了激励资本运动必不可少的要素。在空间上，地理上的不平衡发展使资本流动成为可能，因为它为资本增殖的必要因素——原材料、劳动力和市场——提供势能差。在文化上，差异甚至是贩卖和营销的客体。于是，一方面，差异的生产并没有像德勒兹所预想的那样成为对强势的抵抗，反而成为对资本主义危机的暂时解决。另一方面，以消费差异作为目标的市场有着不可限量的潜力。以芭比娃娃的生产为例。芭比这个商业奇迹的巨大成功在于它通过制造差异而造成了销售的连续性。从第一个芭比诞生之日起，围绕着芭比这个虚构人物，更多的商品不断地被制造出来：她的众多家人、朋友、生活设施、设置不同的身份形象。在这里，差异成了被贩卖的对象，成了制造消费需求的手段。消费差异成了当代社会中具有最强劲势头的潜在市场。这种消费在很大程度上是由鲍德里亚所批判拟像（simulacra）决定的。这样的差异显然不是德勒兹所追求的。因为这种差异不但不能反驳同一性的统治，反而证明了其背后资本逻辑的强大。同样地，无论是米兰时装周的T台上被标注出来的作为时尚导向的中国元素，还是奥斯卡领奖台上的最佳外语片殊荣，都不足以证明真正平等的文化多元性已经到来。相反，这种国际市场的认可恰恰是差异和他性被吸纳入主导文化的体现。它是一种假性的区别，并非真正的异质性，是强势价值与弱势价值之间关系的一种虚假反映。更准确地说，正是强势价值本身以其对弱势的界定架构了两者之间的关系。领会这一点，对于理解德勒兹差异概念的乌托邦本质是至关重要的。实际上这也是鲍德里亚对德勒兹的批评的出发点。

不过，这仍然不是差异概念的全部问题。德勒兹忽视的第二个问题是资本主义与差异之间的必然联系。从历史上来看，资本主义正是通过不断地创造差异完成自己原始积累的过程，并通过利用土地和生产方式上的差异最大限度地实现利润并开启资本再生产的循环。并且，为了保持或提高利润率，资本必须不断地在市场和劳动力方面挖掘更多更大的势差。从这个意义上而言，不仅仅是资本主义受益于差异的存在和创生这么简单；差异——主要体现为自然条件的不平等和生产的不平衡——从本质上而言正是资本主义得以运行的先在条件和结果。这种对于差异的依赖性恰恰是隐藏在同一化的表面之下的。更准确地说，资本生产本身具有截然相反的双重逻辑：匀质化和差异化。前者努力将全球纳入其强大有力的总体化趋势中，目的是形成匀质、平滑的无障碍市场：原材料市场、劳动力市场、商品市场、金融及其衍生物市场。因为只有这样的市场才能为资本的自由流动提供保证。但是，即使具有这样的市场，缺少了差异的存在，资本也不可能获得利润。这和物理学中流体运动的情形类似，只有势能差才能引起流体的流动和传递。资本也是如此，其再生产的方式决定了它对利润的永恒欲望。资本的运动一定是以追求剩余价值的最大化作为目标，因此，它必须持续、同步地创造出地理差异和社会差异。匀质化和差异化的双重逻辑是维持资本主义生命力的必然要求，任何一者的缺乏都会在不同程度上造成资本主义的危机。但不幸的是，很多时候我们看到了第一重逻辑，却忽视了第二重逻辑，从而过于乐观地看待差异作为个性消费品的事实。因此，质问差异的合法性成为首要的问题。差异，即使在某种程度上缓解了危机，也显然不能成为资本主义所有问题的解药；相反，我们时刻需要警惕以差异名义出现的霸权。这不仅仅包括被制造出来的差别化的商品，也包括对差异的欲望。因为，这种情形之下的差异，已经完全被抽象成了一个支撑资本逻辑的符码。于是，被消费的不再是商品的使用价值，而是它们的差异——更准确地说，是符号化的差异。马克思的价值理论在这里遇到了一个重大的挑战，即商品的交换价值有时候由该商品与其他同类商品的差异来决定。换句话说，在一个供给充分的市场中，引导消费的往往不只是对使用价值的需求，而是对差异的渴望。然而，我们需要追问的是：这种差异从何而来？谁控制了这种欲望的生产？德勒兹没有直接回答这个问题，因为在他的“欲望生产”理论中，欲望是随着条件的连接自发产生的。不过，更加普遍的观点（如鲍德里亚）相信，当下对差异的认同已经完全被文化工业所驯化，后者毫无疑问地成为了另一种有效的资本主义意识形态机器。当然，这种批判话语对“欲望”的解读与德勒兹本身有一定差距，但我们不得不承认的是：追求差异，这种在同质化社会脱颖而出的需求，需要以商品化的方式被实现，本身就是一个绝妙的讽刺!

正因为这种双重维度的存在，资本为了实现它的再生产链条，就必须不断面对两个相悖的趋势：1. 消除一切障碍，形成全球化市场；2. 在分工、生产和消费方面持续地创造并保持差异。这导致了一个看起来似乎有些矛盾的境地：资本主义在依赖差异的同时又要致力于消除差异。但这事实上并非矛盾：因为这里的两个差异范畴是截然不同的：前者是被人为制造出来的、从属于资本主义生产的差异；而后者则是独特的民族文化的具体体现——这才是真正的差异，它与原生性的本土文化相连。资本，作为资本主义社会的唯一内在驱动力，同时也是资本主义社会本身的绝对界限。资本再生产的模式正暗示了这一界限的存在。因此，资本对待差异的悖论式的态度将不会改变。如果缺少了这种判断，只是抽象地谈及德勒兹的“生成弱势”，就会使一个原本具有深刻微政治解放话语的命题变成一个空洞的能指。

三、 德勒兹的微政治解决途径

我不确定德勒兹是否故意回避了这个问题，但它显然是我们解读德勒兹时首先需要厘清的关键。德勒兹将绝对差异定义为界外（outside），因为它是由来自界外的不可想象的因素激发的。这就是为什么德勒兹在与克莱尔的一个谈话中用“发现、相遇、窃取”这样的语词来形容思维的发生。[1] “相遇就是发现，是捕获，是窃取……它所创造的……是一种不对称的阻塞，是一种不平行的进化，杂交，它总是‘界外的’和‘在中间的’”。[2] 界外这个语词在这里既不意味着外在方面，也不是意味着

---

1 Deleuze, G. & Parnet, C.: *Dialogues II/Gilles Deleuze and Claire Parnet*. New York: Columbia UP, 2002, p. 2.

2 Deleuze, G. & Parnet, C.: *Dialogues II/Gilles Deleuze and Claire Parnet*. New York: Columbia UP, 2002, p. 7.

处于某种边界线之外的几何的或经验的空间。界外是一个绝对的外在，它既不是任何内在的对立面（在这个意义上它可以粉碎一切的参照框架），也不符合任何的现存形式。换句话说，这种界外是一个彻底的外在，一个没有内在的外在：它是一切体系、一切参照系统或位置规则的界外，甚至是一切外在的界外，是“我”和“我”的思维的界外。

并且，界外意味着打破场域的限制，将封闭体系内部所不具有的外在性因素引入进来，改变原有场域的张力，使超越成为可能。而这种超越正是不断地“生成界外”。逃逸线在这个意义上不仅是由原有体系的极限所勾画出的虚拟势能，也是不同场域相互交流的通道。它使这些场域之间的分歧明显化，从而最大限度地凸现和保存差异。

在将思维定义成界外之后，德勒兹用“游牧”来表达界外不断地渗透辖域的过程。在游牧状态中，一切事物都处在生成的关系当中。因此，它不是一种恒常的稳定状态，而是不断地生成异质性，或者用德勒兹的话来说，生成弱势。这种力量不是表现和认可的力量，而是一种完全不同的能力，它可以促使思维运动起来从而赋予它鲜活的生命力。在详细阐述其差异理论的《差异与重复》一书中，德勒兹将差异界定为个体中内在的、基本的因素。不同的个体由无穷的差异组成，这些差异构建了一个具有无限的创新潜能的开放平面。新在这里也意味着产生变化的能力；它本身是不同的力之间相遇和改变的结果。正是这种改变的能力使每一个存在（也即德勒兹的生成）成为差异。但什么产生新呢？在德里达看来，就是由他者的侵入所造成的绝对的相异性。[1] 而对于德勒兹而言，新的质素是在上述的开放平面内由肯定性的异质元素之间的相互作用而产生的。这两者都肯定了新作为一种与原有完全不同的异质存在。在德勒兹那里，这种他者或异质元素是以虚拟的界外形式出现的。[2]

---

1 ［法］雅克·德里达：《书写与差异》上，生活·读书·新知三联书店 2001 年版，第 159 页。

2 Alan Badiou 赞同界外（the outside）对于思维的创新作用，但不同意德勒兹对虚拟（the virtual）和现实（the actual）的两分。他认为不存在任何的标志或标准可以将这两者区别开来。关于这一点可以见他的《存在的喧嚣（*The Clamor of Being*）》中的“虚拟”一节。

但是，“生成弱势”的反抗本身却过于理想化。因为现代社会中的总体化是通过整合作用将异质性吸纳并消化到原体系内部，使其与原体系相兼容。德勒兹在《反俄狄浦斯》中指出，精神分裂正是这样一种游牧式的出口，它以分裂的方式来抵御精神分析的总体化。在他看来，社会并不是精神分裂的出口想要反对和击倒的敌人，他反对和摒弃的恰是社会作为僵化的总体性的枷锁，如，俄狄浦斯情结。德勒兹认为每一个精神分裂的投入都是社会性，它总是朝向一个社会历史领域。也是在这个意义上，去辖域化不是一个有着清晰目标的、线性的过程，而是一种不断的生成。但在现实政治中，去辖域的同时也是再辖域化的过程。这实际上就是现实中的总体化。这一运动发生在社会之内，并作用于社会，使它进入新一轮的总体化。正因为现实层面上不能被克服的总体化，我认为德勒兹的完全的自由只有在理论意义上才是可行的；从实践意义上而言，政治自由必然是总体化过程中的自由。这一自由并没有废弃社会中的价值和规则；相反，它是他性渗透或扩散到统治性的总体中的过程。

“精神分裂的出口本身并不仅仅在于从社会中退隐，生活在边缘：它使得社会通过多样化的孔隙逃离。这些多样化的孔隙不断地侵蚀和渗透它，并始终与它直接联系在一起……”[1]

“多样化的孔隙”实际上就是社会中的弱势价值，它为差异的生成提供的了渠道。这样的表达方式的准确性在于它极其成功地描述出了弱势的情形：它们在一个既定的总体性之内产生，却勾勒出了可以逃离由总体性自身所支持的强势价值的逃逸线。但是，弱势因素发挥作用的目的并不是去取代强势因素。它只是为自身努力寻找一个合理的生存空间。它真正所反对的不是强势本身，而是强势价值的独裁。相反，一旦弱势因素被变成强势因素，它的对立面或补充也就将成为新的弱势因

---

1 Deleuze, G. & Guattari, F.: *Anti-Oedipus*: *Capitalism and Schizophrenia*. trans. R. Hurley, M. Seem & H. R. Lane. Minneapolis, MN: University of Minnesota Press, 1983, p. 374.

素。因此，我认为德勒兹的这种设定其实是欢迎不停顿的总体化的。这一观点其实与萨特在《辩证理性批判》中对总体化的看法近似。因为总体化对总体性的突破并非简单地对总体性进行否定，而是将这些现成性作为因素综合进总体化运动之中，形成形式的统一。[1] 德勒兹本人从来没有打算用一种暴力革命的方式来推翻社会的法则。相反，他的精神分裂的出口是服从于社会的整合能力的：它不断将差异代入自身，不断地创新，不断地生成。

而“生成弱势”的一个问题正在于它所引入的、定位在“弱势”的边缘价值不具有侵略性，并不会危及原有的等级秩序，从而也不会改变甚至威胁到既定的总体性。“生成弱势”这一表达方式本身也从一开始就限制了抵抗的方向：它承认并接受主导价值；并且，它并不试图改变或取代它们。“生成弱势”只是一种趋势，并不追求一个确定的目标。而这也正是它的局限所在：在这个生成的无尽过程中，弱势并没有改变它自己的属性，也没有改变它在总体性内部的地位。太阳之下，并无新事，不变的只是未曾停息的总体化。

四、 走出德勒兹悖论的可能性

除此之外，“生成弱势”还容易带来另一种危险。甚至德勒兹本人也没有意识到，对弱势的界定本身即暗示了对强势的认同。例如，对于“生成女人”而言，女人到底是一个怎样的意象？它由谁来定义？如果只是抽象地谈论“生成女人”，不同的人可以得出完全迥异的结论。如何理解这些差异本身？甚而言之，穿紧身裙或工装裤对于女人到底意味着什么不同？还是说，根本就没有什么不同？德勒兹的本意当然不意味

1 在这里，德勒兹和萨特还是有所区别。在总体方法论上，萨特坚持辩证立场，认为这种总体化即是辩证法的运动，它的唯一基础是个人实践，它使自身处于不断的变化和转换之中，形成否定之否定。而德勒兹则采用了力的碰撞说以及先验的界外来解释社会的整合/总体化过程。并且，萨特对于总体化的肯定是全正面的，而德勒兹在理论上是拒绝总体化倾向的，但在实践层次却无法避免这一趋势。

着在身体器官的生理学特征上变成女人或是在心理上认同女人，而是能够立足于男女的自然差异和社会差异的基础上，以女性的视角或思维方式来进行思考。“生成女人”同时是一种具体的“生成弱势”。对于男性和女性而言，都有“生成女人”的可能性。显然，使用这一视角首先也意味着对社会领域各个方面存在的父权制现实的承认和正视，然后才是突破男性思维的努力和尝试。因为实际上，强势价值正是它所代表的思考方式的具体化的体现。在父权制的社会中，男性或女性本身（当然，部分的女权主义者除外）的思维都被束缚在这个逻辑之内。甚至有的时候某些女权主义的抗争本身也并没有能够逃脱这一桎梏。夸大性别差异或无视性别差异都不是真正的女性视角。[1] 因此，当面对这个问题时，首先要问的不是如何生成女人，而是女人的意象是否要取决于权力话语的界定？因此，这也就意味着，我们可以在两个答案中进行选择：寻找真正的（女人的）差异或是尊重所有的差异？可惜，德勒兹的生成弱势理论并没有为此提供合理的答案。因为，甚至是男女之间很多社会性的差别本身，也是根据男权逻辑来认定的。它因此导致了在整个社会体系内反抗男权的举步维艰。

这样一种甚为讽刺的局面之所以会发生，根源于德勒兹的理论策略中的一个无法解决的矛盾，即当他试图在理性范围内（思维）定义差异的时候，同时忽略了理性的界限——想象无法想象的东西。当然，在这个意义上谈及该问题并不纯粹指向经验的有限性，而是涉及认识论的范

1　拉康在性别差异问题上的看法非常具有启发性。他认为，以对立的方式来定义性别差异的做法是错误的。齐泽克对此评价说：“对拉康来说，性别差异不是一组严格的‘静态的’象征对立和包容/排他（他把同性恋和其他性变态归入某些次级角色的异性范畴），而是僵局、创伤、未决问题以至抵制它的象征化企图的某些事物的名称。每一种把性别差异译成一系列象征对立的做法注定是要失败的，并且正是这种‘不可能性’打开了为争取‘性别差异’所意味的东西而进行的霸权斗争的地平”（《偶然性、霸权和普遍性》，江苏人民出版社，2004，第 112 页）。我认为，很多女权主义运动的失败恰恰是因为女权主义者以对立的方式来看待现实社会当中的真实的性别差异。而这种对立式的思维所导致的结果要么是抹杀性别差异，让女人等同于男人（这本身是对差异的无视和压制），要么是从根本上默认女性作为“第二性”的从属性位置。德勒兹同时反对这两种倾向，他的“生成女人”要求正视差异，但他并没有能够为这种生成提供有说服力的例子。

式。德勒兹的“自在差异”的概念实际上是以一种传统的笛卡尔的方式、通过创造出差异的本体论内核来回答“什么是真正差异”的问题。尽管他成功地挑战了传统的差异与同一的关系，但这个理论建构仍然是以一种理性逻辑来对差异进行精确定位。这实际上是自启蒙以来占据哲学史统治地位的前康德式的认识论模式。于是，一个尴尬的结果就是，当德勒兹力图在传统哲学之外来诠释差异的时候，却因其认识论上的局限更深地陷入了传统哲学的桎梏。他关于“差异”概念的全部理论努力实际上只是将理性所不能解释的“过量（excess）”——“自在差异”置于了问题的核心。这样一种策略实际上只是为理性的局限性挂上了一个似是而非的门面罢了。

真正直面问题的关键在于，理性实际上并不是我们唯一的选择。不过，当我说要与理性保持谨慎距离的时候，其实是冒了极大风险的。因为这容易引起倡导非理性的误会。但事实上，我并非要以一种非理性的思维方式来反对理性。只不过，为了拓展我们的想象力，我们需要稍稍跨越一点知性的认识方式。詹姆逊在他的关于科幻小说的研究著作《未来考古学》中也对这个问题给予了极大的关注。他高度肯定了林德赛在这个方面做出的一些努力，因为后者在《大角星之旅》中以别具一格的想象用一系列形容的方式创造出了全新的颜色（“乌火”和“杰尔”）。这些颜色不是我们已知的任何一种颜色或几种颜色的混合，而是一种完全不同的感情。在这里，林德赛避免了对这些颜色进行视觉成分上的描述，而改用一种类比的方式：“正如蓝色反映了精致和神秘，黄色反映了清晰和不细致，红色反映了希望和热情一样，他觉得乌火透射出野性和痛苦，杰尔则是梦幻一般的邪恶和艳丽”。詹姆逊将这种努力归结为以比喻的方式创造全新世界的尝试。他说，“在最根本的基础上，要发明另一个世界，应该要包括创造出新的特质。”

可能这样的答案并不能令所有人感到满意，因为它似乎始终未能制造出一种清晰的、关于差异的印象。但让我们稍稍搁置一下这种不满意的情绪，转而来看看林德赛的妙笔，我们就会发现，她在这里的努力至少给了读者一个暗示或者说提醒：差异恰恰可以来自于感性的不同维度。因此，对全新的色彩的描写必然是以超越视觉的方式完成的。它将客体的独特特征与主体的感知能力全部包含在内。如果将这个命题稍加拓展，就可以得出这样一个结论：真正的差异恰恰存在于每种文化的特质以及对它的领受之中。当然，这样的结论难免会招来相对主义的攻讦。而要解决这个问题，我们就必须回到差异形成的条件、也即差异的历史性问题上。显而易见，差异是一种存在的特殊性，但即使差异本身也是千差万别的：自然差异（例如，狗和犀牛之间的区别）是不具有等级性的，但社会差异却必然如此。而我们前面所谈到的无论是抽象的弱势价值还是具体的女人的意象显然都是属于后者。德勒兹的“生成弱势”之所以会遭遇困境正是因为它无力解决这内在的等级秩序。

既然如此，德勒兹的“差异”和“生成弱势”的概念是否就完全没有意义了呢？当然不是。在我看来，这种微政治的界外观可以被认为是列斐伏尔于20世纪40年代所提出的日常生活批判的一种改版。事实上，作为差异的生产机制，“生成弱势”是一种避免法西斯化的方式。在一个统治机器中，弱势因素扮演着虽然弱小但却十分突出的角色，因为它预示了变化的方向和可能性。弱势因素并不必然地是强势因素的反面，它只是强势因素所忽略的东西。它是在某种条件下可以发挥作用的虚拟性力量。主体性在不断地与弱势（界外）产生折叠，从而产生出不断的变化与更新，抵制了强势价值的驯化。不过，德勒兹与列斐伏尔不同的地方在于，他并没有采用后者的人本主义逻辑而诉诸微政治的解辖域化，因为他已经清楚地意识到了在微政治元素中被权力话语（强势价值）所俘获的东西，并努力通过此种方式将它们释放出来。从这个意义上讲，差异的出现和被同化都不过是解辖域化和再辖域化的过程而已，你信或不信，它都在运动当中。不过，“自在的差异”这一概念作为一种理想化的尝试，表达了对于同一性和等级制进行反思的一种可能性，尽管这种可能性并不能得到任何保证。

思考差异的真正前提应当是对社会差异的不平等性的承认。当德勒兹试图来以差异创造差异的时候，他并没有认识到，差异的生产在晚期资本主义的现实中已经被垄断了，正如早年间商品生产的情形一样。换言之，由于差异生成的条件已经被资本逻辑所垄断，连独特性本身都是在体系之内被界定和规划的。因此，展现差异的唯一办法就是追随福柯的选择：拒绝被定义的独特性。而这一点的完成，在今天的语境中必须根源于对本土文化的批判性认同。

第三编

德勒兹（下）：生产

在批判中建构的可能性：先验经验主义

当下，当整个社会批判理论转向更为注重整体角度的激进思想时，如何在不丧失批判深度的前提下实现积极建构，成了理论家需要面对的一个重要任务。西方激进左派在建构上的无力广受诟病。在这个方面，德勒兹以其“先验的经验主义”的方法论建构在众多论及后现代的话语中脱颖而出，成为微观政治解放的一个重要理论支撑。

一、先验的经验何以成为可能？

“先验的经验主义”这个术语标注出了两个方法论维度：用经验主义反对传统的本体论和形而上学，用先验的方法反对传统的经验主义。他本人在《差异与重复》一书中对这个看似有些矛盾的术语的两部分作出了明确的解释：经验主义使德勒兹理论有别于理性主义哲学，因为前者所关注的主要问题是“从先验感觉的立场出发可以感知到什么”。[1] 从这一处引文我们可以看出，德勒兹和经典的经验主义者的区别在于，后者认为知识来自于感觉经验，而前者不仅仅关心纯粹的经验(empirical)世界，还更关注感性经验(experience)本身的先验条件，

1　Deleuze, G.: *Difference and Repetition*. trans. P. Patton, New York: Columbia University Press, 1994, p. 144.

即所谓“先验的感觉”。这一关注所体现的是他对经典的经验主义的经验概念的批判。在德勒兹看来，经验是显现在经验世界表面上的事件；它是被构成的。他所希望了解的是经验背后的单义的存在。因此，他的哲学问题可以概括为：“经验是如何成为先验的？”而这个问题又可以被分解成两个维度。

首先，需要确定“先验”在德勒兹这里的意思。康德将先验定义为一种先在的思维形式，其使思维和理解活动成为可能。不过，德勒兹并没有沿用这个定义，原因在于他拒绝一切基于现成的自明概念的先验哲学。相反，他把这些概念划归为“旧式的形而上学的本质”。[1] 换言之，他认为，这些概念本身其实是不能解释任何事物的抽象，它们自身是需要其他东西来解释的。因此，德勒兹只是保留了“先验”这个概念所指的存在的非经验性条件的意思。在《意义的逻辑》中，他陈述自己哲学的目的在于“确定一个非人格化的、前个体的先验场域，该场域与相应的经验场域并不相像”。[2] 这个先验性的场域就是经验世界中存在的条件，是经验生成的场域。它使经验世界成为可能。这里同时也显示出德勒兹的“先验的经验主义”与经典的经验主义的另一个区别。后者主要关注的是知识的起源问题，而前者则单纯地从条件入手，更关注的是生活本身。

在《差异与重复》中，德勒兹从潜存与现实的区别的角度讨论了先验性的概念。作为存在的单义性之基础的内在性平面指的既不是一种物质也不是一种形式，它是蕴涵了无穷多的潜存的势能。受尼采的永恒回归学说的影响，德勒兹将重复解释为“单义的存在”之存在的方式。潜存（差异）正是在单义性（重复）中被实现的。我们可以从两个层面来把握德勒兹的先验（transcendental）概念。

---

1 Deleuze, G.: *Difference and Repetition*. trans. P. Patton, New York: Columbia University Press, 1994, p. 105.

2 Deleuze, G.: *The Logic of Sense*. trans. M. Lester. NewYork: Columbia University Press, 1990, p. 102.

第一，先验场域不是外在于世界而是内在于世界本身的。它本身是现实的一部分，只是以经验现象的形式出现。用德勒兹的术语来说，这个场域是一种潜存力量，它不是现实的。换言之，它在感知所能触及的范围之外，但仍然属于现实。第二，所谓先验，指的是一种虚拟性，它与独立于经验之外的知识的先天直觉基础相关。在此，在先验性场域中，所有经验性的东西都表现为一种无序。所有人都必须努力将自己提升到极致——感觉的极致、经验的极致、身体和思维的极致——来达及这个先验场域。德勒兹希望用这个独特的内在性平面的概念和单义的存在（being），来阐述真正的存在（existence）的条件。这种条件可以用来解释客体，却不会陷入概念化或本体论的抽象之中。德勒兹的学说将存在（being）肯定为一种生产过程或基于真正差异的具有创新特质的个体化过程。这是对物质的实在主义本体论的一种具有挑战性的批判。他用意义（sense）概念代替本质（Essence）概念的做法从语词的角度体现了他的先验经验主义方法论。对于德勒兹而言，本质概念通常被认为具有超验性。只要一看见它，读者就非常可能想到本体论的或形而上学的直接性。而意义概念则避免了这个麻烦，这是因为："首先，背离了亚里士多德哲学的命题的经验逻辑发现意义，以一种不带有任何情感倾向的中立性形式出现；其次，与形而上学分道扬镳的先验哲学发现意义是一种源起性的生产力"。[1] 德勒兹认为，每一种先验哲学都必然预设一个或几个核心的基础性概念来展开自己的理论布展。这些概念的自明性来源于常识（如笛卡尔的"我思"）或抽象（如黑格尔的"否定之否定"原则）。德勒兹本人并不打算沿袭这种范式。他告诉我们，这些表征式的"既定"概念仍然是超验的，因为它们虽然看起来似乎是一些经验的"既定"，但作为能够被概念化的形式，无疑都是经过时间和空间的中介的。德勒兹同时拒绝形而上学和常识主义（狭义意义上的）。因

---

1 Deleuze, G.: *The Logic of Sense*. trans. M. Lester, NewYork: Columbia University Press, 1990, p. 105.

此，经验主义是他方法论的必然选择。

其次，在对经验主义的定义方面，德勒兹追随怀特海，把经验主义的任务也界定成为分析“事物的状态，以此从中析取出非现在性的概念”。[1] 而正是为了分析这种“事物的状态”，他力图寻找到一个非人格化的、前个体性的场域，个体性正是由这个场域生发而来。这也就是他的先验性平面，即内在性平面。它被定义成一个非主体性的、非个体性的功能状态，“和组成主客体世界的一切形成鲜明对照”。[2] 德勒兹肯定自己的哲学是一种彻底的经验主义，因为他相信知识不来自于观念，而来自于感觉。而感觉本身是一个先验性的概念。他对于这个概念的解释依赖于某种经验。然而这种经验既不是传统哲学中的“内在性思维”，也不是典型的实证主义中的日常生活经验。相反，它与一种开放性的生活，即先验性的生活紧密相关。这种自然的、未经人为加工和座驾的东西才真正是哲学的素材。在德勒兹看来，精致的形而上学的抽象和直觉经验都不能胜任解释世界的任务：因为前者本身的合法性就值得怀疑，后者则无法为创新提供可能性。因此，它们都算不上是构成世界的条件，而只是对世界的解释或归纳。德勒兹并不需要一个固定的、封闭的解释体系，他所寻求的是一个开放性的生产场域。与先验主体的概念相比，生活其实是一个非人格化的奇异体（singularity），它需要一种更广阔和更原生态的经验主义。这就是先验的经验主义。在这个意义上，德勒兹的这种方法论其实是一种关于条件的哲学。他在《差异与重复》一书的序言中这样陈述他的原因：

> 经验主义是一种关于概念的神秘主义和数学主义，但它确实是把概念当成一种相遇的目标，当成一种此时此地的当下存在，或者

1 Deleuze, G. & Parnet, C.: *Dialogues II/Gilles Deleuze and Claire Parnet*. New York: Columbia UP, 2002, p. vii.

2 Deleuze, G.: *Pure Immanence: Essays on a Life*. trans. A. Boyman, New York: Zone Books, 2001, p. 25.

是当成可以不断地产生出新的、星罗棋布的“此时”和“此地”的乌有之乡。[1]

这里可以看出，德勒兹强烈地要求一种全新的思维方式的目的是为了反对表征理论。表征是对既定秩序的反映和解释，但它对创新却无能为力。而在德勒兹看来，后者才是哲学的积极任务。而只有通过经验主义的方式才能确定是什么样的“此时”和“此地”产生出了所谓的“既定”，这也就是产生“既定”的条件。[2] 也就是说，德勒兹认为，只有拷问意义是如何产生的，才能研究思维以及主体性的条件。也是在这个意义上，德勒兹的方法论脱离了一般经验主义的粗糙，而转向先验的维度。

二、先验场域的建构

德勒兹和康德一样都赞同知识源自被建构的经验，但他们对这种经验的来源却有不同观点。对于康德而言，本体世界是事物真实本相的世界，而现象世界则是事物表象的世界，即经验的世界。而且，他坚信客观的经验是由人类意识的作用建构起来的。相比之下，尽管德勒兹也认为经验本身被建构的，它却不是来源于意识这样的主观源头：经验是先

1 Deleuze, G.: *Difference and Repetition*. trans. P. Patton, New York: Columbia University Press, 1994, p. 20.

2 这种对既定的追问与阿尔都塞有一定的相通之处。后者在他的高等资格论文中指出，既定指向的是已经形成的维度，它不仅是时间次序，也是存在的次序。于是，当内容成为既定物时，思维的运动就被构想成了与它的惰性的相遇。这也就是阿尔都塞后来在《读〈资本论〉》中批判的“看”的哲学———视觉性的思维，即将认识对象（在这里指内容）的全部本质（内容的生成过程）归结为现成存在的简单条件。他认为这就是从笛卡尔到谢林的直观的认知模型。他将那种等待与惰性的既定物相遇的思想比喻成还没有偷尝智慧之果的初民和只接受给定命运的动物：他们面对的只是平面的现实。阿尔都塞的这种暗示意在表明，知的直观的视觉模式虽然已脱出了“神目观”的追诉，但仍然渗透着强烈的神学思维，它是以一定程度的先验论为基础的。张一兵教授对他的“问题式”概念的解读也正是从这一角度出发的。而在我看来，“问题式”所关注的发生学意义与德勒兹对既定的条件的研究是存在某种同构性的。

验性的。他所设想的内在性平面作为一种连续性的平面，是决定经验的条件的场域，它是由无数的流组成的。每一个流都是一个奇点。“这些非人格化的、前个体的、游牧性的奇异体组成了真正的先验性场域。”[1] 各种具体的差异作为无穷的、基本的区分性因素是内在于这个平面的。它们是生成之源。根据这一界定，运动和事件的无限性也是内在性平面本身的属性。它不需要任何二元论的矛盾。概念的运动和所有的相对性元素之间的转化都是由不同的力之间的作用实现的。

德勒兹的先验的经验主义方法论正是建立在这个内在性的平面之上。它与传统经验主义的区别在于它克服了后者从日常经验的具体中直接萃取抽象的做法，而执意探寻经验本身：它们不是现成在手的直接性，而是其背后条件作用的结果。他声称“经验主义决不……仅仅只是一种对直接经验的简单诉求”。[2] 其起点是一般性的先验条件。主体和客体都只是这个先验性场域上的效果。这一命题是对休谟的主体性的一个修正。在德勒兹的《经验主义和主体性：关于休谟的人类本质理论的论文》的第一版中，他指出，“［传统的］经验主义的特殊基础在于：……没什么东西是先验的”。[3] 在德勒兹的解读中，休谟的主要意图是建立一个主体形成的基础。然而，在休谟本人的观点中，“没什么东西是先验的，因为这些原则仅仅是关于我们本质的原则”。[4] 这两处引文同时标注出了德勒兹方法论与休谟之间的联系和区别。要解释或分析主体性，即不能通过使它屈从于某种超验物质的方式，也不能直接将它指认为一种超验的状态。这两种选择都是将复杂的生成性建构的问题简单化成了垂直的直接性。而康德从本体层面上定义的主体则导致了意识主体与经验

---

1 Deleuze, G.: *The Logic of Sense*. trans. M. Lester, NewYork: Columbia University Press, 1990, p. 109.

2 Deleuze, G.: *Difference and Repetition*. trans. P. Patton, New York: Columbia University Press, 1994, p. 35.

3 Deleuze, G.: *Empiricism and Subjectivity: An Essay on Hume's Theory of Human Nature*. trans. C. V. Boundas, New York: Columbia University Press, 1991, p. 24.

4 Deleuze, G.: *Empiricism and Subjectivity: An Essay on Hume's Theory of Human Nature*. trans. C. V. Boundas, New York: Columbia University Press, 1991, pp. 111 - 112.

世界的分裂。结果，主体被置于了客体的对立面上；它变成了外在于经验世界的东西。这种二元论是德勒兹和休谟都希望打破的。然而，一旦抛弃了这种做法，主体性如何在前个体平面上浮现出来就成了一个中心问题。

在休谟的论证中，他将知识划分为两类范畴：观念之间的关系和事实。第一类范畴包括数学和逻辑命题；第二类则涵盖了与某个事件有关的那些命题。然而，德勒兹却反驳了这种划分。他只是继承了休谟对关系的强调。这里的关系不仅仅指的是观念之间的关系，还指向一切事物之间的关系——力与力之间的关系，独异体与独异体之间的关系，事件之间的关系。对于他而言，关系的范畴是他哲学的核心。

德勒兹并没有把事实当作与关系分庭抗礼的另一类范畴。相反，根据他的先验的经验主义的解释，一个纯粹经验的事件并不是一个直接的、孤立的事实，它仅仅是关系作用的一个效果。在显现为效果的事件的表层之下，是作为先验原因的力与力之间的关系。从这个意义上可以说，德勒兹的先验的经验主义是以关系为其方法论开端的。在这个理论中，与他者之间的相遇以及关系变成了一个生产系统。“在这种情况下，他者表现为对可能性的表达”。[1] 原因在于与他者的关系真正引入了差异，从而创造出了某些新的东西。这种新的东西在这里指的并不是一个确实的、具体的事实，而是一种潜存的力量。它是由力与力之间的关系生产出来的：它打开了无数的可能世界。电影《纳尼亚》中就有这样一个神奇的衣橱。它并不简单地是连接两个不同世界的入口。相反，它是一种潜在的虚拟的力量：进入衣橱，有的时候可以进入另一个神奇的世界，而有的时候它仅仅是衣橱而已。衣橱作为神话王国入口的能力是确实的，只是在偶然的条件下才会显现出来。而德勒兹想要的则是一个 n 维的衣橱：它不仅仅通向一个特定的王国，而是存在着 n 种可能性。露

1 Deleuze, G.: *Difference and Repetition*. trans. P. Patton, New York: Columbia University Press, 1994, p. 17.

西下一次走进衣橱究竟会去到哪里？没人可以预言。但可以肯定的是，那是一个与当下时空不同的世界。

事实上，德勒兹对于力的场域和作用的解释深受米歇尔·福柯的影响。根据德勒兹对福柯的阐释，每种力本身都表达一个关系，因为力从来就不可能单独发挥作用，它总是在与他者发生联系的过程中运作的。从本质上讲，这样一种与他者的关系就是力的内在特点或存在模式。用德勒兹式的语言来说，力的作用既不来自它的始端，也不来自它的末端，既不来自中心，也不来自边缘，而是来自"中间"。在这些关系中，不存在所谓的主体或客体的概念，也不存在任何预设的模式或指向。一切都只表现为纯粹的关系，是力与力相遇的结果。它提供了一种全新的认识论方法，将世界看作一个在永恒流变中不断生成的宏大机器。德勒兹并没有解释力的来源或具体形式或内容，因为在他看来，这些问题本身就不是正确的问题。如果他试图回答这些问题，就又会陷入传统意识形态的陷阱。德勒兹认为，关于我们所讨论的这些力，人们所应该问的是"它们是如何运转和发挥作用的?"[1] 要定义一种力，所要考虑的不是它的形式或内容，而是它影响其他力和被其他力所影响的能力。在德勒兹的描述中，"可以以两种方式来把握一个独异体：既可以通过它的存在和分布，也可以通过它的本质，而它正是根据自己的本质来延伸和扩展自己，使自己超越沿着普通的点线所确定的方向的"。[2] 力只有在与他者的关系中才能发现自己的意义。而关系是多样的。因此，先验性场域——内在性平面——之上的力的流动、相遇、截断和方向变换才能创造出无穷的差异和区别性因素。

这个先验性的场域为德勒兹哲学提供了一个截然不同的意义域。在这个平面上，思维得以发生。然而，这个平面却不是存在于真正空间中的一个几何平面；相反，它是先验性的，是意义产生的场所。只有在这

1 Deleuze, G.: *Foucault*. trans. S. Hand, London: Athlone, 1988, p. 73.

2 Deleuze, G.: *The Logic of Sense*. trans. M. Lester, NewYork: Columbia University Press, 1990, p. 109.

个基础上，德勒兹才可能真正关注他的核心问题：创新和自由。

三、逃脱铁笼：被建构的主体性与建构主义哲学

尽管德勒兹的经验主义方法论被冠以了“先验的”定语，但这并不妨碍他的实在论角度。在本体论层面上，他所构造的内在性平面（plan d’immanence/plane of immanence）作为各种力量相互作用的场所，被他定义为一种前哲学性的存在。这从本质上反映了一种唯物主义的物质观。德勒兹拒绝一切超验的概念和命题。他认为，作为一个经验主义者，自己的哲学所要做的就是确定产生变化的条件，也就是说，从唯物主义的角度探索创造差异的可能性。他和加塔利的资本主义批判正是着眼于资本主义对创新性的生产系统的阉割。在这里，他们用以表达创新生产的驱动力的“欲望”并非一种精神性的存在，也不是由匮乏所引发的心理渴求，而是一种现实的社会存在。欲望是由具体的社会和历史条件所决定的。它是生产性的，积极的，主动的，创造性的，非中心性的，非整体化的，欲望是和尼采的意志相类似的一种创造性力量，它具有革命性、解放性和颠覆性，应该充分地被施展出来。与此类似，德勒兹的文本中大量出现的“机器”（欲望机器、社会机器等）概念也从唯物主义的角度强调了联系的观点。机器的特点在于它是由不同的零部件通过相互的连接而构成的。而一些零件本身也是更小型的机器。德勒兹希望通过这种形象化的概念来强调联系的无所不在和重要性，强调关系作为形成生产系统的不可或缺性。菲利普·古德查尔德很好地理解了这一点。他指出，只有当思维、情绪、身体等层面彼此相互作用的时候，德勒兹哲学中的欲望才能获得其完整性。[1]

作为一个经验主义者，德勒兹衷心拥护休谟对关系的外在性的强

---

1 Philip Goodchild: *Deleuze and Guattari: An Introduction to the Politics of Desire*. New York: Sage Publications, 1996, p. 12.

调。他把休谟描写为一个坚持主体性的哲学家，认为休谟为经验主义赋予了一种新的力量，使得它成为了一种关于关系的理论和实践。这种关系学说也是对具体现象的多样性的肯定。而休谟所创造的连接（association）、信仰（belief）和关系的外在性（the externality of relations）等概念解决了主体意识形成的问题。联系是一个自然原则，它是在两个事物之间建立相互关系。根据这个原则，新的关系和实体可以被生产出来。众多的关系则形成了网络。当德勒兹说在休谟那里关系是外在于处于关系中的项的时候，他的意思是指没有任何的超验原则将自己凌驾于关系之上，构成关系的项不行，将关系涵盖在自身之内的更深层、更高级的项也不行。[1] 因此，对于德勒兹而言，休谟的三个概念所强调的是一个建构主体的过程："在这三个原则的影响下，经验主体在意识中被建构起来；因此意识并不具有先于主体存在的特征"。[2] 事实上，德勒兹的这种解读在很大程度上是借休谟的幌子来布展自己的主体性学说。他认为，意识是一个单单由连接原则构成的系统。同时，意识在这个自然原则的影响和作用下，成为了所谓的人类本质。"当连接原则对意识产生作用的时候，经验的主体性就在意识中被建构完毕了。因此意识不具有先在主体的任何特点。"[3] 由连接原则和信仰的作用所建立的社会规范以及文化传统，构建了主体性的存在。传统哲学认为先验主体所天然具有的情感、道德等等因素其实不过是解释主体性的因素，本身也是被建构的。并且，所有的关系都是外在性的，不是形成主体的必要条件。既不存在先于经验的"我"的意识，也不存在持续不变的主体，"我"的意识只是经验在某些时刻特定显示而已。离开了这些具体的条件以及关系，主体性则变得毫无意义。

---

1 Deleuze, G.: *Pure Immanence: Essays on a Life*. trans. A. Boyman, New York: Zone Books, 2001, p. 37.

2 Deleuze, G.: *Empiricism and Subjectivity: An Essay on Hume's Theory of Human Nature*. trans. C. V. Boundas, New York: Columbia University Press, 1991, p. 29.

3 Deleuze, G.: *Empiricism and Subjectivity: An Essay on Hume's Theory of Human Nature*. trans. C. V. Boundas, New York: Columbia University Press, 1991, p. 29.

德勒兹指出，休谟的不足之处在于他没有能够揭示意义是如何由人类主体的利益和目的——即前个体的经验——所形成的。他希望能够弥补这个不足。在这个意义上，他的先验的经验主义哲学存在着两方面的意义。一个是否定的方面：经验主义意味着对所有先验哲学的拒绝。另一个方面则是肯定的、积极的方面：经验主义总是在不断地创造。而创造对他而言，首先就意味着创造概念。这也正是哲学的任务之所在。正是在这个意义上他的方法论是为了替代传统二元论的认知模型。并且，主体的出现，作为内在性平面上的一个效果，不曾在认知的过程中预设任何先在的意义或结构。因此，主客体之间的对立性被完全地克服了：尽管德勒兹并没有取消主体和客体的概念，但它们不再是获知过程中对立的两项。先验的内在性平面，作为一种准本体性的生产领域，被创造出来作为对主体和客体进行解释的一种模式。在它之上，主体和客体都是被建构起来的。

阿兰·巴迪欧从德勒兹对所有主体哲学的反对的角度出来，把他的思维的概念诠释为一种类型学的界外。他提出了几个原因来解释德勒兹对主体哲学的反对：1. 人们必须首先从存在的单义性开始，然后才能在这个单义性之内安置表达或影像，而不是相反。2. 用一个主体来同一化一种思维存在，会赋予这个存在以构成性的内在性，这种内在性同时指向思维自身（自反性）和它的客体，而这些客体是被设定为与内在性（否定性）不同的东西。3. 主体哲学家，尤其是现象学者所提出的作为存在或先验形象的独立领域，是建立在某种影像基础上的。这个影像，德勒兹将之命名为“直观经验”（另一种影像被命名为“事情状态”）。4. 在德勒兹看来，主体与（科学的）参照平面之间的强制联系既证伪了那些赞成结构的客观主义的学者，也证伪了支持了主观主义的学者。不过，巴迪欧并不认为德勒兹的作为类型学的界外的思维概念，能够真正抵制思维与存在之间的同一性。他认为，“在德勒兹看来，思维和存在的直观的同一性一旦被实现为一种界外的拓补学强化，它就可以被追溯到一点上，即界外会对内在形成包围。于是，思维首先会先沿着这种包围（从外在到内在），再来发展它（从内在到外在），这种思维其实是在‘一’的力量中的一种本体性的共同参与”。[1]

因此，*建构主义*这个语词在德勒兹这里有两层意义：一方面，它与一种批判主义的方式有关，揭示了先验的知识的无效性以及其中存在的假设。它的形成实际上取决于它的条件和未知情况。另一方面，它体现了先验性平面上的概念的创造过程，知识也是在这个平面上形成的。德勒兹从来没有将一种主体中心主义的立场置于知识形成过程的核心，在他看来，由主客体运动形成的人类的认知，本身也是被构成的；它不能够胜任解释经验的任务。

《什么是哲学?》这个文本可以被当作德勒兹和加塔利把哲学界定为建构主义的努力来解读。他们在书中多次地用这个语词来形容他们的哲学。他们提出，哲学问题，对哲学问题的解决，以及问题的未知领域三者相互独立开来的时候，不具有任何意义。因为在他们那里，对哲学模式的传统理解，也就是将哲学与思考、反思或交流相联系的方式，只不过是唯心主义的变种。思考、反思或交流的这些概念不是具有确定性的哲学行为，它们本身必须首先被创造出来。并且，思考、反思或交流的方式是构成每一个学科的普遍的机器：它们不是专属于哲学的。而“概念作为一个专门的哲学发明，它一直是一个奇异点”。[2] 这就是说，思考、反思或交流的概念作为一种机器，它不能解释其他的东西，反而需要被解释。而且，它们也必须在与其他机器的联结中才能发挥作用。[3] 但在哲学思考中，发现问题、找寻答案、确定条件这三种活动“连续地从一个过渡到另一个，它们彼此相互支持，其中的一者可能有的时候领

1 Badiou A. Deleuze: *The Clamor of Being*. trans. L. Burchill. Minneapolis, MN: University of Minnesota Press, 2000, p. 78.

2 Badiou A. Deleuze: *The Clamor of Being*. trans. L. Burchill. Minneapolis, MN: University of Minnesota Press, 2000, p. 91.

3 在德勒兹和加塔利看来，思考和反思的普遍性会导致客观唯心主义和主观唯心主义，而交流的普遍性则会导致主体际的唯心主义。

先于其他，有的时候追随于其他两者之后，共同构成了建构主义”。[1] 也就是说，德勒兹和加塔利的建构主义哲学包含了这三个相互作用、彼此确定的因素。在这个意义上，哲学所应当展示的是一种方式，通过这种方式，不同的体系在与其他条件的相互影响下显示了自己的可能性和复杂性。并且，德勒兹和加塔利还用*建构主义*这个词表示哲学中的思维运动。在他们看来，不仅哲学和哲学体系，而且思维本身也是一个建构的过程。这是因为对于思考来说必不可少的概念，其实是哲学最先创造出来的。概念及其角色是内在于思维的，它们是思维本身的可能性条件。然而，它们并不是一个超验存在的馈赠，而是在思维运动中被生产出来的。尽管概念的创造在逻辑上先于哲学思考，但这并不意味着前者在时间上先于后者。实际上，概念的创造本身也正是思维运动的产物。从这个意义上而言，概念和思维本身都是被建构的。这样一种建构主义的立场与德勒兹的经验主义方法论是相呼应的。

这种在非个人和意识的基础上来看待主体性生成的方式使得德勒兹对自由的关注本身也具有了非主体指向的意味。因为在他看来，以人格化和主体化为特征的自由哲学都有其自身不能克服的缺陷。在《千高原》中，他严厉批评了现代哲学对主体的热衷。在他看来，康德哲学和黑格尔哲学，甚至是哈贝马斯的哲学，都倾向于将主体塑造成一个立法者，尽管他们所刻画的主体形象大不相同。在这种主体性思维中，这些哲学家无一幸免地陷入了一个“恶的循环”：“服从得越多，就越是主人。因为你所服从的只是纯粹理性，换言之即你自己”。德勒兹认为，即使撇开这些不同形式的主体哲学的逻辑问题不谈，其对自由的诠释也只强调了主体自由的一个维度，即作为立法者的自由权力。他的哲学建构是要将人类从一切社会、历史、政治的约束力中释放出来。因此，德勒兹的自由哲学中并不谈论个人主体在拟像世界的自由问题，因为无论

1 Badiou A. Deleuze: *The Clamor of Being*. trans. L. Burchill. Minneapolis, MN: University of Minnesota Press, 2000, p. 81.

是个人还是拟像，都是作为内在性平面上被生成的“事件”出现的。德勒兹探究的是决定这些经验性存在的条件。并且，“拟像”之多不但不是扰人心智的幻像，反而是创造新的关系的能力表达，是自由真正的含义。

这种理论态度使得德勒兹选择以“生成弱势”的方式来完成自己的微观政治解放途径。他之所以将这些弱势因素视为革命性的力量是从微政治的角度着眼，试图通过“生成弱势”而在社会生活的各个方面抵御同一化的大潮（它表现为强势因素的不断巩固和同质化扩展），这也正是邦达斯所说的“局部的可理解性原则”。我认为，这种微政治的界外观可以被认为是列斐伏尔于20世纪40年代所提出的日常生活批判的一种改版。主体性在不断地与具有分子倾向的弱势（界外）产生折叠，从而产生出不断的变化与更新，抵制了克分子的强势价值的驯化。所不同的只是，列斐伏尔通过对日常生活细节的微政治含义的剖析，反对的是人的异化。这里所体现的是青年马克思的人本学逻辑。而比列斐伏尔晚了20多年的德勒兹显然抛弃了这个角度，他看到了这些微政治角度中被权力所捕获的东西（从某种意义上说也就是列斐伏尔所说的异化），而对之以局部的去辖域的方式。这样一种批判的维度中寻求积极建构的条件的做法，深刻地影响了一大批对现代性进行批判的理论家：也许是时候抛弃为现代性寻求替代形式的选择了。

欲望生产

很多人认为德勒兹的马克思主义情节是在他和精神分析学家加塔利开始合作以后才出现，这其实并不准确。德勒兹本人说："我认为费利克斯·加达里和我一直都是马克思主义者，也许方式不同，但是我们俩都是。我们不相信那种不以分析资本主义及其发展为中心的政治哲学。马克思著作中最令我们感兴趣的是将资本主义作为内在的体系加以分析。"[1] 从这里可以看出，和马克思一样，德勒兹也把对资本主义的批判当作其社会理论的核心。他认为，只有在对其发展模式进行分析的基础上，才有可能寻找到突破甚至超越资本主义的社会制度。《资本主义与精神分裂症》，尤其是第一卷的《反俄狄浦斯》在很大程度上受到了马克思主义的范畴、观点、分析方法的影响，其中所体现出的批判精神更是与马克思有异曲同工之妙。

德勒兹和马克思一样，一方面肯定了资本主义作为人类历史中的一个文明阶段，摧毁了之前传统社会所存在的所有等级制度，体现了一种解放的进步力量。另一方面，他也指出，这种解放所实现的平等是在所有价值的市场化过程中体现出来的。而这则是一种更大的同一性。因为在这个过程中，生产关系的诸要素均被符号化，其运作的整个流程也被

---

1 ［法］吉尔·德勒兹：《哲学与权力的谈判——德勒兹访谈录》，商务印书馆 2000 版，第 23 页。

公理化了。德勒兹认为，这种公理化的同一性抑制了社会的发展和进步。在他看来，资本产生剩余价值的过程代表了一种既定的秩序，这种秩序本身既规定了其中各种流的运行的方向，同时也杜绝了它们向其他方向发展的可能和欲望，最终在结果上成功地维护了原有的生产关系。在这里，德勒兹离开了马克思生产关系批判的原有语境，引入了弗洛伊德，并成功地创造出“欲望生产”这个弗洛伊德+马克思式的概念，对不同形态的生产关系逐一进行了解析。他的最终目的是试图在这种分析的基础上，寻找出释放欲望流的方法，从而使社会发展本身创造出更多的新的可能性。

马克思以商品作为自己批判资本主义的入口。他通过对商品中所凝聚的剩余价值的分析揭露了资本主义社会中资本的运作方式。德勒兹没有继续这种经济政治学的思路，他通过和加塔利的合作，在马克思主义与弗洛伊德学说之间进行了某种连接，形成了独有的批判方式。这种批判更使他所谓的“精神分裂分析”（schizoanalyse/schizoanalysis）的方式深入到话语、政治、经济、制度等各方面。德勒兹对《反俄狄浦斯》一书作出了如下描述：“这里确实有两个方面，一是对俄狄浦斯和精神分析学的批判，再是对资本主义和它与精神分裂的关系的研究。而第一方面又与第二方面密切相关。我们在以下的观点上反对精神分析学，这些观点与它的实践相关，也同样与它的理论相关：俄狄浦斯崇拜、向利比多和家庭包围的简化。”[1] 从这里可以看出，德勒兹（和加塔利）认为资本主义和精神分析（psychanalyse/psychoanalysis）之间存在着某种共通性，因此可以从反对精神分析的角度来进行对资本主义的批判，而这种批判本身也是对精神分析所围绕的中心概念的一种祛魅。作为精神分析的替代物出现的“精神分裂分析”，所提倡的正是对中心化的结构的解构。这正是德勒兹（和加塔利）应对精神分析神话的武器。他们认

---

1 Deleuze, G. & Guattari, F.: *Anti-Oedipus*. Minnesota: University of Minnesota Press, 1983, p. 246.

为，俄狄浦斯情结不仅仅是一种精神分析的建构，而且是帝国主义的一种表征。因为精神和社会生活的俄狄浦斯化所表达的正是一种被压迫的生活。这和资本主义制度对人的压迫是一致的。俄狄浦斯情结和资本主义制度的所指并不单纯是一种精神倾向或经济制度，而是一种无所不在的权力结构，是霸权话语，它们渗入社会生活的每个方面而形成了一种巨大的同一性。因此，所谓的反俄狄浦斯就是反对资本主义精神对社会生活的全方位的压迫，这在目的上和马克思主义哲学是一致的。

所以，当德勒兹（和加塔利）用所谓的"精神分裂分析"法来对不同的社会形态进行分析的时候，我们可以很明显地看到马克思的影响。类似于马克思所使用的生产力和生产关系这一对核心概念，德勒兹（和加塔利）也通过一对概念，即欲望和身体之间的不同作用，来展示各个不同的社会形态的差别和运行机制，并指出了资本主义社会是如何在释放了之前社会所压制的欲望的同时又造成了对欲望的更大的禁锢。这种批判模式从根本上和马克思从经济政治学角度所进行的批判是完全一致的。

一、 解码流的再辖域化：资本主义对欲望生产的压制

《反俄狄浦斯》的第三章以《原始人、野蛮人和文明人》为题对三种不同的社会形态进行了分析。很显然，这三种对应的社会形态分别是：原始社会（"原始辖域"）、封建社会（"野蛮的专制国家"）和资本主义社会（"文明社会"）。事实上，在这一部分，德勒兹和加塔利的社会分析并没有超出马克思所提供的政治经济学模式。只不过，他们是从欲望生产的角度来解析欲望在这三种社会形态中与身体的互动关系。其根本用意是揭示资本主义对欲望的"公理化"是如何使其自身丧失动力和生产的能力的。严格地说来，在这个分析中，对第三种社会形态，即资本主义的批判从目的到思路都与马克思并无二致；不过，作者对前两种社会形态的解读明显超越了很多马克思主义理论家。对此，詹姆逊

评价道："我认为在所谓'后现代主义'的杰出思想家中，德勒兹是在自己的哲学中赋予马克思至关重要的地位的唯一一位，他后期的著述里最激动人心的事件即和马克思思想的碰撞。"[1] 他指出，德勒兹和加塔利比大多数马克思主义论述更重视从前资本主义社会到资本主义社会的过渡问题。他们从生产着眼，不断地将"经济"因素加入到对原始社会和专制社会的结构的分析中，从而更突出了后面的资本主义社会在生产方面的独特性。

在论证中，德勒兹（和加塔利）虽然采用了马克思的社会分期，但在他们的社会谱系中，并没有社会主义社会一说。这实际上是对马克思的乌托邦式的社会理想的一种反拨。德勒兹并没有在批判的基础上构造出一种系统性的新型社会制度。相反，他所提供的解决途径是微政治的：去辖域化（déterritorialisation/deteritorialization）。这个结论与德勒兹的历史观是一致的。德勒兹认为存在的本质是不断的生成，因此也不存在历史的终结。去辖域化本身并不会建立起一个封闭的体系，而是通过不断地将异质性元素引入原有的系统，从而不断地产生出新来。从表面上看来，去辖域化是对原有的辖域的消解，但实际上这种消解并非否定性的颠覆，而是积极的建构。去辖域化同时又是一个再辖域化的过程，而这个再辖域化的结果又将成为新的去辖域化的对象。从这一点上来讲，去辖域化和再辖域化在某种程度上类似于总体化概念。但其中的区别在于，去辖域化是不以生成一个同一性的总体为目标的。相反，它运动的轨迹是沿着逃逸路线，试图打破辖域（总体）的统治。它既打破了经典的马克思主义理论对构造封闭的理想国的青睐，也反对了以阿多诺为代表的法兰克福学派的悲观立场。去辖域化所追求的不是否定的非同一性，而是差异的多样性。逃逸的路线不是唯一的，而是无穷的，因此去辖域化本身是无法被规定的。

---

1 Fredric Jameson, Marxism and Dualism in Deleuze [J]. *The South Atlantic Quarterly*, 1997: pp. 72-103.

德勒兹和加塔利认为，欲望生产的世界历史实际上是社会生产对欲望生产的压制的发展过程。在这个历史过程中，所谓的社会场域就分别体现为原始社会的土地身体、专制社会的君主身体以及资本主义社会的资本身体。这三种不同的社会场域代表了三种不同的编码方式，因为社会场欲的功能是使对欲望流进行编码，并以符码的方式铭刻、记录它们，从而达到引导、控制和管理的作用。而这三个社会也各自有着不同的关注：利比多，神灵和剩余价值。它们从根本上体现了该社会机制的基础。

在原始社会，是根据血缘亲族关系对货品、特权、人员和威望之流进行符码化。土地身体的最大特征就是固定化。这种固定是意义、信仰、习俗上的固定化，也是关系的固定化。这其中又分为两种情况。第一种是以血缘谱系为主的纵向关系。在这一关系中，体现的是一种固定的资产的积累。由血缘所形成的等级制使每一个个体获得固定的身份和位置。而两外一种关系则是通过姻亲所形成的横向的联盟关系。这种横向的关系更多地是一种政治和经济的关系，它通过交换中所形成的债务关系（不仅仅局限在货品上）来固定彼此的位置。原始社会所使用的表达方式是仪式性的。这种书写方式中的因素并没有获得固定的意义，相反，它所使用的语词和符号都可能具有多重含义。它也是一种只表达愉悦和痛苦的利比多系统。

在专制社会，形成了一个以君主为中心的等级体系。这个等级体系呈金字塔状，它以专制国家的君主为塔尖，根据各个阶层所担负的不同的社会功能（当然，这种功能是视乎君主的需要的）分级，农民阶层是其最底部。社会的债务关系呈一面倒的状态，所有的债务都是面向君主本人的，而且是无限的。这种债务关系是由权力决定的。惩罚不再是仪式性的，而是报复性的。整个社会的记录体系（立法、官僚机构、账目、征税、国家垄断、帝国司法、职员的行为、历史编纂学）也是被君主所控制的，它只服从于君主本人的意志。因此，由于这个社会所具有的单一的指向（君主借由“君权神授论”将自身与神灵连接），意义是固定的，但能指却是任意的。

专制社会对原始社会的冲击在于，它是从外部对后者的灾难性的毁灭。而资本主义社会则不同，它的机制是内生于专制社会的。资本主义机制通过对其之前的社会机器的去辖域化形成各种自由的流，并且又通过“公理化”的过程形成再辖域化。在再辖域化的过程中，各种不同的能量流最终形成两类：以资本形式出现的解码化的货币流和以自由工人形式出现的去解码化的劳动力流。这两类流的相遇使剩余价值的生产和再生产成为可能。在这一社会中，一切的意义在市场化的过程中丧失，它们仅仅成为调节各种能量流的方式和手段。而其运作之所以被称为“公理化”，因为它不提供任何理由或注释，仅仅呈现为确定的规则。

詹姆逊认为，对于德勒兹社会历史分析意义的认定，不是判断它是否仍忠实于马克思主义，或在多大程度上受到了马克思的影响（这一点是毋庸置疑的），而是判断在何种程度上德勒兹的思想在那一疑难问题中展开并认可马克思前者；或者，反过来，在何种程度上德勒兹的疑难问题包含着马克思主义的疑难问题，且把马克思主义的难题和疑问当作自身探究领域内的紧迫问题来对待。事实上，当众多的后马克思主义的理论家致力于消解马克思的逻辑在今天的全球化中的意义时，德勒兹的工作却在更大的疆土中拓展了马克思理论的生命力。尤其是在《反俄狄浦斯》一书中，德勒兹和加塔利一起，为我们呈现出了一个由欲望机器编织而成的社会政治之网。正如詹姆逊所说，“瓦解主观——即欲望、里比多、甚至性的狭义概念——与所谓的客观——即社会政治经济要素——之间的屏障，是德勒兹最重要的成就之一”。[1]

另一方面，《反俄狄浦斯》所进行的资本主义批判的基础仍然是坚定不移的唯物主义立场。尽管德勒兹的经验主义方法论被冠以了“先验的”定语，但这并不妨碍他的实在论角度。在本体论层面上，他所构造

1 Fredric Jameson: Marxism and Dualism in Deleuze [J]. *The South Atlantic Quarterly*, 1997, pp. 72 - 103.

的内在性平面（plan d’immanence/plane of immanence）作为各种力量相互作用的场所，被他定义为一种前哲学性的存在。这体现了一种唯物主义的物质观。德勒兹拒绝一切超验的概念和命题。他认为，作为一个经验主义者，自己的哲学所要做的就是确定产生变化的条件，也就是说，从唯物主义的角度探索创造差异的可能性。具体到资本主义批判上，德勒兹（和加塔利）所使用的“欲望”并非一种精神性的存在，也不是由匮乏所引发的心理渴求，而是一种现实的社会存在。欲望是由具体的社会和历史条件所决定的。它是生产性的，积极的，主动的，创造性的，非中心性的，非整体化的，欲望是和尼采的意志相类似的一种创造性力量，它具有革命性、解放性和颠覆性，应该充分地被施展出来。这与马克思本人的用词是何其地相似。同时，德勒兹的文本中大量出现的“机器”（欲望机器、社会机器等）概念也从唯物主义的角度强调了联系的观点。机器的特点在于它是由不同的零部件通过相互的连接而构成的。而一些零件本身也是更小型的机器。德勒兹希望通过这种形象化的概念来强调联系的无所不在和重要性。菲利普·古德查尔德很好地理解了这一点。他指出，只有当思维、情绪、身体等层面彼此相互作用的时候，德勒兹哲学中的欲望才能获得其完整性。此外，德勒兹拒绝了先验主体的概念，指出主体性是在特定的历史条件下被建构起来的。这和马克思主义哲学的历史唯物主义观点是一脉相承的。

二、 对当代资本主义新问题的阐释

当我们厘清了德勒兹的资本主义批判在何种程度和方式上对马克思有所继承的问题之后，我们需要来面对另一个与当下关联性更强的问题，即德勒兹所谓的对马克思工作的“继续”是在什么意义上的？他（和加塔利）的理论努力的创新之处又在哪里？

显然，以“欲望生产”为基础的社会分析并不只是改换了术语和面貌的马克思理论的重复。马克思＋弗洛伊德的联结所实现的不是一种被利比多所主导的政治经济学。在这里，德勒兹和加塔利最大的理论贡献在于，他突破了传统马克思主义所描述的生产关系变革原因——生产力的发展与生产关系的落后产生矛盾、从而要求新的生产关系——范式，从资本主义内在极限与外在极限两个方面的不平衡入手，准确地揭示了当代资本主义的现状。并且，该理论还对资本主义的自我调整与更新提供了新的解释，使我们能够从一个更具有当代性的视角来面对今天的全球化问题以及地区发展不平衡的问题。

《反俄狄浦斯》指出，资本主义实现了对之前一切社会所编码（coding）或过度编码（over-coding）的东西的解码（decoding）。从这个意义上说，它是所有前资本主义构型的界限（limit）。但是，这种界限本身是相对的，因为在资本的不断增殖（生产）的过程中，它又以一种公理化（axiomatization）的方式对被解码的东西（最终归结为货币和劳动力）进行重新编码（recoding）。这个公理化就是被解码的货币变成资本的逻辑过程。于是，马克思的以生产为基础的剩余价值产生的过程变成了货币—资本—货币的转化过程。这个过程永远不会完结，并且，“作为无限的抽象的量的货币不可能摆脱向具体的生成，没有这种向具体的生成，它就不会变成资本，不会占有生产”。[1] 在这里，德勒兹和加塔利超越了马克思的时代限制，将当代资本主义社会中所发生的一切资本转化过程纳入了生产的逻辑之中。换言之，生产不再是马克思意义上的传统工业生产，它涵盖社会生活的全部方面。一切都可以商品化，因为在彻底的解码之下，前资本主义时代的一切依附关系被摧毁，所有被消解的符码通过抽象的等价交换的原则被“再辖域化到国家、家庭、法律、商品逻辑、银行系统、消费主义、精神分析以及其他规范化的制度当中”。这一点很好地解释了非物质化商品在今天的生产以及消费领域的作用。

---

1 Deleuze, G. & Guattari, F.: *Anti-Oedipus*. Minnesota: University of Minnesota Press, 1983, p. 249.

资本主义的去辖域化作用同时也构成了它自身的绝对界限，即它的域外（outside），这就是精神分裂。这种倾向产生于资本主义生产关系内部，但同时与资本的公理化逻辑相背离。“因此可以说，精神分裂症是资本主义的外部界限，或其最潜在倾向的终点，但是资本主义只有在抑制这种倾向的条件下才发挥作用，它推进或移动这个界限，用自己内在的相对界限去替代它，并继续扩大这个界限的再生产。”[1] 这也就意味着，资本主义的真正矛盾在于解码所造成的去辖域化所释放出的欲望的潜力与公理化的逻辑之间的矛盾。一方面，资本逻辑要求对界限进行突破，因为没有解码流的自由流动，资本主义生产就不可能发生。另一方面，如果不能有效地将解码流公理化，那么资本的运作同样不可能。这也就需要以公理化的方式截断被解码的流的自由运动。但当一个新的转化过程开始的时候，解码又在重新不断地进行。也正是在这个意义上，去辖域化和再辖域化是在同一个过程中。也正因为如此，资本主义的内在界限和外在界限相互对立起来。从表面上看起来，这对矛盾似乎与马克思的生产力与生产关系之间的矛盾有所类似，但实际上它是在借鉴后者的情况下实现了超越。因为这样一种内生于资本主义的去辖域化的要求不但解释了其构型本身发展的原因，更为探索资本主义的可能性空间从而寻找到超越资本主义的生产力发展方式提供了新的视角。

德勒兹指出，由于资本主义国家是建立在解码流和解域流基础上的，它“能够把生成的内在性发展到极致”。而这种生成的极致性同时要求对公理的调节能达到极致的地步：“它调节公理，甚至把公理的失败作为其操作的条件而组织起来；它监督或引导公理的逐渐饱和，相应的拓宽界限”。这实际上正是市民社会不断自我整合和更新的能力。而这种能力来自于造成了外在界限的精神分裂的巨大压力。同时，精神分裂也为逃离公理化提供了孔隙。而这种多样化的孔隙实际上就是社会中

---

1 Deleuze, G. & Guattari, F.: *Anti-Oedipus*. Minnesota: University of Minnesota Press, 1983, p. 253.

的弱势价值，它为差异的生成提供的了渠道。

对于这个问题的思考，更多地与资本逻辑扩张所带来的文化的领土性的消弭有关。因为在新的世界性文化空间中，随着电子媒介的大范围使用和网络的延伸，地理区域的界限对文化的影响逐渐弱化，与此相关的文化的特性更多地变成多元化的虚拟世界中的一种特例的展示。有学者将其称之为“无地方特性的图像地理和虚拟地理”。在这种情况下，差异虽然仍旧存在，但已经沦为了全球化文化产业的所追逐的一个对象。差异的确被合法化了，但是这种合法化同时也削弱甚至扼杀了它本身的革命意义。

“这时候等距离原则同样占主导地位：资财丰饶的全球性集团利用地方差异和特质。文化产品从世界各地汇聚起来，转化成面向新的‘世界性’市场的商品：世界音乐和旅游业；民族传统艺术、时尚、烹饪；第三世界的文学作品和影片。把地方性和‘异域的’东西从时空中剥离出来，重新包装，迎合世界集市。所谓的世界文化或许反映了对差异和特质的新股价，但它也的确是要从中获取利润。”[1]

这种差异商品的世界化正是真实的历史情境中的总体化现象。所以，无论是米兰时装周的 T 台上被标注出来的作为时尚导向的中国元素，还是奥斯卡领奖台上的最佳外语片殊荣，都不足以证明真正平等的文化多元性已经到来。相反，这种国际市场的认可恰恰是差异和特性被吸纳入主导文化的体现。它是一种假性的区别。而这是德勒兹没有面对的问题。

所以，德勒兹的差异哲学所带有的理想主义性质可见一斑。尽管也有人认为这种总体化所带来的文化认同也不是没有办法打破。“爱德华·赛义德曾令人信服地指出，大迁徙以及流落他乡的经历使得我们能以新方式人士诸文化间的关系。跨越疆界使得人们的视野纷繁多样，并

1 ［美］道格拉斯·凯尔纳 & 斯蒂文·贝斯特：《后现代理论》，中央编译出版社 2004 版，第 116 页。

认识到文化具有渗透性和偶然性。跨越疆界使得我们‘不把他者视为本体既定的，而是看作历史构成的’，从而能够‘慢慢磨去我们常常认为诸文化，尤其是我们自己的文化，所带有的排外主义偏见’。”[1] 这种极端的经历和体验就如同德勒兹的游牧一般，将穿越界限当作了从既定的总体中逃逸的路径。然而，姑且不去谈论这种经历本身的可实践性，它其实还是没有能够真正面对在政治和文化领域内差异逐渐被“去差异化”的事实。

德勒兹从来就不是一个传统意义上的马克思主义者。在他的文本中，充斥着大量的非哲学式的概念：平面、线条、块茎、游牧、精神分裂症、皱褶等等。这些概念来自于各种学科。从这些概念的使用和行文的方式来看，德勒兹可以说是当代哲学家中最难解读的人之一。面对严格的哲学史传统，他擅于创新、勇于挑战。这种另类的姿态使他成为20世纪哲学家中的一朵奇葩。德勒兹被认为是最难归类的哲学家。然而，就在他的这种特立独行的身姿背后，我们仍然可以发现浓重的马克思的色彩。然而，德勒兹毕竟不是马克思。他借用弗洛伊德的概念，经过尼采的座驾解读了马克思。尽管对于这种颇具个人色彩的解读存在着极大的争议，但毋庸置疑，德勒兹所提供的批判方式和路径具有强烈的当代意义。

1 ［英］戴维·莫利、凯文·罗宾斯：《认同的空间》，南京大学出版社2001年版，第153、166页。

建构性的空间生产

20世纪70年代中期，戴维·哈维和亨利·列斐伏尔的《社会正义与城市》（1973）和《空间的生产》（1974）相继出版。它们不约而同地突破了从传统的地理学或数学角度对空间进行思考的惯例，选择从空间的社会性入手来看待其发展过程及在当代社会生产中所扮演的角色。在哈维和列斐伏尔那里，空间不再是一个任由事物在其中生长的固定的场所，也不是一个由几何坐标所决定的不变的区域，而是一种牵涉生产的社会关系的组织形式，是进入资本孳生过程的一种生产资料。前者从分析城市空间中存在的冲突入手，肯定了空间形式与社会过程之间的关系，提出“必须把社会行为与城市呈现的特定地理、特定空间形式结合起来；必须认识到一旦一种特定的空间形式创造出来了，它就试图常规化，以及在某些方面，决定社会过程的未来发展”[1]。而后者则从生产性的角度出发，将空间定位在与土地的生产力以及和土地相关的财产关系发生关联的模式上：它不仅被社会关系所支持，同时也生产社会关系并被社会关系所生产。这两个命题无疑是对马克思辩证唯物主义的一种继承和改造——它将在历史领域的辩证唯物主义立场移植到了地理空间领域中，但延续的却不再是传统的关于“第二自然”的讨论，而是将原本

---

1 Harvey David: *Social Justice and The City*. London: Edward Arnold and St Martin's Press, 1973, p. 27.

被中性化的（城市）空间所蕴含的潜力释放出来，要求从这个角度去理解作为社会空间的城市及其生产并评估它在资本主义的生产与再生产中的价值。胡大平教授在他的《晚期马克思主义视域中的哈维》一文中将这一理论定位概括为“历史地理唯物主义”无疑是精准的。

之后不久，一个被誉为地理哲学（Geophilosophy）代表之作的文本横空出世。这就是德勒兹的《千高原》。在这个文本中，德勒兹将哲学与地理学作了一个有机的嫁接，创造出了一个他认为是“根茎”结构的理论构架。这一构架提供了一种以虚拟力量形式存在的、无法穷尽的空间。该空间不仅仅是对传统的欧几里德几何式空间的挑战，更从建构主义的角度兼顾了在空间生产过程中的能动性与物质性构架之间的关系，从而完成了对哈维和列斐伏尔的超越。德勒兹用以作为书名的比喻性语词“千高原”所描述的不是彼此独立孤绝的高点，而是一个可以不受约束、随意连接的复杂构架，千座高原之间既相互形成褶皱，又互为域外——可以穿透辖域，成为虚拟力量的域外。这样一种空间组织方式是典型的非欧几何（罗氏几何和黎曼几何）所描述的情况。它蕴含着丰富的可能性，使社会空间的生产在最大程度上得以完成，并因此使得“事件”的实现成为可能。尽管《千高原》一书并没有像我前面提及的两个文本那样直接论及空间的社会性，但它却以地理哲学的独特角度对真实的空间、时间以及感知进行了重新的概念化。这种概念化突破了哈维称之为“笛卡尔——康德构架”的模式，使得创造性和能动性能够被最大限度地尊重。

一、 块茎空间：生产的复杂性系统

在德勒兹和加塔利的笔下，“千高原”是作为一个块茎空间而存在的。它是一种四处伸展的、无等级制关系的模型。在一个关于《千高原》的访谈中，德勒兹表达了他对莫瑞斯·布朗肖的开放系统的写作方式的青睐。他认为块茎正是这种开放系统的一个实例。按照他的理解，开放系统就是一个概念的系统，在这个系统中，概念与它们的条件相关，而与它们的本质无关。因此，概念之间不存在内在的等级秩序和固定的模式，相反，它们之间的关系取决于它们的条件，所有的元素都处于相互作用中。在德勒兹看来，概念与其条件是哲学应当研究的客体。而在开放系统中，因果的线性定律不再起作用。块茎本身拥有无数的线条和路径，它们可以通向四面八方。不过，这么多的线条和路径并不是从某个固定的“一”那里派生出来的，它们通过无数的结点和线条连为一体。并且，所有的路径永远都在生成之中。德勒兹和加塔利对块茎系统的定义强调了它的多维性。

“它［块茎-本书作者注］不是由单位而是由维度构成，或者，毋宁说是由运动中的方向构成。它既没有开始也没有终结，但总是在中间的。它从中间生长出来，也从中间溢出。它以既没有主体也没有客体的n个维度构成了线性的多样性。它可以在一个连续性的平面上被展开，‘一’总是被减去的（n－1）。”[1]

这正是一个特殊的复杂性系统。尽管至今尚没有一个关于复杂系统的明确定义，但有一些共同原则已经得到了肯定。首先，在这个系统中，许许多多独立的因素在许许多多方面进行着相互作用。这些无穷无尽的相互作用使每个系统作为一个整体产生了自发性的自组织。其次，这些复杂的、具有自组织性的系统是可以自我调整的。第三，每一个这样自组织的、自我调整的复杂系统都具有某种动力，即自我更新的能力。也就是说，“复杂性系统却具有将秩序和混沌融入某种特殊的平衡的能力。它的平衡点——即常被称为混沌的边缘——便是一个系统中的各种因素从无真正静止在某一个状态中，但也没有动荡至解体的那个地方”[2]。块茎无疑符合这一切的规定。它在事件不断发生的过程中始终创

---

1 Deleuze, G. & Guattari, F.: *A Thousand Plateaus: Capitalism and Schizophrenia*. trans. B. Massumi, Minneapolis, MN: University of Minnesota Press, 1987, p. 21.

2 ［美］米歇尔·沃尔德罗普：《复杂——诞生于秩序与混沌边缘的科学》，生活·读书·新知三联书店 1997 年版，第 5 页。

造并消费了空间。而这种创造本身正是通过众多高原之间的“皱褶”所形成的域外提供的虚拟力量所完成的。域外成为虚拟并被实现的过程，就是混沌和秩序达到平衡、甚至融入秩序的过程。它同时也成为当下某个“高原”的逃逸线——保持域外，却并不否定或颠覆。

虽然我们以“地理哲学”来概括德勒兹和加塔利在《千高原》中所展现的理论构架，但这并不意味着这里的空间概念是地理学意义上的。相反，它更多地体现为社会空间和赛博空间，它们是块茎的具体化。上帝是喜欢线性因果律的，所以他说“我是阿尔法，我是欧米伽”。而块茎则站到了上帝的对面，它的“从中间”——没有开始和终结——既打破了由时间次序造成的先后关系，也打破了由地域位置形成的中心和边缘。总之，一切的秩序都在块茎中消弭，它只是一个又一个的维度。N是趋向于无限的，因此它总是能不断地开拓出新的维度。这些维度决定了多样性的本质。作为结果，多样性随着维度的变化，本质也发生了变化。这也就是空间的生产过程。在德勒兹那里，空间的生产并不表现为单纯土地的扩张，或者如列斐伏尔所说的被纳入资本主义过程的空间因素所导致的原有生产关系的再生产，它是一种突破和变革的力量。电影《纳尼亚》中就有这样一个神奇的衣橱。它并不简单地是连接两个不同世界的入口。相反，它是一种潜在的虚拟的力量：进入衣橱，有的时候可以进入另一个神奇的世界，而有的时候它仅仅是衣橱而已。衣橱作为神话王国入口的能力是确实的，只是在偶然的条件下才会显现出来。而德勒兹想要的则是一个n维的衣橱：它不仅仅通向一个特定的王国，而是存在着n种可能性。露西下一次走进衣橱究竟会去到哪里？没人可以预言。但可以肯定的是，那是一个与当下空间不同的世界。不过这n维的空间并不是现成固有的，而是在每一次连接中生成的。

因为块茎正是依靠“联系和异质性原则”建立起来的。这是德勒兹和加塔利定义块茎时首先提出的两个特征。事实上，块茎是一个由线条构成的地图，它是一系列同步发挥作用的不同的线。块茎的任何一个点都与其他的点相连接。线条是沟通任两个点之间的桥梁。在我看来，对线条的强调本质上正是对一种生产性关系的强调。

“在一个多样性［块茎］中，重要的不是构成元素的项，而是存在一个‘中间’，这个中间就是一系列不能彼此分割的关系。每一个多样性都是从中间生长起来的，就像一片草坪或块茎。”[1]

联结构成了块茎的网络。块茎的结点不断地发散出根须和芽，以结合和断裂的方式建立起了新的维度，就像流一样。块茎的脉络就是去辖域化的流。与总是将一个新的生产维度界定为子领域的根-树的分叉线不同，块茎的线条形成了新的会聚圈，在这个圈中，新的点总是处于“极限之外或其他方向”[2]。就这样，线条构成了（n+1）维。这个新的维度并不是与既有高原（n维的辖域）相并列的另一个高原，它是对已有平面的超越。这样的空间已经不再是传统的地域或城市意义上的空间：它是一种新的、通向自由的空间。

在《千高原》中，德勒兹和加塔利用线条指涉一种构成了事物与事件的成分。他们把线条分成三种类型：刚性线、柔性线和逃逸线。这三种类型的线在功能上相互区别，每一种线都构成了一种特殊的空间或主体。要建立一个块茎，就是打破其他的会聚点和联结点，重新创作新的线条并将其联系起来。在这个意义上，一个块茎的组织实际上是一种结合、断裂和阻断的运动。众多的维度总是处于运动当中的，因为逃逸线是内在于块茎所建立起来的维度之中的。这就是为什么作者会说“块茎属于一种必须被创造和建构的地图，因为一个地图总是可分开、可连接、可逆、也可修正的，它有众多的入口和出口以及自己的逃逸线”。[3]逃逸线是从压制和分层的力量中逃离的自由出口。它们在块茎中到处都是，并且能够在任何时间穿越边界线。因此，一条逃逸线可以被理解为

1 Deleuze, G. & Guattari, F.: *Dialogues II/Gilles Deleuze and Claire Parnet*. New York: Columbia University Press, 2002, p. viii.

2 Deleuze, G. & Guattari, F.: *A Thousand Plateaus: Capitalism and Schizophrenia*. trans. B. Massumi, Minneapolis, MN: University of Minnesota Press, 1987, p. 11.

3 Deleuze, G. & Guattari, F.: *A Thousand Plateaus: Capitalism and Schizophrenia*. trans. B. Massumi, Minneapolis, MN: University of Minnesota Press, 1987, p. 8.

达及界外的一种方式。因为它们可以导向任何方向，它们也就可以创造出超越已建立的局限的绝对的异质性来。我把这种异质性称为“绝对的”是因为它不可能通过归类或还原的方式从属于某个更高级的东西(同一性)。在块茎中，所有的线条和结点都是一致化无区别的。在优先性的意义上，它们相互独立；在现实的意义上，它们却是彼此相互联系的。并且，在这些线条和结点中不存在任何的等级秩序和定律。但是，正是这种异质性最终导致了绝对的异质性。

从这个意义上，我们不难理解为什么德勒兹从不试图描述一个特定的区域空间，而是更钟情于不断穿越界限的游牧主义。因为游牧是通向域外的：它不断地打破辖域的界限，又通过自己的轨迹不断地形成辖域。通过这种方式，空间不断地被生产出来。这种生产不仅仅是地域地扩大，它发生在精神、文化、社会各个方面，更重要的是，通过游牧而完成的空间生产不但没有成为资本主义生产的要素之一，反而抵御了强大的资本逻辑的整合作用。这种生成使得空间——精神空间和社会空间——本身获得了活力和流动性。它也为欲望的自由流动提供了处所。换句话说，块茎式的空间本身正是一个可以使欲望从既定秩序中被解放出来的机制：它是生产性的。在这样的非中心化结构中，欲望并没有像在根-树结构那样的总体性中被限制住。欲望获得了欲望的权力，而这种权力之前被压迫性的体系完全剥夺了。德勒兹和加塔利想要说明的是，知识和思维都不再是对经验世界或本体的表现，而是通过块茎空间的不断生产突破同一逻辑强加给它的界限。空间的生产持续地进行，而我们所要追问的不是新的空间究竟容纳了什么，而是它是在什么条件下被生产出来的。

二、 作为建构主义的空间生产

从一开始，德勒兹、加塔利对于空间所提出来的问题就完全不同于哈维和列斐伏尔。后者更关心的是以土地为基础的空间在资本主义生产过程中所发挥的作用以及面临的问题。德勒兹以及加塔利完全承认该空间的社会性角色及作用，但在他们看来，这种空间本身仍然属于被总体化了的同质空间，是“纹理化的空间”。而与之相对的则是去中心化的、恒变的、开放的“平滑空间”。“纹理化的空间”是被占据、被覆盖的空间，它是既定、是过去的显现。而“平滑空间”则只充满了强度，它是欲望自由流动、并不断生成新事件的空间。换言之，它们也可以被称之为“定居空间”和“游牧空间”。这两种空间之间的关系是复杂的，也是多样化的——它们之间既存在简单的对立，也存在复杂的差异，甚至还有事实性的混合以及双向的过渡。而在这双向的运动中，平滑空间的纹理化是一个总体化过程的结果，列斐伏尔和哈维所描述的空间的资本化过程正是它在现代政治经济领域的一个实例。而德勒兹更关注的则是相反的生成，即一个纹理化空间是否以及如何允许一个平滑空间得以展开。

如果我们把空间看作一个辖域。那么，“它自身包含着一个外部环境，一个内部环境，一个居间环境以及一个附属环境”。而辖域正是以一种“作用”的形式对环境和节奏发生着影响，它“是环境和节奏的某种结域的产物”。[1] 也就是说，平滑空间的展开正是在一种强度的作用下开始的。这种强度的作用不是摧毁和侵略，而是产生震动。

为了理解这一点，让我们从《差异与重复》中的一个论证开始。在这里，德勒兹提出，从写作方式上而言，一本哲学书籍应该同时是一本侦探小说和科幻小说。这是什么意思呢？它当然不是说哲学书籍应当与这两种文学的子类型混淆，而是表明，在德勒兹对哲学的特殊理解中，思维不是由意志驱使的，而是从“到底发生了什么”这样的问题开始的。这实际上就是一种相遇。换言之，思维的活动是发生在震惊的感觉中，这种感觉是由一个特殊事件所引起的。并且，概念是在一个既定的

1　Deleuze, G. & Guattari, F.: *A Thousand Plateaus: Capitalism and Schizophrenia*. trans. B. Massumi, Minneapolis, MN: University of Minnesota Press, 1987, p. 448.

情况中展开的问题式框架，而不是对由事件所引起的一个问题的简单答复。事件、问题、概念，在哲学思考产生的过程中相互交织在一起，并布展了自己的推理领域，在这个领域中，它们三者的角色也是各有千秋的。然而，在所有这些领域的背后，存在着某种让它们产生了共鸣的东西：这就是贯穿它们的可能性、偶然性、突发的事故或无意识的碰撞。这个环节即思维的运动，它是由张力和无穷大的速度所造成的。

同样，平滑空间的展开也是以纹理化空间与其域外的相遇所产生的震动开始的。在德勒兹那里，空间是一种多样性的逻辑。将空间当作一种建构主义表达了一种探索多样性产生条件的精神。建构实际上就是在混沌中生产清晰。创造空间的运动在内在性平面上划分出了众多的区域。但这并不是一种分割的行为；相反，它是一种力和维度的布展。从哲学角度来看，概念之间不断增加的结合点保证了概念性的联结，而处于联结中的这些概念则保证了平面的伸展。思维就是这样被建构起来的。

在德勒兹和加塔利看来，建构或创造的活动是哲学的特别而且确定性的特征。这种将哲学定义为建构主义的观点刻画出来一幅内在性生产的图景：不是某个特别的主体在生产，相反，是连接在进行生产。并且，生产不断地激发出新的生产。这种再生产的方式不是资本的重复式的再生产，而是新的维度上的生产。这种生产模式拒绝了一个中心化的主体的存在，因而也将历史排除在生产过程之外，强调了一种非历史性的时间和生成。建构既是辖域化的运动，也是去辖域化的运动。不断增加的连接使得不间断的去辖域化的过程成为可能。这种连接是从纹理化空间的内部展开的，它源自于辖域自身深处的强度中心，一直向域外布展。

汉觉·贝瑞斯曼把德勒兹哲学描述为“激进的建构主义”，认为他的这种空间建构方式所反对的是“社会建构主义”。社会建构主义与现实的社会构造过程相关。它认为个体是在一定的社会语境中理解知识的，其目的是发现人类主体是如何通过社会建构的中介作用来获得知识的。这更多地是一种心理学构造，而不纯粹是一种经验性的建构。从这个意义上而言，社会建构主义是一种狭隘的建构观，它只关注人类或是语言是如何对世界进行构造的。因此，一个难以避免的结果就是，社会建构主义必然是坚持人类中心主义立场的。而与此相对，激进的建构主义则主张，知识是人类意识中的一个自我组织化的认知过程。尽管人类主体在这个过程中发挥了重要的、必不可少的作用，但这个知识建构过程本身实际上是自我控制的。德勒兹哲学的无主体特征显然是对社会建构主义的理论态度的反对，他抗拒固定的“主体”或僵化的“客体”，强调一种流动的主体性和偶然发生的事件。从这个角度而言，德勒兹对主体中心模式的批判丝毫不比后结构主义者拉康对伪主体的批判来得逊色。然而，他与后结构主义之间还是有明显的不同：德勒兹从根本上拒绝了意识主体的认知模式，他把主体性原则改造成了一个前个体性场域，即内在性平面。因此，空间不是由人格主体所开辟的地理区域，而是在内在性平面基础上发生的力与力之间的作用的结果。空间的生产在这个层次上成为建构性的。事实上，正是这种独特的从地理哲学角度出发的空间理论，解决了哈维和列斐伏尔所面对的问题：空间不再是被卷入宏大的资本逻辑的一个构成因素，而是革命性的、反叛性的、通向未来的希望。

主体性与资本主义批判

自从认识论成为近代哲学的核心范式之后，“主体”概念浮现成为哲学讨论范畴中的基本概念。而理性主体与现代性之间的联系已经毋庸置疑。而所谓的“主体性自由”这种黑格尔式的术语正是从笛卡尔确立的作为主体性存在标志的 cogito（我思）和卢梭对自由观念的理解的共同根基上生长出来的现代命题。甚至可以说，经由这种理性化的主体性对谢林的主客体统一原则进行改造后形成的新的主客体统一观念，成了整个现代性思考的出发点。也正因为如此，这一原则及至理性主体概念本身往往成了现代性批判话语中首当其冲的靶子。主体，作为话语和权力产物的身份，其自在性被不断质疑。甚至是以其“客体优先性”原则来质疑主客体先验统一原则的阿多诺，也因其对于主体的过分执着的坚守而遭到了批评。当主体哲学从实体化走向不断被批判反思的境地时，如何填补“主体”缺位所留下的空场，或者说，如何弥合在“主体”生发过程中先验与经验的二元对立，成了一个需要解决的问题。德勒兹在此颇有建树。他以“被建构的主体性（constructed subjectivity）”概念和“内在性平面（plane of immanence）”的理论创新直击了以理性主体的可靠性作为基础的现代哲学，在反思现代性及其后果方面走出了更远的一步。在德勒兹这里，“主体性”不但不是现代主体哲学的阐释和延续，反而成为反击“主体”概念的有力武器。

一、 对经验直接性的反思

研究德勒兹一生的研究经历，可以清楚地看到他和传统的哲学史的距离是怎样一步步地变大的。他早期所做的哲学家专题研究就是他与正统的形而上学所作的最初的斗争。在德勒兹看来，旧式的形上哲学妨碍了人类的思维之流。这是因为，作为传统的形而上学之基础和最大特点的本体论正是一切存在归结为一种基始性的同一性，而忽略了差异的意义。在《差异与重复》一书的开始之处，德勒兹就立场鲜明地表示，自己的兴趣在于要找到一种与亚里士多德模式不同的方式来思考差异。他认为，传统的哲学构架以各种不同层级的同一性为基础，对概念进行层级分类，迎合了构建概念性的等级体系对于连贯性的要求。而这种对于连贯性和一致性的要求也就隐射了某种履行手段的权力所具有的同一性逻辑。因此对于德勒兹而言，他所要与之抗争的不仅仅是黑格尔，而是从柏拉图到笛卡儿的整个哲学史，即逻各斯的历史。理性哲学传统的基础在于既定的秩序。从这个意义上说，理性（reason）哲学和国家（state）是同源且相互联系的，因为无论是哲学史还是国家都是理性本身的产物。而诸如普遍性、方法、认知和意义等等的概念都是理性的衍生物。因此，整个理性哲学史忽略和屏蔽了一切外在于逻各斯的思想，成了一部意义的历史。这部历史的落脚点正是主体的概念。

而作为现代性批判的核心主题之一就是在反思的基础上重新确定主体性和客体性的关系。这种反思本身必须要摒弃古典哲学中对主客体统一的天真乐观，体现为对以距离表现出来的不确定性的思考。因为，不确定性，或者说，多重决定性（overdetermintion）正是当代社会的根本特征之一。但同时，在多重决定性的议题之下反击相对主义，又成为建构主义要完成的任务。而德勒兹的方法论的创新之处在于，他不但不承认先验理性主体的先在性，也完全拒绝阿多诺的客体优先性，将二者共同置于一个前个体的场域中，完成了从主体到主体性的转变。

德勒兹反对固定的“主体”或僵化的“客体”，强调一种流动的主体性和偶然发生的事件。他正是从这一点出发发展出了自己的反形而上学的方法论——先验的经验主义。德勒兹追随怀特海对经验主义的定义，把经验主义的任务也界定成为分析“事物的状态，以此从中析取出非现在性的概念”。[1] 为了分析“事物的状态”，他才力图寻找到一个非人格化的、前个体性的场域，个体性正是由这个场域生发而来。这也就是他的先验性平面，即内在性平面。它被定义成一个非主体性的、非个体性的功能状态，“和组成主客体世界的一切形成鲜明对照”。[2] 德勒兹肯定自己的哲学是一种彻底的经验主义，因为他相信知识不来自于观念，而来自于感觉。而感觉本身是一个先验性的概念。他对于这个概念的解释依赖于某种经验。然而这种经验既不是传统哲学中的“内在性思维”，也不是典型的实证主义中的日常生活经验。相反，它与一种开放性的生活，即先验性的生活紧密相关。这种自然的、未经人为加工和座驾的东西才真正是哲学的素材。在德勒兹看来，精致的形而上学的抽象和直觉经验都不能胜任解释世界的任务：因为前者本身的合法性就值得怀疑，后者则无法为创新提供可能性。因此，它们都算不上是构成世界的条件，而只是对世界的解释或归纳。德勒兹并不需要一个固定的、封闭的解释体系，他所寻求的是一个开放性的生产场域。与先验主体的概念相比，生活其实是一个非人格化的奇异体，它需要一种更广阔和更原生态的经验主义。这就是先验的经验主义。在这个意义上，德勒兹的这种方法论其实是一种关于条件的哲学。

那么，“先验”究竟意味着什么呢？或者，说得更精确一点，“先验”对于德勒兹究竟意味着什么呢？这个问题的答案实际上就解释了经验是如何成为先验的。前面说过，德勒兹并不相信经典的经验主义认为

---

1 Deleuze, G. & Parnet, C.: *Dialogues II/Gilles Deleuze and Claire Parnet*. New York: Columbia University Press, 2002, p. vii.

2 Deleuze, G.: *Pure Immanence: Essays on a Life*. trans. A. Boyman, New York: Zone Books, 2001, p. 25.

经验是知识的直接和唯一来源的观点，他认为事实恰恰想法：经验是构成性的。因此，他需要一个先验的基础来解释经验。这个基础也就是以关系网的形式发挥作用的内在性平面。在最后的著作《什么是哲学?》中，德勒兹说，“……这个平面就是一个抽象的机器……”。[1] 并且，在另外的一些文本中，他则将抽象机器解释为“一个力与力之间关系的图谱，同时也是命运的图谱，强度的图谱”。[2] 这实际上就是德勒兹先验哲学中的创生系统，它独立于自己所可能分布的形式与实体之外，也独立于表现和内容之外。然而，德勒兹所感兴趣的并不是先验的经验。他的经验主义立场之所以从来未被质疑，原因就在于他的哲学的目标是真正的经验本身，而不是先验的经验。“先验经验”与“经验是先验的”是两个完全不同的表述，意义也大相径庭。前者与经验世界的经验相对，而后者则指的是经验的构成性因素。事实上，德勒兹一直试图确定真正经验的条件。在他看来，内在于经验的不是什么物质的东西，而是先验的；它们是一般性经验的条件。先验的经验主义所要探究的不是感性经验的形式条件，也不是它的物质条件，而是真正经验事件产生的条件。这种源起性条件并非本体论意义上的，而是经验的先验（*a* priori）理性。德勒兹所想解决的问题是个体、事件和经验如何从非人格化的、前个体的先验性场域上生发出来。这个问题不是毕达哥拉斯的“一”如何变成“多”的问题。它不是一种因果推论的结果，而是先验（*a* priori）地创生。德勒兹利用内在性平面这个先验场域整合了存在的单义性和具体差异的多样性之间的问题。创生的过程则是在虚拟概念中实现的。而与他者的关系则导入了真实（real）而不现实（actual）的纯粹的差别性元素。

这样一种思考路径实际上与他所推崇的尼采在《权力意志》中对因果关系的挑战思路不谋而合。尼采在不止一处地方指出，被默认为是宇

---

1 Deleuze, G. & Guattari, F.: *What is philosophy*? London: Verso, 1994, p. 36.

2 Deleuze, G.: *Foucault*. trans. S. Hand, London: Athlone, 1988, p. 37.

宙法则的因果关系其实并非某种天然的公理，而是某种精巧和比喻或修辞活动的产物，是对实际发生的效果的次序颠倒。德勒兹没有明确谈到他对尼采这个做法的评价，但从他将尼采奉为颠覆精神之动力的做法来看，他无疑是沿袭了这种从外在角度来考察被预设为既有之物的谱系学方法论。先验主体与先验经验之上被放置了大写的问号。

德勒兹不止一次地声称自己是一个纯粹的经验主义者。但这种方法论却与以先验主体为根据的传统经验主义大相径庭。从最根本的立场而言，他反对康德对本体世界和经验世界（现象世界）的二分，在两者之间构想出了一个先验性的场域。这个前个体性的场域就是内在性平面。它作为德勒兹哲学中一个类似本体论的基础，本身是生产性的。内在性平面有无数单独的力组成，它们彼此作用，形成力流。在这个平面上，总是存在着很多互相干预的无穷运动，它们中的每一个都和其他运动相互交叠。德勒兹称这样的状态为“混沌”。在这种状态中，当一个力或一股单独的流与其他力或流相遇时，“事件（event）”就发生了。因为平面上存在着无穷多的力，它们之间的相互影响就会形成无穷多的新事件。主客体关系的形成就是事件之一。德勒兹用这样一种方法成功地回避了传统的主客体二元关系，而构建出了一个多元决定的力场。

二、 被建构的经验及主体性

德勒兹一再强调自己的这一理论界划。他声称“经验主义决不……仅仅只是一种对直接经验的简单诉求”。[1] 这实际上拒斥了以纯粹的感觉经验为根基的经验主义模式。德勒兹的经验主义立场的起点是一般性的先验条件。主体和客体都只是这个先验性场域上的效果。这一命题是对休谟的主体性的一个修正。

1　Deleuze, G.: *Difference and Repetition*. trans. P. Patton, New York: Columbia University Press, 1994, p. 35.

在德勒兹的《经验主义和主观性：关于休谟的人类本质理论的论文》的第一版中，他指出，“［传统的］经验主义的特殊基础在于：……没什么东西是先验的”。[1]。在德勒兹的解读中，休谟的主要意图是建立一个主体形成的基础。然而，在休谟本人的观点中，“没什么东西是先验的，因为这些原则仅仅是关于我们本质的原则”[2]。这两处引文同时标注出了德勒兹方法论与休谟之间的联系和区别。要解释或分析主体性，既不能通过使它屈从于某种超验物质的方式，也不能直接将它指认为一种超验的状态。这两种选择都是将复杂的生成性建构的问题简单化成了垂直的直接性。而康德从本体层面上定义的主体则导致了意识主体与经验世界的分裂。结果，主体被置于了客体的对立面上；它变成了外在于经验世界的东西。这种二元论是德勒兹和休谟都希望打破的。

然而，一旦抛弃了这种做法，个体主体如何在前个体平面上浮现出来就成了一个中心问题。在德勒兹式的解读中，他把休谟描写为一个坚持主体性的哲学家，认为休谟为经验主义赋予了一种新的力量，使得它成为了一种关于关系的理论和实践。这种关系学说也是对具体现象的多样性的肯定。而休谟所创造的连接（association）、信仰（belief）和关系的外在性（the externality of relations）等概念解决了主体意识形成的问题。联系是一个自然原则，它是在两个事物之间建立相互关系。根据这个原则，新的关系和实体可以被生产出来。众多的关系则形成了网络。当德勒兹说在休谟那里关系是外在于处于关系中的项的时候，他的意思是指没有任何的超验原则将自己凌驾于关系之上，构成关系的项不行，将关系涵盖在自身之内的更深层、更高级的项也不行。因此，对于德勒兹而言，休谟的三个概念所强调的是一个建构主体的过程：“在这三个

1 Deleuze, G.: *Empiricism and Subjectivity: An Essay on Hume's Theory of Human Nature*. trans. C. V. Boundas, New York: Columbia University Press, 1991, p. 24.

2 Deleuze, G.: *Empiricism and Subjectivity: An Essay on Hume's Theory of Human Nature*. trans. C. V. Boundas, New York: Columbia University Press, 1991, pp. 111 - 112.

原则的影响下，经验主体在意识中被建构起来；因此意识并不具有先于主体存在的特征”[1]。事实上，德勒兹的这种解读在很大程度上是借休谟的幌子来布展自己的主体性学说。他认为，意识是一个单单由连接原则构成的系统。同时，意识在这个自然原则的影响和作用下，成为了所谓的人类本质。“当连接原则对意识产生作用的时候，经验的主体性就在意识中被建构完毕了。因此意识不具有先在主体的任何特点。”[2] 由连接原则和信仰的作用所建立的社会规范以及文化传统，构建了主体性的存在。传统哲学认为先验主体所天然具有的情感、道德等等因素其实不过是解释主体性的因素，本身也是被建构的。并且，所有的关系都是外在性的，不是形成主体的必要条件。既不存在先于经验的“我”的意识，也不存在持续不变的主体，“我”的意识只是经验在某些时刻特定显示而已。离开了这些具体的条件以及关系，主体性则变得毫无意义。所以在他的理论框架中，即不存在主体也不存在客体，一切都表现为关系和连接，它们是力量流相遇和截断的结果。主体性的形成是一个无法预期的事件，它包含了变化的无限能力。简言之，主体或客体对于德勒兹而言根本就不重要，关键在于主体性如何从先验平面上被生成出来。

但是，德勒兹的先验性场域到底是什么呢？它实际上就是斯宾诺莎的单义的存在，即单一的物质。不过，这种物质既不是一种经验的直接性，也不是抽象的观念。而是一个万物在其中流变的场域。被这些流变所肯定的多样性正是一种虚拟的力量。它是真实（real）的，但不是现实（actual）的，是对未来真实性的一种储藏。或者，换句话说，这种存在的单义性由多样性构成。后者指向的不是数目上的众多或纷繁复杂的具体现象，而是表现为创新的无限可能。通过这种方法，德勒兹把存在的单义性原则和多样性的表象整合进了虚拟和现实的概念中。

---

1 Deleuze, G.: *Empiricism and Subjectivity*: *An Essay on Hume's Theory of Human Nature*. trans. C. V. Boundas, New York: Columbia University Press, 1991, p. 29.

2 Deleuze, G.: *Empiricism and Subjectivity*: *An Essay on Hume's Theory of Human Nature*. trans. C. V. Boundas, New York: Columbia University Press, 1991, p. 19.

在德勒兹那里，主体从来就不是传统西方哲学中所理解为有意识思维的自由能动者的超验概念。他认为主体是在某种条件下形成的。主体并不是一个能生产出关于所有客体的知识的思维存在；相反，主体是在其自身与社会的关系中不断地被建构的：主体生成的过程与他获取知识甚至感受的过程其实是同一个过程。主体和客体的范畴都从属于这个特定的结构：先验性场域。主客体二元化的关系被一种新的生产系统所取代。

在对哲学史的解读中，德勒兹肯定了休谟对经验主义的巨大贡献，认为他专注于创新条件的研究，为经验主义赋予了一种新的力量，使它成为一种关于关系的理论和实践。其实，德勒兹对休谟的这一评价也正是他自己哲学的关注焦点。作为一个先验的经验主义哲学家，德勒兹希望通过探索人类思维和意识的组成因素以及其被生产出来的方式，来确定它的条件——而在传统哲学中，这种思维和意识通常被归结为预先假设出来的先验概念，诸如“有意识的主体”、“意义”、“本质”等。因为传统哲学总是预设文明是生活在一个有意义的世界中，因此我们只能在一个预先给定的意义语境中形成知识，不管这个意义是来自于历史，还是主体性或是其他什么本体。然而，休谟却将他的经验主义定位在探索具体现象之间的关系上，因此它是在实践层面对多样性的一种肯定。德勒兹正是借助了休谟提供的方法摆脱了正统大陆哲学对意义的依赖，而转向了自己的基本方法论——“先验的经验主义”。但他同时指出，休谟的不足之处在于他没有能够揭示意义是如何由人类主体的利益和目的——即前个体的经验——所形成的。德勒兹本人希望能够弥补这个不足。因此，当他将自己的重点放在意识的形式、形成的过程以及先于个体的经验上时，丝毫也不令人感到奇怪。

三、 作为资本主义批判武器的精神分裂分析

在德勒兹后期与加塔利合著的《反俄狄浦斯》中，他不但以对精神

分析疗法的批评质疑了所谓理性主体的建构过程，更是将这种批判的最终矛头直接指向了资本主义本身。同时，精神分裂的主体被作为一种处于不断建构中的主体性，成为他用以挣脱被资本主义俄狄浦斯化的伪主体。

首先，德勒兹和加塔利从方法论上指出了心理分析治疗的问题：它在本质上充当了服务于统治者的科学以及使对象适应社会的工具。在精神分析过程中，心理医生就仿佛一个现代牧师，在道德层面上驯化对象以使其服从既定的规范。其次，《反俄狄浦斯》对心理分析的理论本身进行了批判：弗洛伊德虽然揭示了无意识，但又立即扭曲了无意识的真正本性，将无意识虚构成了一个俄狄浦斯情结。而事实上，这个所谓的情结并不是一种自发的东西，它作为一种被非法预设的前提，实际上不过是一个人为的圈套。所谓的俄狄浦斯情结其实是对欲望的一种引导，人类的欲望先被引诱其中，然后又在那里被固定下来。精神分析本身正是对这种引导的强化。更重要的是，资本主义和俄狄浦斯情结之间的关联不仅被弗洛伊德及其之后的精神分析学家所忽略，也为绝大多数的社会理论家所忽略。可见，该书虽以精神分析学和俄狄浦斯作为论敌，但其目标却不仅仅在于此。德勒兹和加塔利所要做的是通过对俄狄浦斯情结的这种禁锢式引导作用的解析来反观资本主义对当代社会各方面的影响。在这里，俄狄浦斯只是一面镜子，一个入口，一种机制，它所折射出的是与之具有同构性的资本主义运作机制对欲望的全面抑制。也正是在这个意义上，米歇尔·福柯认为此书体现了一种反法西斯主义的政治或伦理。他在于1977年为该书的英文版所做的序言中写道，《反俄狄浦斯》一书所反对的“不仅仅是历史上的法西斯主义，……，而且是存在于我们所有人中的法西斯主义，是存在于我们的头脑和我们的日常行为中法西斯主义。这种法西斯主义使我们恋慕权利，使我们渴望那能够统治和剥削我们自己的东西”。

当德勒兹（和加塔利）用所谓的“精神分裂分析”法来对不同的社会形态进行分析的时候，我们可以很明显地看到马克思的影响。类似于马克思所使用的生产力和生产关系这一对核心概念，德勒兹（和加塔利）也通过一对概念，即欲望和身体之间的不同作用，来展示各个不同的社会形态的差别和运行机制，并指出了资本主义社会是如何在释放了之前社会所压制的欲望的同时又造成了对欲望的更大的禁锢。这种批判模式从根本上和马克思从经济政治学角度所进行的批判是完全一致的。

不过，德勒兹和加塔利的“欲望”不同于弗洛伊德式的由匮乏而引发欲望。其实，不止于此，在他们笔下，“欲望”与“社会生产”完全是一回事。欲望本身不属于自我，而是社会性的。精神分析学的错误在于，它总是试图在一个预设的总体性和统一性的基础上来整合本应呈现为多样性的欲望。在精神分析学家眼中，人是一个统一的整体。从这个角度来看，个体主体的概念正是对本质为“分裂”的人的最大的俄狄浦斯化。相反，精神分裂分析则认为所谓的个体主体，其实是在社会和自然机器中发挥作用的不同部分的集合。它所关注的是各个身体部分及其之间的社会联系。简单地说来，精神分析以一个假想的统一化的主体为前提进行思考，而精神分裂分析则是在尊重其自身之内的“碎片”（或者说“零件”）的独立性的基础上探寻其之间的联系，打破由俄狄浦斯化所造成的对“碎片”的压抑。因此，反俄狄浦斯从根本上说是反对个体主体的概念，也从根本上批判了弗洛伊德的“自我”。德勒兹和加塔利将这种对比扩展到社会中，将作为主体内在理论的心理分析与作为客观理论的社会分析联系了起来。在分析中，他们利用“偏执狂”和“精神分裂症”来指征资本主义社会所内含的两种基本的组织原则和动力。“偏执狂”的特征是幻想出一个包括一切的系统，并自愿地沉溺其中，不肯自拔。而“精神分裂症”则是以分裂为特征的对前一种系统性的颠覆，它的最大特征是没有预设一个具有连续性和统一性的自我。或者更确切地说，精神分裂症拒绝了自我的俄狄浦斯化，因而了避免了被整合到这个被预设的系统中。两位作者试图以这种比喻性的语言来指出资本主义社会内部相互矛盾的两种力量：前者所代表的是资本主义陈旧的一面，即传统的、以信仰为中心的社会组织形式的复兴，而后者所象征的则是资本主义精神所暗含的积极的潜能：自由、独创性、永恒的革命性。在德勒兹和加塔利看来，资本主义要想发展下去，本应该遵循“精神分裂症”所代表的后一种趋势。而现实的社会生产却被俄狄浦斯化了，失去了释放欲望和追求自由的能力。而精神分裂分析正是恢复这种能力的途径。因此我们可以说，德勒兹和加塔利的这种社会理论不在于创造一种新型的制度，而旨在于提供一种方法，借助于该方法，我们可以重新发掘社会中的新型关系。

在批判中，德勒兹和加塔利沿袭了马克思对资本主义两面性的分析，即它一方面摧毁了封建等级制度，释放了欲望（他们称之为“去辖域化”），一方面又将所有的生产变成了商品生产（“再辖域化”），就仿佛以俄狄浦斯式的三角公式将所有的欲望变成了爸爸-妈妈-我之间的关系（弗洛伊德）。但不同的地方在于，马克思认为资本主义的局限性所造成的对生产力的阻碍是在资本主义制度内部无法解除的，唯一的出路是以无产阶级作为主体的革命。德勒兹和加塔利却否定了这种颠覆性的主体革命的方式。因为在他们看来，可疑的主体概念正是俄狄浦斯化的一个阴谋。在弗洛伊德的精神分析中，强调自我的认同是治疗精神分裂症的方法。因此，德勒兹和加塔利拒绝使用这种人格化的主体，而提出在内在性平面上建构主体性的理论。同时，他们认为可以利用精神分裂分析的方式来克服资本主义对欲望、即社会生产的抑制。而这种精神分裂分析既是对弗洛伊德的精神分析学说和俄狄浦斯三位组的批判，也是对马克思革命理论的批判。应该说，在他们看来，马克思同样是被俄狄浦斯化的。

从这里我们可以看到，德勒兹和加塔利针对的其实是两个同样为马克思主义理论家所关心的问题，一个就是同一性与差异的问题，另一个则是一般性的社会生产。《反俄狄浦斯》中的资本主义批判主要就是围绕着这两个方面展开。从德勒兹本人的思想发展的历程来看，第一个问题仍然延续了他早期在《尼采和哲学》以及《差异与重复》中所建立的差异本体论的基本立场。只不过在这里，他将抽象的同一性和差异放到了具体的社会现实中，使这两个概念获得了现实的批判意义。而后一个问题其实既与德勒兹对哲学的本质界定（创造是哲学的使命，也就意味着生产是哲学的根本任务）有关，也受到了马克思历史唯物主义思想的影响。不过德勒兹这里的生产的含义不仅仅包括了马克思的物质生产的层面，也包括了其他物质与非物质层面的生产。只不过，在他的资本主义批判中，德勒兹也遵循了马克思的方法，从资本主义社会的物质生产入手从而揭露其“自由”表面下所隐藏的极大的压迫性。内在差异只有在突破了这种假性的自由的情况下才有可能生发出来。

第四编

反思：现代性之后

反对表征主义：德勒兹的自在差异与阿多诺的非同一性

德勒兹和阿多诺，是 20 世纪、尤其是战后时代最有影响力的两位哲学家。他们的著作同时涉及了哲学、文学、艺术等众多领域。不过，由于他们的根本立场和方法论的不同，二人的哲学思想不但呈现出迥异的态势，更在很多方面背道而驰。但在另一些方面，他们的主张不谋而合，甚至连他们的抗争模式都有相类似的地方。有趣的是，这种极度的“异”和“同”之间不但不是断裂的，反而存在着内在联系。差异和非同一性是德勒兹和阿多诺哲学构架的中心概念，也集中体现了二者学说的相似问题式和迥异的批判思路。

在德勒兹那里，*差异*概念是与*重复*概念成对地放在一起讨论的。在《差异与重复》中，作者试图挑战“大多数哲学家”，因为他们将差异从属于“同一性、相似性、对立性或可比性”。[1] 德勒兹想实现的是思考自在的差异。这也就意味着他要颠倒差异与上面提到的四类范畴之间的关系，在本体论意义上来定义差异。差异与重复这一对概念，被德勒兹用来表达他对存在的理解。对于德勒兹来说，自在的差异就是存在的本质，而重复就是存在的方式。而德勒兹则认为，如果一种关系预设了同

1 Deleuze, G.: *Difference and Repetition*. trans. P. Patton, New York: Columbia University Press, 1994, p. xv.

一性作为基始性，那么它实际上就肯定了概念的表征功能所造成的压迫和强制，并以"表征主义的方式来定义世界"。[1] 表征系统是通过建立一套固定的规范作为模型来运转的。而差异与同一性的统一也就是这些基本模型中的一个。它起到了表征的媒介的作用。表征主义正是以将差异从属于同一性的方式扭曲了差异的实质。德勒兹所要做的就是反对这种抑制了创造性力量的模式。在他看来，表征主义将我们的注意力从自在的存在上引开了。结果，人们所关注的通常是它所解释的东西。差异正属于这种情况。在表征模式中，差异被表达为从属于同一性的具体的差异。这种静止的等级式结构不可能想象出与差异相关的变化。因此，德勒兹认为，不能"在一种有机的中介的内在媒介中"[2] 来表现差异。这也是德勒兹的差异概念的第一个特点。其次，德勒兹的差异中没有把他性作为否定性的异己因素：它是纯粹的差异，肯定的差异。德勒兹认为，差异在传统的表征式思维方式中通常被认为是否定的替代品；是对相同因素的否定。但德勒兹的差异却是一种不能被归结为其他概念的纯粹的肯定。

与德勒兹在本体论层面上对差异的讨论不同，阿多诺是在一个伦理学语境中考虑非同一性概念的。它是作为阿多诺对同一性观念——他相信这个概念是整个理性哲学的核心概念——的批判产物而出现的。在《启蒙的辩证法》中，阿多诺详细阐述了*同一性*这个语词的三个维度：作为统一的人类意识的同一性；第二，表达了思维与其客体之间相等关系的同一性；第三，作为主体与客体之间一致的同一性。[3] 这三个维度为传统的理性主义哲学提供了认识论基础。没有它们，就不可能设想出经验客体以及知识形成的过程。*非同一性*这个词所描述的恰恰是这三个

---

1 Deleuze, G.: *Difference and Repetition*. trans. P. Patton, New York: Columbia University Press, 1994, p. ix.

2 Deleuze, G.: *Difference and Repetition*. trans. P. Patton, New York: Columbia University Press, 1994, p. 29.

3 Adorno, T. W. & Horkheimer, M.: *Dialectic of Enlightenment*. trans. J. Cumming, London: Allen Lane, 1973, p. 142.

维度的反面。不过，阿多诺对这个术语的使用并不是意味着一种非理性哲学或不可知论；相反，它为哲学家本人对资本主义的批判提供了基础。阿多诺将现实的世界看作一个被管理和统治的世界，在这个世界中，人们不能够自由地思考，因为他们的思维被同一性原则所局限，而后者正是“意识形态的最初形式”。[1] 非同一性主要表达了主体和客体之间不匹配、不一致的关系。阿多诺将这个原则当作是对不自由的思想的拯救，因为它所着力探索和勾勒的是两个原本被认为一样的事物之间的鸿沟。这个鸿沟恰恰是可以为思维带来乌托邦因素的源泉。不过，非同一性原则并不是阿多诺对知识形成的认识论问题的解决方案，因为这个原则在政治上是理想化的。

从反对同一性的观点来看，差异和非同一性可以被看作是对表征主义的挑战。它所体现出的“内在差异”逻辑谱写出了的德勒兹和阿多诺之间的一种共鸣。这也提供了一个基础让我们可以思考这两者之间的区别：肯定性对否定性。

一、 德勒兹的自在差异

德勒兹从对表征理论的批判入手，质疑了哲学史中思维映像的不真实性和不完整性。在《差异与重复》的第一章的一开始，德勒兹提出了一个关于中介的问题：“差异是不是必须经过‘中介’才是可以触及和可以思考的?”[2] 根据他的理解，在哲学史传统中，对差异的一般观点是与异己性紧紧联系在一起的，它显示了概念之间的一种等级秩序。在这个观点的指导下，人们习惯于按照具体的现象来思考差异。这个意义层次上的差异实际上是被看作特定的差异：它是某种被表现和表征的东

1 Adorno, T. W. & Horkheimer, M.: *Dialectic of Enlightenment*. trans. J. Cumming, London: Allen Lane, 1973, p. 148.
2 Adorno, T. W. & Horkheimer, M.: *Dialectic of Enlightenment*. trans. J. Cumming, London: Allen Lane, 1973, p. 30.

西。这一关于差异的观点不能够接受产生出变化的条件，因为它是用来对两个不同的物体进行比照的。这种对比假设了“判断必须在抽象的表现中对众多的特征作出选择”。[1] 说得再准确一点，这种特定的差异并不能够标注出物体的本质，因为它是从物体的众多特征中被摘取出来的。事实上，当我们根据具体事物的特征来考虑这个事物时，特定的差异就只能是外在的。并且，当我们比较两个不同的客体时，我们总是假设了某种同一性的因素作为基础：正如“白人”和“黑人”是相对于“人”这个总体概念而言的，“雄性”和“雌性”是相对于“动物”这个概念而言的。按照这种观点，（具体的）差异总是次要的；它总是从属于某种作为基础的同一的东西。在德勒兹看来，这种具体的、特定的差异并不是最大的、最本质的差异，因为它被限制在一种固定的差异与同一的统一模式中，这种模式从一开始就否定了差异的本体论地位。在这里，所谓的“最大的差异”指的就是自在的差异，它是一种不依赖于任何具体特征和比较的本质性存在，与变化的条件相关。因此，这种差异是基础性的，它是真正的第一原则，不需要被第三者中介。统一性（unity）或同一性（identity）必须被理解为第二层次的运作，在这一层的运作中，自在的差异被具体化为不同的形式。

德勒兹将自在的差异定义为一种单义的存在，它既不是某种固定的存在，也不是一个抽象的概念。在此他接受了尼采“存在是一种生成”的观点：在自在的差异中，有一种内在的自我区别的冲动，使自在的存在在它的每一种具体实现形式中都得以区别开来。所有存在的一切其实都始终处在一个生成的过程中，它永远也不会完成。但这一内在差异却可以体现为不同的形式：它是多样化的。用德勒兹自己的话说，这个单义的存在“在单一和相同的意义上，存在于它所有的个别差异或

---

1 Adorno, T. W. & Horkheimer, M.: *Dialectic of Enlightenment*. trans. J. Cumming, London: Allen Lane, 1973, p. 34.

内在形态中”。[1] 从这个观点来看，差异的概念可以被解读为德勒兹对尼采的“权力意志”概念的重新解释：它是区别性因素或变化条件的生产。在德勒兹看来，意志想要做的是肯定它自身的差异性，因为差异正是它自己的存在，是它区别于其他存在的特性。或者，我们可以把德勒兹的这种肯定称之为“差异意志（will to difference）”。“差异意志”与“权力意志”一样，其所体现的是一种生存的欲望和创造的本能，因为差异本身是以存在为前提的。在尼采那里，权力意志是一切事物的本质，一切事物无不是权力意志的表现。而德勒兹则认为，在一个事物与“他者”的本质性关系中，意志使其自己的独特差异成为肯定的客体。这意味着差异并不来自于某种类比；相反，它正是存在本身。

在《差异与重复》中，德勒兹指出，黑格尔实际上已经意识到了差异的问题。他说，“黑格尔对他的前辈哲学家所作的批评正是，他们在差异的纯粹的、相对最大高度上止步不前，而没有达到绝对的最大高度”。[2] 为什么这样说呢？我们首先来看黑格尔自己对差异的定义：“这种差异（绝对差异）是自在自为的，即绝对的差异，本质的差异。这就是自在自为的差异而非外因引起的结果，但它是只与自身相关的差异因此也是单纯的差异。……自在的差异是只与自身发生关系的差异；它也是它自身的否定性，这种差异不相对于某个他者，而是相对于其自身”。[3] 从这里可以看出，黑格尔在对差异地位的判定上与德勒兹是一致的，分歧的地方在于他将差异定义为对自我的否定。这当然与遵从二元逻辑的辩证法息息相关。而在德勒兹看来，这样一种对差异的规定是对差异的简单化、缩小化的处理，它仅仅显示了作为多样性的差异的一个

---

1 Adorno, T. W. & Horkheimer, M.: *Dialectic of Enlightenment*. trans. J. Cumming, London: Allen Lane, 1973, p. 36.

2 Deleuze, G.: *Difference and Repetition*. trans. P. Patton, New York: Columbia University Press, 1994, p. 44.

3 Hegel, G. W. F.: *The Logic of Hegel*. trans. William Wallace, London: Oxford University Press, 1959, p. 38.

非常狭隘的方面。这也正是德勒兹反对以否定的形式来定义差异的原因之一。也就是说，黑格尔把这个最大的差异误理解为矛盾了。这种运动形成了一个死胡同："每一个反面必然更进一步地排斥它的他者，因此也排斥它自身，从而变成了它所排斥的他者。"[1] 这实际上正是同一性的逻辑，因为在这个循环中，同一性或统一性变成了确定差异的充分条件。[2] 并且，矛盾错误地把差异简化为对立。[3] 换句话说，对立通过在其自身内预设差异的做法歪曲了差异的本质。德勒兹提出，差异不能被简化或上溯为矛盾，因为前者的模式远远要多过后者。正因为如此，多样性是内在于差异本身的。当传统哲学将差异误读为从属性的特质的时候，差异的被压抑不是某个或某些差异的被抵制，而是以同一性为主导的生产机制在目的和路径选择上都最大限度地扼杀了差异产生的可能性。

如果说自在的差异概念使得德勒兹可以脱离传统的理解和思维方式，那么重复概念就使得他可以发展出自己的（单义的）存在运动理论。[4] 重复，用尼采的术语来说，就是永恒的回归。尽管尼采是用这个概念来反对传统的价值哲学，德勒兹却是在形而上学的意义上来使用重复的。他将重复本身定义为时间的纯粹形式（自为的重复），并将差异概念和重复概念紧密地联系在了一起。德勒兹用自为的重复解释了事物是如何被决定的，以及差异在这个决定过程中起到了什么样的作用。

永恒的回归并不是引起相同的或相似的东西的回归，它本身是

---

1 Deleuze, G.: *Difference and Repetition*. trans. P. Patton, New York: Columbia University Press, 1994, p. 45.

2 尤金·霍兰德在他的文章《马克思和后结构主义的差异哲学》中指出，"质上的相似状态和量上的相等状态"，被德勒兹描述为压抑了差异的同一性，实际上是一些符码和公理。因此，霍兰德认为德勒兹的差异哲学的目的在于拯救差异和阻止它臣服于同一性。

3 在黑格尔的矛盾问题上，詹姆斯·威廉姆（2003）声称哲学的引导任务对于黑格尔而言是"将矛盾提高到由真正的矛盾和综合所组成的更大的循环中"（p. 71）。

4 正如詹姆斯·威廉姆（2003）所说，重复概念允许德勒兹发展出了差异概念的机械论和唯物主义方面：它解释了差异是什么以及它是如何产生的（p. 84）。

> 来自于一个纯粹差异的世界……在这个意义上，永恒的回归实际上是一种差异的结果，这个差异是起源性的、纯粹的、综合的和自在的（尼采将其称之为权力意志）。如果差异是自在的，那么在永恒的回归中的重复就是差异的自在性。[1]

因此，重复不是相同的东西的表征，而是差异的永恒回归。[2] 在时间中被重复的正是差异。但在这里，差异不是某种特定的细节或具体的、不同的现象或经验，而是自在的差异。

戴斯科贝将德勒兹的差异的永恒回归解释为对否定性的一种自毁。[3] 在每一次回归中，强势因素（对差异的肯定）抑制了弱势因素（对同一的否定）。在这种情况中，自在的差异变成了一个独立的、高贵的灵魂（主人）与一个与之相对立的、卑微的意识（奴隶）的竞赛之间的胜者。戴斯科贝认为这一标准显然是可以适用的，因为德勒兹把原本意味着不确定的否定当作了一种确定作用。这一意见在经验现实中是有其真实意义的。然而，德勒兹对差异的理解除了在伦理学层面上之外，还上升到了本体论层面。对他而言，自在的差异，是一种本体预设，它刻画出了一种主动的、独立性的存在。这一点不能与经验层面的肯定的差异相混淆。因此，差异的重复与戴斯科贝的问题——即弱势因素是如何被强势因素所抑制的——无关，而是涉及了可以恢复并凸显差异的条件的生产。而且，戴斯科贝所认为的作为不确定性的否定误解了德勒兹对差异的规定性。在前面，我曾经谈到过，德勒兹的差异本身不是作为同一性的对立面而出现的东西，相反，它恢复了同一性所压制的众多的可能

---

1 Deleuze, G.: *Difference and Repetition*. trans. P. Patton, New York: Columbia University Press, 1994, p. 125.

2 本雅明也曾借用过尼采的永恒回归的观念，不过是在与德勒兹极为不同的意义上。在《德国悲剧的起源》中，他提出，悲剧的空洞的、石化的对象，它的意义已经流失，能指和所指的分裂，如同商品一样，仅仅在空虚的、同质性的时间中永恒地重复着。这种永恒回归的观点其实是对尼采的一种误读，与德勒兹更是截然对立，它是一种同质性的不断重复。

3 Descombes, V.: *Modern French Philosophy*. trans. L. Scott-Fox & J. M. Harding, Cambridge: Cambridge University Press, 1981, p. 163.

性。在这里，“同一”与“差异”并不是表现为数量上的不对称性的具体的“一”与具体的“多”。这也就是为什么德勒兹在《差异与重复》论及差异时首先谈到了自在的差异与具体的差异之间的区别。戴斯科贝根据经验现实原则，认为对一的否定仍然是一种不确定，实际上正是将自在的差异误认为是具体的差异。德勒兹所肯定的是作为虚拟力量存在的“多”，而不是“多”中的某一个。因为作为多样性存在的自在差异，和黑格尔的矛盾一样，是一种“多余（excess）”，它本身是对非同一性的自觉，而非对某种定在的肯定。否则，永恒回归的就不可能是差异，而只能是同一了。

差异的重复构成了“一”的多样性。然而，这个“一”并不是某个特定的同一性范畴，而是单义的存在：差异。它是通过重复的方式回归并实现为新的形式。重复并不是允许某种已经存在的东西回归回来。相反，自在的差异每一次被重复，它都获得了一种新的形式。这就是德勒兹所说的“面具”。[1] 差异在每一次表现中都被不同的面具所遮盖。因此，面具不仅仅是差异的形式，也是它存在和发展的方式。也正是在这个意义上，德勒兹说“面具才是重复的真实主体”。[2] 然而，面具并不是一种表征。自在的差异是不能被表征的，它总是被掩盖着。在每一个新的面具之下，差异被表明出来。在这里，我们需要放弃用表征主义的传统方式来考虑这个示意的过程，因为我们不可能通过表征主义的理解来达及本体性的自在的差异。

在差异与重复的关系问题上，重复是选择性的：它不关注任何的否定性，它所极力肯定和使之重复的只是差异。在《尼采和哲学》中，德勒兹用掷骰子的比喻来描述一与多、必然性与偶然性、生成与存在的关系：

---

1 Deleuze, G.: *Difference and Repetition*. trans. P. Patton, New York: Columbia University Press, 1994, p. 18.

2 Deleuze, G.: *Difference and Repetition*. trans. P. Patton, New York: Columbia University Press, 1994, p. 18.

> 骰子每被扔出去一次，都是对*偶然性*的肯定，而它们落下来所形成的总和又是对*必然性*的肯定。也正是在存在被肯定为生成、统一被肯定为多样性的意义上，必然性被肯定在偶然性中。[1]

重复就像掷骰子：当骰子每一次被掷出去的时候，它可以肯定所有的偶然性。差异被以重复的方式生产出来。当我们掷骰子的时候，差异不是在别处被确定的，它是在内部出现的。然而，差异在这里是以虚拟性的形式存在的。但在每一次骰子被掷之前，差异都是真实而不现实的：它的在场表现为一种潜在的势能。尼采把这称之为"生成的存在"：它是纯粹的多样性。在德勒兹看来，真正的生成没有外在于它自己的终点或目的，生成是存在的唯一方式。

德勒兹的差异的骰子游戏是在内在性平面上玩出来的。这个先验性的场域为德勒兹哲学提供了一个生产意义的场所。在这个平面上，思维发生了，差异出现了。但是，这个平面不是空间中的某处几何平面，它是前哲学的先验性场域。在这个语境中，界外（outside）或界内不再是表示抽象的（仍然是在几何学之内）或具体的空间中某个相同形式的不同地点，它们在某个共同的参照系统中相互投射和产生共鸣。*界外*是一个绝对的外在，它既不是任何内在的对立面（在这个意义上它可以粉碎一切的参照框架），也不符合任何的现存形式。换句话说，这种界外是一个彻底的外在，一个没有内在的外在：它是一切体系、一切参照系统或位置规则的界外，甚至是一切外在的界外，是"我"和"我"的思维的界外。对此，康斯坦丁·庞达斯在论及德勒兹作为一个"界外的思想家"的时候，曾经这样说：

---

1 Deleuze, G.: *Difference and Repetition*. trans. P. Patton, New York: Columbia University Press, 1994, p. 26.

> 哲学封闭自身，拼命限制自己的学科，常常把空虚和无效误认为智慧和严格，把内部的臭气误认为知识和道德操守的标志。打破限制，一股新鲜空气就会从外部扑来，而不是把时间浪费在破译哲学面临的终结的征兆上。尽管哲学的问题就是界外的问题，界外并不是保护不同于哲学学科的场所，它是哲学自身发生变化的场所。[1]

界外，在这里意味着打破场域的限制，将封闭体系内部所不具有的外在性因素引入进来，改变原有场域的张力，使超越成为可能。而这种超越正是不断地“生成界外”。逃逸线在这个意义上不仅是由原有体系的极限所勾画出的虚拟势能，也是不同场域相互交流的通道。它使这些场域之间的分歧明显化，从而最大限度地凸现和保存差异。

“没有内在的外在”到底意味着什么？事实上，它是对一切为评估、定义或定位而生的体系和结构的超越，它将经验世界的逻辑归于混沌。这样一种界外是极限——思维和表征的极限——的替代。实际上，德勒兹将自在的差异诠释为某种本体性的东西正是试图超越表征的极限。界外不是一片未开垦的处女地；相反，它存在于一切极限之外：它是某种不可界定的、不可表征的、甚至不可想象的东西，是思维的尽处。然而，正是这种不可触及性，为思维提供了没有被表征主义同化的新鲜元素。

“界外”理论是德勒兹哲学中最矛盾的部分。事实上，他想揭示的是这种不可想象的“界外”是怎样作为思维的核心和动力发挥作用的，以及它是如何帮助思维挣脱表征主义的束缚、不断地实现创新的。在德勒兹看来，能够发动思维的不是逻辑、不是观念、不是知觉、不是感觉，而是这种在一切执行能力之外的不可想象的因素——界外。思维在各种“相遇”——力与力的相遇、力与无器官身体的相遇——中发生。

1 ［法］吉尔·德勒兹：《哲学的客体——德勒兹读本》，陈永国、尹晶主编，北京大学出版社2010年版，代序《谁是德勒兹》，康斯坦丁·V. 庞达斯，第3页。

德勒兹相信感觉是哲学的肇始，因为只有在由与他者、与界外的相遇所激发的感觉（特别是震惊）中，人们才能够挣脱现实、经验和理性的枷锁，不断地趋近思维的极限。思维不是对具体事件的思考，它就是事件本身。因此它有三个特点：

首先，思维不是主体的行动或选择，它在最开始是被驱使发生的。思维作为一个事件的发生源于一种相遇。其次，相遇的发生是偶然的。它就像一个掷骰子的游戏。在骰子落到桌子上之前，没有人可以预先知道结果。最后一点，思维从本质上意味着差异，因为它是由来自界外的不可想象的因素激发的。这就是为什么德勒兹在与克莱尔·帕耐特的一个谈话中用"发现、相遇、窃取"这样的用词来形容思维的发生。[1] 在他看来，"相遇就是发现，是捕获，是窃取……它所创造的不是某种相互的东西，而是一种不对称的阻塞，是一种不平行的进化，杂交，它总是'界外的'和'在中间的'"。[2] 界外并不作为他者存在，相反，它是被隐性的他者所压抑的东西。更准确地说，在德勒兹那里，界外是借以反对对思维产生了影响的他者的力量。引入界外是为了凸现差异，以独特的差异的名义说话。

界外本身就意味着差异；它总是在所有的极限之外。德勒兹哲学可以被看作是一种反对一切基于本体论第一性的差异的本体论，不管这种理论是法西斯主义，还是斯大林式的共产主义，或是强势文学，再或者弗洛伊德的精神分析学。德勒兹用"界外"这个术语强调的是一种绝对的差异。然而，这种界外并不是可以作为具体的差异之源头的实体性（不管它表现为什么形式），正如上帝被认为是真善之源那样。相反，界外同时是抽象和具体的，它既超出一切平面之外，又内在于每一个单独的事件之中。在每一个事件之中，界外通过其他力的干涉被引入，从而

---

1 Deleuze, G. & Parnet, C.: *Dialogues II/Gilles Deleuze and Claire Parnet*. New York: Columbia University Press, 2002, p. 2.

2 Deleuze, G. & Parnet, C.: *Dialogues II/Gilles Deleuze and Claire Parnet*. New York: Columbia University Press, 2002, p. 7.

生产出新的质素来。在两个物体相遇的那一瞬间，某种不属于两个物体中任何一个的特质被生产出来：它不会改变两者的本质，它只是停留在特定时刻的相遇的表面。这个过程就是新质素被生产出来的过程。

二、 阿多诺的非同一性

和马克思一样，阿多诺非常关注两个在他看来被同一性法则所支配的现象：商品交换和劳动者的工资。这两种交换形式的问题都在于它们是在平等表面所掩盖下的实质的不平等。但这不是对马克思的《资本论》所揭示的问题的一种学舌式重复。阿多诺声称，这种平等与不平等之间的不平衡状态是由同一性原则所造成的。并且，这种被假设的普遍存在的同一性同时也产生出来拜物教现象。除了坚持在经济学领域内的批判之外，他对文化工业的分析同样深刻地揭示了资本逻辑在制造意识形态幻象方面的肆虐。而彰扬非同一性，正是解决这个问题的唯一办法。

非同一性所反对的是主客体、思维与现实之间的直接的对等性。阿多诺通过分析知识获取过程中的同一性作用揭露了这个原则是在何种意义上成为第一性原则以及为什么这种第一性带有虚假性。阿多诺用“同一性思维”这个语词来意指被作为第一性的同一性接受的思维的形式。[1]他希望通过揭示同一性观念形成过程中的强制性机制来展示现代社会中的权力和统治的关系。在此基础之上，通过强调和凸显非同一性概念来反对这种强制。阿多诺相信非同一性概念可以通过引入主体与客体、思维与存在之间的差异性因素来实现思想的彻底自由。然而，阿多诺本人也承认没有直接的路径可以达到非同一性。在资本主义条件下，思想只能通过对错误的同一化进行概念性批判来努力趋向非同一性。

1　在阿多诺看来，这种思维与其客体之间的同一性预设了某种形式的费希特式的或黑格尔式的唯心主义。正如埃斯潘·汉姆（2006）所说的，非同一性“只能从救赎的角度来期待，而不是从历史内部的角度出发”。

在阿多诺看来，从哲学和认识论的角度来说，同一性原则已经变成了人之行为中的一种无意识。人们在思考过程中尚未来得及对它进行有意识地思考的时候就已经将它付诸应用了。不过，在社会生活领域中，同一性的真实体系不仅仅是一个观念性的存在，而且是对真实机制的一种有意识或无意识的反映。在资本主义现实中，这个机制就是由市场中的交换价值所产生出来的同一性总体性。但是，与封建社会中的外在的同一性不同，资本主义系统中的同一性不再是一种外在的强制，而是一种由主体和客体所组成的无意识结构。它是一种自发的、非强迫性的惯例（也正是在这个意义上，德勒兹将之称为“公理”）。在市场中起作用的同一性是同质的、量化的货币，而在现实中“公然藐视同一性的包容性的”则是使用价值。[1] 换言之，市场经济是现代同一性逻辑的真实基础，因为在这个机制中，所有不具有可比性的、独特主体都在市场中被物物交换原则同一化了。主体在这一过程中被变成了可交换的某种“东西”。在劳动力交易中，主体的价值是由他的劳动的价值，即工资来衡量的。而在商品的交换中，不同的使用价值被抽象成量化的价格；同样地，主体的具体的劳动也被抽象的劳动所代替。结果，主体在市场中丧失了其作为独立的人的尊严：对他的评价不再取决于他的才能或创造力或其他的品质，而是取决于一种外在于他的标准：货币-金钱。因此，同一性原则是在金钱（或资本）的形式中被实现的。这就是为什么阿多诺会说，“一个从客观角度为总体性而准备的世界是不可能解放人类意识的”。[2]

阿多诺对拜物教的批判同样也从形成机制的角度显示了同一性原则所造成的奴役。在这里，阿多诺明确地引入了黑格尔的逻辑：市场经济中的交换假设了“一种总体的概念，同时也假设了这个（虚假的）总体

---

1 Adorno, T. W.: *Negative Dialectics*. trans. E. B. Ashton, New York: The Seabury Press, 1973b, p. 11.

2 Adorno, T. W.: *Negative Dialectics*. trans. E. B. Ashton, New York: The Seabury Press, 1973b, p. 17.

中的一般（文化交换或资本主义体系）与特殊（产品及其消费）之间存在着错误的调和或总体性”。[1] 马克思所批判的商品拜物教中所运行的正是这一逻辑。

所有的这些拜物教形式都暗含了一种对物质（如商品、货币或资本）的误读，即认为这类物质有一种增殖的魔力。阿多诺指出，这实际上是把物质的社会属性与自然属性相混淆的一种错误做法。人们总是习惯于将它们当作一种中立性的客体，认为它们有自己的生活，与其他商品发生直接联系，但又独立于人类的相互作用之外。但事实上，人类的行为正是支撑一切商品的基础。因此，商品的拜物教实质上是物对人的统治——在马克思看来，它是一种在更高级的社会形态中应当被扬弃的异化。

为了刻画概念的同一性，阿多诺仿照马克思的商品拜物教概念，发明了另一个术语，概念的拜物教。他指出，前面他所提到的作为哲学真正旨趣的非概念性正是这种概念拜物教的对立面，但不是概念的对立面。拜物教这个语词在这里的使用意指一种已经发生的错误的置换作用。概念本身，作为人类理性的成果，并不是阿多诺所反对的东西。相反，没有概念，哲学思考就无从进行。并且，阿多诺认为，所有的概念（包括哲学概念）都指向一种非概念性，这种非概念性所体现的是一种经验主义意义。换句话说，概念本身不是自足性的，因为它们来自于现实。没有概念是自在自为的。在这个意义上，我们甚至可以直接宣称，非同一性正是内在于概念本身的。这就是为什么要把概念绝对化成具有第一性的元素是非常不合理的事情。概念的拜物教之所以被认为是一种同一性的暴力，其原因在于它通过把世界归结为它认为具有（假想的）无限性的逻辑命题或抽象概念，从而吞噬了整个鲜活的客观世界。

阿多诺对拜物教的这一批判与他对工具理性的反对是一致的。事实上，他的“概念拜物教”的提出就已经将马克思在政治经济学领域的批

---

1 Hammer, E.: *Adorno and the Political*. London & New York: Routledge, 2006, p. 76.

判延伸到了认识论上。阿尔布莱希特·维尔默指出，阿多诺在与霍克海默合著的《启蒙的辩证法》一书中对同一性逻辑的批判不但需要从心理学角度溯源，还要从语言哲学上探究和追问。因为“在工具理性的骨子里显示出某种交往实践，因为这对于语言意义的存在是具有决定意义的。这种交往实践既不能约减为某种自持的主体性，也无法约减为某种构成意义的主体性”。[1] 除此之外，维尔默还从自然科学发展趋势的角度肯定了阿多诺的这一认识论批判。因为，当科学越来越依赖于公理化的方法、高精度的仪器的时候，“工具理性接受了社会秩序的形式，在这一秩序中，人的主体性变成了纯粹的干扰因素”。[2] 而这，正是卢卡奇所描述的作为现实社会进程的物化的意识。

阿多诺对卢卡奇关于物化和异化观点的赞同是有保留的。他不赞成异化终将为具有革命性的工人阶级所克服的结论。对阿多诺而言，最大的问题在于，为什么在现代社会条件似乎有能力消除不公平、奴役和苦难的情况下，这些令人痛苦的现象还继续存在。他认为，这其中最根本的原因在于资本主义的生产关系已经控制了整个社会，并趋向极致，使得财富和权力出现了最大限度的集中。[3] 社会围绕着交换价值的生产被组织起来。没有人可以从市场中逃脱。

> 物物交换原则，将人类劳动还原为平均劳动时间这样一个抽象的普遍性概念，从根本上说类似于同一化原则……通过物物交换，非同一的个体和特性，变成了通约的和同一的。这个原则的传播迫使整个世界变成同一的和整体的。[4]

---

1 ［德］阿尔布莱希特·维尔默：《论现代和后现代的辩证法——遵循阿多诺的理性批判》，商务印书馆2003年版，第84页。

2 ［德］阿尔布莱希特·维尔默：《论现代和后现代的辩证法——遵循阿多诺的理性批判》，商务印书馆2003年版，第162页。

3 Adorno, T. W.: *Negative Dialectics*. trans. E. B. Ashton, New York: The Seabury Press, 1973b, p. 189-92.

4 Adorno, T. W.: *Negative Dialectics*. trans. E. B. Ashton, New York: The Seabury Press, 1973b, p. 146.

可以看出，阿多诺对拜物教的批判不是着眼于资本主义生产方式对工人的经济剥削，而是对整个人类思维的内在统治。因此，他对资本主义意识形态的批判不是一种对不公平的经济现象的愤恨，而是一种“内在批判”。非同一性正是抵御资本主义普遍性的武器。

非同一性命题所标注出的是阿多诺的唯物主义和黑格尔的唯心主义之间的区别，它旨在重建一种消灭了资本主义社会的支配法则的、主客体之间的新型的辩证关系。阿多诺并没有否认黑格尔所提出的思维与存在、主体与客体、理性与现实之间的思辨的同一性，但他怀疑这种同一性是否能以肯定的方式实现。事实上，德里达对于这个问题也有自己的思考。他认为，“作为自我中心主义的某种认同和具体生产工作，这种同一游戏具有某种否定性。这是一种有限的否定性，它是某种内部的、相对的变动，通过这种变动，我在其自身的认同运动中打动自己”。[1] 这其实也是对具有不完全的否定性的黑格尔辩证法的一个注脚。换言之，只有完全的否定、彻底的否定，才能通往非同一性。而这种极端的否定，从某种角度而言是无限定的、永不停息的，它从内部发力，撕开了严丝合缝的理性。也正因为如此，这种否定性的非同一性也是无法被叙述的，甚至连阿多诺寄希望的艺术本身，也“正变成为一种无明确界限的事件：在最坏的情况下，艺术是某种社会妄想；在最好的情况下，它则是一种仪式或典礼”。[2] 因此，对于阿多诺而言，才是天上地下，无处遁身。

三、内在差异：反对表征主义和同一性

德勒兹和阿多诺都致力于在同一性的世界中寻找到恢复差异的基始性的办法。他们认为绝对的同一性逻辑是导致法西斯主义的根本原因。

---

1 ［法］德里达：《书写与差异》上，生活 · 读书 · 新知三联书店 2001 年版，第 158 页。

2 ［德］阿尔布莱希特 · 维尔默：《论现代和后现代的辩证法——遵从阿多诺的批判理性》，商务印书馆 2003 年版，第 54 页。

然而，在对同一性的批判，他们的角度和力度各不相同。

与阿多诺对历史进行的“元批判”相比，德勒兹所走的是完全不同的一条道路。他没有将自己局限在一般性的经验概念和主客体之间的传统关系上。他通过使用一系列新型概念——力、奇异点、内在性平面等——建构起了一个先验性的框架。德勒兹（和加塔利）借用了康德的用法，把他们对精神分析的形而上学批判称之为“先验的”批判：它把无意识中的内在活动与形而上学活动区分开来。在《反俄狄浦斯》中，德勒兹（和加塔利）对不同的社会形态进行了历史分析。然而，这并不是一种马克思意义上的历史批判，而是为了证明，传统哲学的存在(Being)概念实际上是一种错觉，它压制了生产的欲望并使它陷入了表征主义的陷阱。作者的目的是将欲望从存在的限制中释放出来，使它能够自由地进入生成，而这种生成是创新的来源。因此，对德勒兹（和加塔利）来说，欲望的联系事实上就是对差异的肯定：它只能在创造或生产中展示和证明自身。他们用分裂分析来代替精神分析，描绘出了一种可以创造出差异的关于利比多和社会的新型的经济学。这一理论目标与德勒兹早期对差异概念的强调是一致的。而通过赋予差异以本体性的意义，德勒兹要颠覆的是以表征主义方式产生出来的思想的映像。

德勒兹的差异概念与阿多诺的非同一性概念之间有几点重要的相似之处。首先，它们都体现了一种自由因素。但这种对自由的理解必须在不同的意义上被解读。德勒兹描述了差异是如何内在于存在的每一个独异点，以及每个奇异点是如何将多样化的、区分性的因素包含在自身之内。阿多诺则截然不同：他的非同一性概念与存在的本质无关，揭示的是认知行为中主客体之间不一致的关系。但他们的重点不同。德勒兹坚持差异对同一性的优先性，而阿多诺则抨击了同一性思维的实证主义功能。并且，在反对同一性以及表征主义的同时，这两位思想家都不否认同一性的媒介作用。

德勒兹指出，现代社会使人们异化，将能力从他们身上剥夺。而真实的现实本身作为一个充满偶然性（哪怕是“必然性中的偶然性”）的领域，应当是变化和差异的流动。要肯定这种流变而非服从于因果律的必然的现实，我们就必须颠覆已经建立起来的同一性，开启不受限制的可能性空间，变成我们所能变成的一切——尽管我们根本无法提前知道那是什么。通往自由的实践道路就是创造。不过，这里的自由并不等同于行动的自主性或在特定的社会形式内追求自己利益的权利，而是与社会结构自身的变化条件相关。德勒兹在《差异与重复》中直接将差异与创新的条件相联系起来。因此，强调差异实际上就是将思想从固定的东西以及辖域中解放出来，这种自由是从理性所笃定的命运中的越狱和逃离。

借助差异和非同一性概念，德勒兹和阿多诺表达了他们对"表征"的世界的不赞同。换言之，在对"表征主义"进行质疑的过程中，他们两人之间出现了有趣的关联。而这正是在他们难以调和的特征之下的一种潜在的共鸣和默契，即他们对待客体的方式。

德勒兹把表征主义的世界当作同一性第一性的结果。从这个角度来说，表征主义的方式也是对差异的歪曲和抑制。表征模式没有办法触及和表达自在的差异，因为它的任何的表征形式所能够表达的只是特殊的、具体的差异而已，它们只是自在的差异的N多"面具"之一。正因为此，表征模式也无法触及思维语生活的真实根基，因为它是根据一些列由某种同一性形式所派生出来的范式和标准来组织思维的。所以，自在的差异实际上是对哲学、政治学、美学和伦理学以及社会中的等级制的、有机思想的完全颠覆。德勒兹自己就曾说，对自在的差异的强调是"产生出一个能够影响外在于所有表征主义思维的运动问题。它也是一个如何让这个运动成为一个没有中间环节的构筑的问题，是用直接的符号代替间接的表征的问题，是如何创造出可以直接触及意识的震动、旋转、涡流、引力、舞蹈或跳跃的问题"。[1] 表征主义的世界不能理解自在的差异，因为它是通过被表征的东西来衡量差异的。同样的，思想的映

1 Deleuze, G.: *Difference and Repetition*. trans. P. Patton, New York: Columbia University Press, 1994, p. 8.

像也是被这样制造出来的。表征主义认为思想对世界的映照应当是真实的、全方位的。但其实这不过是一种“概念假象”。它是通过一系列前哲学的假设构成了对思想的理解以及概念生产的特征。这其实与萨义德对表征主义危机的批判是一致的。后者认为，关于他者的知识本身不是自发和自在的，而是被建构出来的。它不仅是被“他者的他者”所建构，而且“他者”本身就是一种虚构，真正的他者存在于他们自身之中，我们永远无法企及——这与德勒兹对界外的描述是何等相似！因此，表征主义认为可以表征世界的不是真正的思想，而是他们所假想出来的思想的映像。

阿多诺对同一性的先在性的批判可以在他对实证主义和工具理性的批评中见到。在《启蒙的辩证法》中，他和霍克海默指出，工具理性和实证主义正是客体被具体化和被表征的方式。它建立起了一种虚假的等式，使得平等关系只与客体的特殊功能（工具化特质）相关，而与客体的内在属性无关。这种不合理的表征式的等式实际上是对互动式的中介作用的妨碍：它阻止了主体进入客体。其结果就是，世界被设想成与工具理性对它的表征一致的样子。这种由同一性的第一性制造出来的表征主义是极端保守性的，它除了为现状背书之外，别无它能。而这种保守立场，是不可能对任何陈旧的东西发出挑战的，从而抑制和扼杀了新质素出现的可能。

阿多诺的非同一性概念探索了我们在何种程度上可以拒绝表征主义。“在主客体之间架设的同一性越少，对认知主体以及他不被束缚的能力和公正的自我映照的要求就越矛盾。”[1] 非同一性概念同时强调了客体的优先性和主体到能动性，拒绝用一种工具化的方式来表征客体。正是在这个基点上，非同一性成了反对表征主义和创新的关键。“新的东

---

1 Adorno, T. W.: *Negative Dialectics*. trans. E. B. Ashton, New York: The Seabury Press, 1973b, p. 31.

西渴望非同一性。”[1]

另一方面，阿多诺对大众文化的批判其实也是对表征模式的一种拒绝。因为大众文化，作为一种意识形态过滤，制造出了不具有批判能力的一种镜像。而这种镜像本身的塑型取决于媒介控制者的意愿。这也正是法西斯主义在德国得以被广为接受的心理成因。由于这种表征本身的目的论色彩，它必然以剔除和掩盖差异作为手段。这不单单是纳粹意识形态的散布方式，也是整个资本主义社会的文化逻辑：它以强大的文化工业和媒体控制成为了表征理论最好的实例。也正是这个原因，导致阿多诺对一切形式的集体主义投了不信任票。因为集体作为一个利益总体，始终是以根除差异作为目标的。就这个角度而言，我们不单可以明了阿多诺对于极权主义的抗争，也可以一窥他对于阶级斗争表示出极度怀疑的部分原因。

正是从反对表征主义的这个问题上，我们可以把德勒兹和阿多诺的理论认为是对同一个问题的路径争论。而差异与非同一性这对概念之间的差异也在很大程度上暴露了两人哲学立场的对立。于是，一个问题就出现了：如何实现差异或非同一性呢？回答是另外一对概念：块茎和星丛，两种不同的关系性生产模式。

---

1 Adorno, T. W.: *Negative Dialectics*. trans. E. B. Ashton, New York: The Seabury Press, 1973b, p. 33.

关系性生产：德勒兹的“块茎”与阿多诺的“星丛”

差异和非同一性分别是德勒兹和阿多诺哲学的核心概念。它们体现了两位哲学家的一个共同的理论态度：反对同一性以及由同一性所引起的概念之间的等级关系。于是，一个问题自然而然地产生了，即：差异或非同一性是如何被产生出来的？在面对这个难题时，德勒兹和阿多诺不约而同地选择了用一种关系模式来应答。然而，这种关系逻辑并不是一种对关系的平面安排，而是一种以异质性为开端的开放模式：德勒兹的“块茎”和阿多诺的“星丛”。也就是说，当我们来思考“块茎”和“星丛”概念的内涵和意义的时候，需要建立在对上面这个问题理解的基础上。德勒兹和阿多诺分别希望借助于所提出的概念来比喻一种由相互联系的关系所构成的开放模型，在这个关系中，不存在凌驾于其他部分之上的某个单独部分，并且，在这两个模型之中，不同的部分相互作用、中介，并最终确定了一个网状的结构。这是一种新型的、松散的领域结构由严格的等级制度和线性关系构成的范式。两位哲学家都相信，这样的关系模式可以提供一种方式，使得差异或者非同一性可以在这种非等级制的交往互动中被生产出来。“块茎”和“星丛”的模式实际上绘制出了主体的可能性，这个主体本身是由既定所建构而又能超越既定的。而我之所以认为德勒兹的“块茎”概念和阿多诺的“星丛”概念具有可比性，是因为我相信作为两种旨在生产差异的关系模式，它们的交点又一次聚集在对由相互作用所带来的异质因素的重视上。不过，除了内在差异这个共同逻辑之外，这两个概念所体现的模式之间也有着非常大的区别：他们所强调的处于模式之中的各个部分的关系的方面完全不同。而这种区别则显示了两位哲学家对乌托邦完全不同的理念。

一、 块茎：意义域的建构

“块茎”这个概念是德勒兹和加塔利在他们合著的文本《千高原》中提出来的，用来形容一种四处伸展的、无等级制关系的模型。在这个文本的导论中，作者划分了三种类型的写作逻辑，在这其中，“块茎”模式被提出来反对“根-树”模型和“胚根”模型。正如德勒兹和加塔利在文中所写的：“块茎作为一种地下茎干，与木本根和胚根是完全不同的”。[1] 与“根-树”模式或“胚根”模式的二元逻辑的“精神实体”相反，“块茎”作为一种开放的系统，强调了知识和生活的游牧特征。“块茎”，从生物学特征来讲，是去中心化和全方位发展的，它是“根-树”的批判性的对照。在“块茎”的发展中，它不会追随任何固定的模式或路线。此外，它也不会被判断为任何一个特殊的器官（如根、叶、枝条和树干是完全不同的器官）；它仅仅是这个或那个球茎或突起，但仅仅是球茎和突起而已，与其他的球茎或突起在功能上毫无二致，所不同的只是所处的位置。球茎和突起都是块茎。尽管它们分别是特殊的个体，但从另一方面来说它们却又是同质的：它们起着相同的作用，也拥有同样的生产方式。它们的差异是区域和地理学上的差异。从这个意义上来说，一个块茎是在一个平面上发展起来的：它不断地延伸、发展，朝各个方向散射开来，形成了一个网络。这也是一粒草籽发展成一片草地的方式。但当我们面对着一整片草地时，却没有人能说出它是从哪里

1 Deleuze, G. & Guattari, F.: *A Thousand Plateaus: Capitalism and Schizophrenia*. trans. B. Massumi, Minneapolis, MN: University of Minnesota Press. 1987, p. 6.

生长起来的。而与之相反的是，对一棵树来讲，不管它长得有多高大，它总是在某个固定的点上，除非它被移植，但那又是被固定在一个新的点上。不管树的姿态是如何的奇异，没有人会搞错一棵树的生长地点。同时，树的所有器官在它生长的各个阶段都是可辨识的。你永远不会把一棵树的根与它的叶子相混淆。因此，树的成长是一个中心化、标准化的过程，它最终形成一个等级化的结构。

对于德勒兹和加塔利来说，“块茎”作为一个形象化的比喻，揭示的是反对组织建构中的总体化的倾向。作为《资本主义与精神分裂的第二卷》，《千高原》与第一卷《反俄狄浦斯》一样，详细论述了欲望生产的过程，这个过程挑战了为西方传统的国家哲学所鼓吹的模式。德勒兹和加塔利指出，“根-树”的比喻是根植于西方的思想和文化中的，而这种思想和文化认为，知识是现实的一种镜像，它是根据体系化和等级制的原则组织起来的。这也正是表征理论的问题所在。根据表征主义，在所谓的现实（根）的基础上，所有的映像形成了一个树状的结构，这种结构最终指向自我的同一化。这其实正是对多样化的表象（枝和叶）之后的“一”（根）的肯定。

从普遍化和本质主义的立场来说，这样一种知识的“根-树”框架显示了一种潜力，它可以消除假定由“一”所派生出的、并从属于“一”的多样性。诸如本质主义的树状结构是在二元逻辑的作用下生长起来的。这一逻辑正是西方传统哲学中认识客体和形成知识的内在法则。一个“根-树”的范式所体现的是一种表征主义的模式，它以二元论的方式对思维进行塑型。这正是德勒兹和加塔利力图颠覆的东西。在一个关于《千高原》的访谈中，德勒兹表达了他对莫瑞斯·布朗肖的开放系统的写作方式的青睐。他认为“块茎”正是这种开放系统的一个实例。按照德勒兹的理解，开放系统就是一个概念的系统，在这个系统中，概念与它们的条件相关，而与它们的本质无关。因此，概念之间不存在内在的等级秩序和固定的模式，相反，它们之间的关系取决于它们的条件，所有的元素都处于相互作用中。在德勒兹看来，概念与其条件是哲学应当研究的客体。而在开放系统中，因果的线性定律不再起作用。“块茎”本身拥有无数的线条和路径，它们可以通向四面八方。不过，这么多的线条和路径并不是从某个固定的“一”那里派生出来的，它们通过无数的结点和线条连为一体，并且，所有的路径永远都在生成之中。德勒兹和加塔利对“块茎”系统的定义强调了它的多维性。

上帝是喜欢线性因果律的，所以他说“我是阿尔法，我是欧米伽”[1]。而“块茎”则站到了上帝的对面，它的“从中间”——没有开始和终结——既打破了由时间次序造成的先后关系，也打破了由地域位置形成的中心和边缘。总之，一切的秩序都在“块茎”中消弭，它只是一个又一个的维度。N是趋向于无限的，因此它总是能不断地开拓出新的维度。这些维度决定了多样性的本质。作为结果，多样性随着维度的变化，本质也发生了变化。而“块茎”的维度纯粹是由线条构成的，“分割线和断层线”以及“逃逸和解辖域化之线”。[2] 事实上，德勒兹对线条的主题如此感兴趣，是因为他坚持线条是优先于二维平面和三维立体的，并且线条与线条之间不存在优先性，它们的联系是由连接完成的。[3]具有一致化特征的线条构成了“块茎”，它是“块茎”的条件，纯粹的条件。因为它们没有根据某种特定的同一性来安排线条的布展，仅仅是靠链接和联系创造出了新的质素。

“块茎”是依靠“联系和异质性原则”[4] 建立起来的。这是德勒兹和加塔利定义“块茎”时首先提出的两个特征。事实上，“块茎”是一个由线条构成的地图，它是一系列同步发挥作用的不同的线。“块茎”的任何一个点都与其他的点相连接。线条是沟通任两个点之间的桥梁。在

---

1 见《圣经·启示录》。阿尔法和欧米伽分别是希腊字母的第一个和最后一个。这句话的意思表明上帝既是开始又是终结，是时间中的永恒，是存在于时间之外的。

2 Deleuze, G. & Guattari, F.: *A Thousand Plateaus: Capitalism and Schizophrenia*. trans. B. Massumi, Minneapolis, MN: University of Minnesota Press. 1987, p. 6.

3 Deleuze, G.: *Negotiations, 1972 - 1990*. trans. M. Joughin, New York: Columbia University Press, 1995. p. 32.

4 Deleuze, G. & Guattari, F.: *A Thousand Plateaus: Capitalism and Schizophrenia*. trans. B. Massumi, Minneapolis, MN: University of Minnesota Press, 1987. p. 32.

我看来，对线条的强调本质上正是对一种生产性关系的强调。

在《千高原》中，德勒兹和加塔利用线条指涉一种构成了事物与事件的成分。他们把线条分成三种类型：刚性线、柔性线和逃逸线。这三种类型的线在功能上相互区别，每一种线都构成了一种特殊的空间或主体。要建立一个“块茎”，就是打破其他的会聚点和联结点，重新创造新的线条并将其联系起来。在这个意义上，一个“块茎”的组织实际上是一种结合、断裂和阻断的运动。众多的维度总是处于运动当中的，因为逃逸线是内在于“块茎”所建立起来的维度之中的。这就是为什么作者会说“块茎属于一种必须被创造和建构的地图，因为一个地图总是可分开、可连接、可逆、也可修正的，它有众多的入口和出口以及自己的逃逸线”。[1] 逃逸线是从压制和分层的力量中逃离的自由出口，它们在“块茎”中到处都是，并且能够在任何时间穿越边界线。因此，一条逃逸线可以被理解为达及界外的一种方式，因为它们可以导向任何方向，它们也就可以创造出超越已建立的局限的绝对的异质性来。我把这种异质性称为“绝对的”是因为它不可能通过归类或还原的方式从属于某个更高级的东西（同一性）。在“块茎”中，所有的线条和结点都是一致化无区别的。在优先性的意义上，它们相互独立；在现实的意义上，它们却是彼此相互联系的。并且，在这些线条和结点中不存在任何的等级秩序和定律。但是，正是这种异质性最终导致了绝对的异质性。

“块茎”是一种多样性。与二元逻辑所建构起来的树桩结构的伪多样性不同，块茎式的网状通过逃逸线肯定了纯粹的差异（异质性）。多样性“指出了一组不能被归结为其他的线条或维度”。[2] “块茎”是一个松散的系统，在其中除了连接和多样性原则外，别无他法。同时，多样性也是由纯粹的生成组成的，它能够不断地发展出新的连接。从这个角

---

1 Deleuze, G. & Guattari, F.: *A Thousand Plateaus*: *Capitalism and Schizophrenia*. trans. B. Massumi, Minneapolis, MN: University of Minnesota Press, 1987. p. 21.

2 Deleuze, G. & Parnet, C.: *Dialogues II/Gilles Deleuze and Claire Parnet*. New York: Columbia University Press, 2002. p. vii.

度而言，多样性是没有历史的。这也正是德勒兹对历史哲学的反证的一个出发点。并且，作为多样性的“块茎”中“既没有主体也没有客体，它有的只是决定、大小和维度，在多样性的本质不发生改变的情况下，这些东西在数量上也不可能增长”。[1] 这句话的意思表明，多样性不是一种数量上的增长，而是数量级和维度上的扩展。“块茎”事实上是一个占据了所有维度的连续性平面。因此，多样性是一个多元的机器而不是一个个体的集合。这个多元化的机器与创造了形式化逻辑的“根-树”结构的二元机器是完全不同的。它通过解辖域化的方式产生出了多样性。换言之，“块茎”的发展不是复制分叉或子系统；相反，它总是试图冲破既定的边界而不断地试图超越它。对此，德勒兹和加塔利说，“多样性是由界外来定义的：由抽象的线、逃逸线和解辖域化来定义。根据它们，多样性在本质上发生变化并与其他的多样性发生连接”。[2] 并且，作为突破口的逃逸线在各个方向都存在。它不是一种反对压迫性力量或秩序的被动的反抗，而是一种积极的、对自由和异质性的追求。因此，对于“块茎”而言，异质性和多样性的原则是相互交织在一起的，它们不能被割裂开来。异质性原则内在于多样性原则，而多样性原则是异质性原则的基础。

“块茎”也是一个流变的系统，在其中，虚拟不断地刺穿和侵蚀实在。也就是说，由逃逸线所勾勒出的虚拟从没有停止影响实在。最终的结果就是，“块茎”永远不是一个固定的存在，而是一个能生产出变化条件的生成。并且，正是这种刺穿和侵蚀的行为为“块茎”结构赋予了活力和流动性。“块茎”也为欲望的自由流动提供了场所。或者说，“块茎”是一个可以将欲望从既定中解放出来的机制。根据德勒兹和加塔利在《反俄狄浦斯》中提出的欲望机器政治学，“块茎”是一个无器官的

1 Deleuze, G. & Guattari, F.: *A Thousand Plateaus*: *Capitalism and Schizophrenia*. trans. B. Massumi, Minneapolis, MN: University of Minnesota Press, 1987. p. 8.

2 Deleuze, G. & Guattari, F.: *A Thousand Plateaus*: *Capitalism and Schizophrenia*. trans. B. Massumi, Minneapolis, MN: University of Minnesota Press, 1987. p. 8.

完全身体：它是生产性的，但却不会在其组织中被僵化。换一种说法，无器官的完全身体使“块茎”中的张力进入了一个自我同一的、永恒的生产模式。在“块茎”这样一个去中心化的结构中，欲望没有像在“根-树”总体性结构中那样被限制。它获得了被压抑性体系剥夺了的欲望的能力。然而，“一旦块茎被树化，它就完全结束了，再没有欲望可以被激发；因为欲望永远只能通过块茎流动和生产”。[1]

互联网是“块茎”的一个真实例证。它通过连接起作用并不断地膨胀。在互联网中，一个点可以和其他任何点相连接，因此，整个网络形成了一个非中心化的框架：它无法被归结为一或多。这种不存在等级秩序的连接使异质性的生产成为可能。因此它是非意指性的。互联网就是一个欲望可以自由流动的无器官的完全身体。

“块茎”实际上就是一个欲望机器的集合，它是以“和”的连接逻辑为规则的。这种逻辑，追求游牧的和非等级制的状态，对西方传统科学中的本质主义基础形成巨大的挑战。而后者正是试图通过一种确定的形式来肯定某种恒量。与此相反，游牧科学则旨在借助力和流、强度和速度的概念保留一种流变的状态。从这个角度而言，“块茎”是一种运动而不是实体，它可以渗透所有的维度，穿越任何的边界。

在德勒兹看来，知识和思维既不是对本体世界的再现，也不是对现象世界的再现，而是“块茎”的生产。思维总是在途中的，它是一种生成。因此，要研究“块茎”，并不是去问“它到底生产了什么?”这样的问题，而是去发现生成是如何发生的。从方法论上说，德勒兹和加塔利的“块茎”哲学拒绝了解释学或现象学甚至分析哲学这样的传统研究方法，因为他们在面对差异生成的问题上无能为力。如果说“块茎”哲学是实践性的，那是因为它总是在联系的基础上关注功能和条件的问题。

---

1 Deleuze, G. & Guattari, F.: *A Thousand Plateaus: Capitalism and Schizophrenia*. trans. B. Massumi, Minneapolis, MN: University of Minnesota Press, 1987. p. 14.

二、星丛：一个非同一性的乌托邦

“星丛”这个语词是阿多诺从本雅明那里借用来的。在本雅明的文本中，“星丛”是历史的一个替代模式，它与“进步”的线性模式相区别。与现代主义的“蒙太奇”相类似，“星丛”使过去的事件与过去的事件相联系，或者是将过去与现在相联系。它作为一种历史发展的映像，体现了从“神话”到真实历史观念的变迁。不过，阿多诺对“星丛”的使用与本雅明是在两个不同的意义上。他没有将这个概念局限在历史领域中，而是扩展了它的意义，用来指涉现象与现象之间或概念与概念之间的相互联系。阿多诺在有一点上是赞同本雅明的，而这也正是他借用“星丛”概念的原因：他们都认为“星丛”内部的元素之间的联系是对总体化力量的反对。阿多诺把“星丛”理解为一种辩证模式。在“星丛”中，元素所体现的并不是它们所表达的东西，相反，它们形成了一个网络或空间，在它内部，不断发生着变化的元素是平等地处于同样地位的，且不会被归结为某个中心。以天文学的星座为例，每个星座内的星星都是和平共处的。没有哪一颗星比其他的星更重要，它们共同形成了星座的图像。对这个概念的青睐是阿多诺哲学的一个重要的特征，它贯穿了阿多诺的一生。

作为一个比喻性的形象，“星丛”意味着“一群并列的、而非整合的变化元素，它们不能被归并到一个公分母、本质性的核心或第一生成原则之下”。[1]“星丛”是否定辩证法具体化的形式之一，它是作为反对概念的哲学体系的等级秩序和总体性的武器。“星丛”是根据差别原则、非同一性原则以及主动转化原则建构起来的。与本雅明的无时间性的、形而上学的“星丛”不同，阿多诺把“星丛”描述为一个由历史性的真

---

1 Jay, M.: *Marxism and Totality: The Adventures of a Concept from Lukács to Habermas*. Berkeley, CA: University of California Press, 1984. pp. 14－15.

实客体所组成的聚集体。[1] 在阿多诺那里，“星丛”的空间特征可以解释它的各个组成部分之间非线性的张力。他希望用“星丛”的模式将思想从固定的范式中解放出来，它开启了一系列的可能性。

> 对处于星丛中的客体的认知就是对在贮存在客体中的过程的认知。作为一个星丛，理论思维围绕着它想要开启的概念，希望它能像一个防护性能很好的保险箱索一样突然被打开：能打开它的，不是一把或几把钥匙，而是一个数目的组合。[2]

“星丛”作为一种思维范式，在它之中，概念不是被当作一个孤立的客体；相反，它是被置于一个强调与其他概念之间的相互联系和作用的力场之中的。这一系列运动中的交互关系构成了认知的客体，一个作为自由开放过程的客体。客体不再是一个单独的、封闭的概念，它不断地更新自己的意义域。一个给定的概念作为一个保险箱，正是在这个意义上有无数把钥匙。换言之，“星丛”的模型为认知客体赋予了无限的可能性。

阿多诺用“星丛”概念对黑格尔的世界历史的观念提出了批判。在黑格尔那里，世界历史是一部普遍史（universal history），它意味着历史是一个连续的整体，它被一个或多个基本原则所支配。按照阿多诺的批判性分析，这种普遍历史的观点在黑格尔哲学中所扮演的角色和数学的自然科学在康德哲学中起到的作用一样：它提供了一个基础，使得世界在这个基础之上可以被理解为一个连续完整的过程。这其实就是总体性的基础。因此，在阿多诺看来，黑格尔“把普遍历史想象成同一性的，仅仅是为了说明它的矛盾”。[3] 所以，正是在普遍历史观念的根基

---

1 Adorno, T. W.: *Negative Dialectics*. trans. E. B. Ashton, New York: The Seabury Press, 1973. p. 164.

2 Adorno, T. W.: *Negative Dialectics*. trans. E. B. Ashton, New York: The Seabury Press, 1973. p. 163.

3 Adorno, T. W.: *Negative Dialectics*. trans. E. B. Ashton, New York: The Seabury Press, 1973. p. 319.

上，世界获得了它的总体性。这个总体性是一种绝对的总体性，它被黑格尔认为是哲学的主体。尽管黑格尔哲学借助矛盾概念来将差异元素或多样性元素吸收进它的系统内部并使整个系统发生运动，但在阿多诺看来，这种倡导绝对总体性的哲学还是在试图用一种肯定的方式实现无限性。而这种肯定的方式，不可避免地要失去其批判的力量，因为否定是批判的内在要求。而通过矛盾概念所建构起来的黑格尔的辩证法系统因为不能够真正引入和容纳外在于它自身的因素，最终不幸地变成了一个封闭的体系。虽然它看起来像是一个“进步”或“发展”的动态过程，然而，批判理论对所有的封闭体系都投了怀疑票。因为拥有一种总体化的结束的体系杜绝了其自身自我更新的能力，而这种能力正是阿多诺试图用否定辩证法重新恢复的。

在黑格尔那里，范畴的自我反思的运动就意味着一个具有总体性的体系，而阿多诺的“星丛”概念正是反对这种由线性的自我观照所形成的体系的封闭性和有限性。原因在于，封闭的体系总是注定要结束的；而反体系的末端却是开放的，它不断地进行，不断地被更新，也不断地否定先前的状态。“星丛”正是这样的一个结构，它在各个特殊的部分的动态关系的基础上建构起了自己的动态领域。“星丛”作为一个反体系，是处于建构中、并且将要被不断建构的，这个过程没有任何的终结。一个思维的“星丛”通过构建一个力场来思考非同一性，这个力场是历史性的个体之间所建立的不固定的和平共存的关系。尽管这个概念是阿多诺直接从本雅明那里借用来的，但他却把尼采当作了首先形成了原创性的“星丛”概念的先驱。阿多诺说：

> 尼采晚期有一个批判性的判断，他认为真理并不是与无时间性的普遍相同一，相反它只是可以产生出绝对形象的历史性。这个判断在尼采自己没有意识到的情况下，成了他实践的法则……他不管一切想要冲破文化保守主义的牢笼，这种努力瞄准了历史实体的星丛。这些星丛并不是关于观念的一些普通的、可互换的例子，而是

以自己的独特性构成观念，使其成为一种历史性存在。[1]

"星丛"是一个装置，它可以创造出一种潜能，将其元素们直接性陌生化。这样一种疏离作用是通过元素之间的相互中介来实现的。在阿多诺看来，直接性的经验 *Erlebnis* 不足以产生一种对主体或客体的批判性意识。"星丛"的疏离作用正是激起一种关于其条件的批判的、辩证的意识。它将分离性的元素放在并列的位置，创造出了一个集合。这种集合不能被整合为一个统一体，相反，矛盾和不连续是它的内在属性。因此，"星丛"本身就意味着否定性。

因为阿多诺把"星丛"定义为否定辩证的批判模式之一，所以非同一性必然是它的核心原则之一。阿多诺借用这个概念创造出了一个由并列的元素所组成的并列的集合，以此来摧毁被既定的概念系统的总体性所同一化了的关系。在他看来，体系是隐藏了主体的黑格尔辩证法的源泉。不过，阿多诺仍然承认在主客体二分的基础上，主客体之间存在着相对的同一性。这种同一性是思维的基础，他所提倡的是这种相对同一性的前提——绝对的非同一性。这种非同一性实际上就是一个特定的概念体系的界外，即：思维的界外。并且，阿多诺特别提出要提防关于同一性的一种混乱思想，即"将客体的不稳定性变成主体的一个禁忌"。[2] 在他那里，内在于"星丛"概念的非同一性不是对所有种类的同一性的否定，相反，阿多诺希望实现的是相对的同一性与绝对的非同一性之间的辩证统一。换言之，"星丛"不是一个至高的主体，它是一种认知的方法或模型，它将思维的积极性与个体的物质条件以及经验背景联系在一起。在"星丛"中，"概念聚集在认知客体的周围，潜在地决定了客

---

1 Deleuze, G.: *Nietzsche and Philosophy*. trans. H. Tomlinson, London: Athlone, 1981. p. 231.

2 Adorno, T. W.: *Negative Dialectics*. trans. E. B. Ashton, New York: The Seabury Press, 1973. p. 161.

体的内部”。[1] 正是以这样一种方式，概念重新复原了在同一性思维中被从其自身切除的东西。也是在这个意义上，“星丛”的认知模型，和体系正好相反，它关注了在阿多诺所谓的“肯定”辩证法的统一因素中被牺牲掉的特殊性。“星丛”中成员之间的关系形成了一种力场，认知客体在其之上，通过各部分之间的互动交流和互补激活了内在于它本身的特质和活力。

“星丛”中各元素之间以共生的方式共存着。认知客体进入到这种关系之内，并发现了在它的表现之下的东西：不可合并的特殊性以及无法消弭的矛盾。阿多诺用语言的例子详细阐述了这个模型：

> 当它［星丛］从本质上看起来是一种语言的时候，它就变成了一种再现形式，它不会定义自己的概念，但通过将围绕一个事物的概念置于关系当中来赋予它们客观性。语言正是这样促进概念的目的，来完全表达它所意味的东西。[2]

同样地，“星丛”不会提供一个符号体系来界定认知客体的概念。它只是创造出一个平台或氛围，在它之上，客体可以被有尊严地表现出来。在“星丛”内部，不存在任何等级秩序或固定的关系某个环节的作用在于它与其他环节的交流性互动中。整个“星丛”呈现出一种流动性的特点。但是，这并不意味着“星丛”是一个不确定的、模糊的集合体，相反，“星丛”的各个环节之间类似于数学函数一般，形成一种动态的依存和应变关系。每个因素和环节都随着其他环节的变化而变化，但它们的整体却维持着一种动态的平衡。这种流动平衡的状态可以被一种自由的和思辨的方式来理解。这种“星丛”内部的共存关系和流动平衡从本

1　Adorno, T. W.: *Negative Dialectics*. trans. E. B. Ashton, New York: The Seabury Press, 1973. p. 162.

2　Adorno, T. W.: *Negative Dialectics*. trans. E. B. Ashton, New York: The Seabury Press, 1973. p. 162.

质上讲是辩证性的。它们打破了思想体系的具有强制作用的同一性和具有排他性的选择性。

并且，“星丛”作为一个认知模型，它不是固定的或完成的。因为“星丛”内部各因素之间的关系是动态的，这些因素本身也会随着社会和历史的条件发生变化。从这个意义上说，概念的“星丛”所试图抓住的是某个客体的社会和历史特征。事实上，“星丛”的模型是对条件的分析，它用动态的平衡取代了单一的本质。“星丛”强调的不是一个或几个的因素，而是由所有因素所构架起来的空间。换言之，“星丛”所表现的不是它的各个组成元素，而是由元素所形成的关系。这样的关系一定不是僵化的，它随元素的条件以及确定关系的条件而变动。因此，“星丛”可以被看作是它内部的所有关系的一个结合。关系外在于它的项，所以关系不可能解释构成关系的元素的本质。关系同时是对元素的直接性的反对，它通过疏离作用暗示了内在矛盾的存在。而这种矛盾正是一种无法可言说性，阿多诺认为这正是真正的批判哲学应该肯定和关注的东西。

某种不可言说的东西，或者说界外的力量，对阿多诺来说就是非同一性。因此，他的“星丛”概念也就意味着主客体之间辩证的非同一关系。由于阿多诺在主客体之间首先肯定客体的优先性，这个模型所反映的就是一种追问，即：在什么样的条件下才可能拥有关于客体的知识。正如阿多诺所论证的那样，真理，只可能存在于主客体之间相互渗透的“星丛”之中。[1] 所以，“星丛”不是在主客体之外的第三个环节，相反，我们可以从批判至高主体性和单一存在的角度来把握主客体之间的“星丛”。因为坚持至高主体性和单一存在的哲学总是试图强调一种直接的同一性。然而，“星丛”的模式却建立了一个主客体之间交往和互动的关系。“星丛”重视的是相互中介的作用。在它内部，一个中介总是被它已经中介的东西所中介。换言之，主体和客体是被概念的“星丛”所

---

1 Adorno, T. W.: *Negative Dialectics*. trans. E. B. Ashton, New York: The Seabury Press, 1973. p. 129.

中介，而客体的“星丛”在认知和思考的过程中已经被主客体所中介了。因此，主体和客体本身是被相互建构且不断建构的。它们既不是纯粹的主体，也不是纯粹的客体。相反，主客体之间的“星丛”反映了三个维度的关系：客体之间的关系，主体与客体的关系，主体之间的关系。这正是阿多诺的思维解放之路。

三、 关系中的概念： 生产的力量

在这两种新的模式中，每一个组成部分都被置于一个网络之中，条件的变化被解释为该元素与其他部分之间的关系变化。并且，这两种模式都不是静态地、再现式地对某种固定结构的描述，它们所表达的是一种生产的机制，这种机制通过不同组成部分之间关系的变化所引起的条件的改变创造出了新的质素。我们可以从三个层次上理解这两个概念之间的关系。

首先，它们都强调了异质的多样性，显示了对体系的总体性和等级秩序的强烈不满。“块茎”或“星丛”所布展的是由不同维度的力所组成的一幅平面的地图。从它们各自的语境而言，“块茎”是用来反对树状结构，而“星丛”则是反对一种线性的反映模式。而不论在树状结构中，还是在线性的反映模式中，二元逻辑都是构建整个结构的基础。在德勒兹和阿多诺看来，这一逻辑必然导致等级制。

然而，“块茎”和“星丛”都成功地避免了这些问题。在这里，一个“块茎”或是一个“星丛”都不是一个抽象的或先验性的系统，而是由经验元素所组成的模型。这两种关系模型强调的都是不同的元素和环节之间的交往和互动，并且，这种运动是永恒的，既没有开始也没有结束。德勒兹和阿多诺以关系作为建构存在的条件。因为一个存在的全部意义是在关系中获得的；它也不可能脱离关系而存在。在存在内部，也有着不同维度的力相互交织，它们彼此之间的关系和相互作用决定了该存在的本质。这种观点无疑受到了马克思的巨大影响，尽管德勒兹的“块茎”

概念所强调的远不止关系一项。上面的论证看起来简直就是马克思在《关于费尔巴哈的提纲》中所说的“人是他全部社会关系的总和”的翻版。在这个意义上，这两种新的关系模式可以被看作是对马克思的批判的继承。当然，德勒兹和阿多诺是在更动态的意义上强调了处于关系之中的存在的不断生成，而且，多样性正是内在于作为存在条件的关系的。

其次，这两种关系模式都开启了朝向界外的可能性空间。可能性空间是已经建立的辖域的一个新的维度，在这个空间中，真实的差异才有可能存在。正是基于这一点，这两种模式才可以被理解为生产机制。它们利用存在于自身内部的异质性因素创造出了条件和渠道，使得差异作为一种界外被生产出来。关系中因素不但决定了原有场域的内在一样，实际上也刻画出了场域的局限和边界。同时，它们也勾勒出了绝对的界外。换言之，这些因素不但决定了内在的局限性，同时也决定了界外的可能性。对于处在关系地图中的这些因素而言，支配它们的力是朝向各个方向的，它们因此也就具有了一种虚拟的力量，有希望超越出这些局限。于是，当关系不断地在生成和发挥作用，不断地超越原有的局限和边界的时候，新的事物就出现了。思维，从这个角度来说，的确是一种不断试图达及界外的努力。然而，界外本身没有任何的映像或所指，与内部的相对性比较起来，界外是绝对的。在内部缺失或无能为力的地方，就是界外，也就是说，它是由内部的极限和没影线所定义的。界外是作为一种边缘性世界而存在的，在这个世界中，差异（不同的观念和不同的客体）可以产生。

虽然德勒兹和阿多诺在知识形成过程上有不同的观点，但“块茎”和“星丛”的概念都成功地从界外引入了元素加入到新知识的生成过程。从对联系的重视角度而言，这两种模式都非常地近似于哈贝马斯的交往范式。[1] 不过，我对“*交往*”这个语词的使用是在不同于哈贝马斯

---

1 见哈贝马斯的《生产范式的退化》。在这片文章中，他将交往范式界定为生产范式的对立面。他认为生产范式是建立在启蒙主义主体中心化理性的基础上，而交往范式拒绝主体中心化的模型，以主体际交往性的互动为基础。

的以批判资本主义为目的的、主体际的交往的意义上。对德勒兹和阿多诺而言，“块茎”和“星丛”内部的元素之间的交往行为意味着元素背后的力之间的阻碍与干预。这两种模式都用生成代替了存在，从而真正地变成了生产的模式。“块茎”意味着本体层面上的空间和权力关系的生产和扩张。因此，我们甚至可以直接宣称，存在就是生产。然而，生产对于阿多诺而言，指的是历史性知识——即真理——的生产。相对于德勒兹的本体层面的生产，阿多诺更关注的是认知的运动。这一点重要的区别凸显出了“星丛”不同于“块茎”的意义，它作为一种批判模式，表达了对主客体关系的理念批判。然而，这两种模型都具有一种批判性的乌托邦意义。“星丛”概念揭示的是现实的动态特征，它的作用是在所有的客观性经验中保存了主体性。这种救赎式的目的是将具有历史性的真理从绝对的主体性中解放出来。在“星丛”中，思维就是去发现由“言说不可言说”的悖论所产生出来的张力和不连续性。这种思维方式可以有效地指出并超越再现主义思维方式的局限。

言说不可言说，本身就是一个乌托邦。与德勒兹的由逃逸线勾勒出来的类型学的界外不同，阿多诺把绝对的界外定义为不可言说的非同一性。这个界定从一开始就带有了很浓的乌托邦色彩，它实际上是为思维设定了一个永远也达不到的目标。换言之，阿多诺相信，哲学必须思考不能思考的东西，言说不可言说的内容。他设想这种看起来似乎很悖论的命题可以通过“星丛”的理想模式来实现。然而，在他对同一性的批判中，乌托邦或拯救都是不可能的。想象一个乌托邦的图景，实际上已经远离了乌托邦意义上的思维的本质，因为思维从本质而言就是同一化。因此，人们不可能以一种同一化的方式设想出一个作为绝对的界外存在的、不能被归结为任何同一性的乌托邦。在这一点上，它非常接近犹太人对描绘天堂图景的禁忌。

显然，德勒兹和阿多诺都试图建立一个凭借自身可以不断超越自身局限性的机制，而这种超越的行为是对已经被意识形态所同一化和总体化的东西的一种疏离。然而，“块茎”和“星丛”的模式却有着不同的实践意义。德勒兹和加塔利的“星丛”作为一种现实模型，可以通过对边缘性界外的重视而实现。在这样一种积极的模式中，由内在所勾勒出的局限可以被真实地超越。因此，既定可以变成不同于自身的东西。相反，阿多诺的“星丛”则更像一种乌托邦的形象，它只是对一种观念中的理想模型的表达。这与非同一性的乌托邦特质紧密相连。对直接性的疏离意味着一种拒绝调和可能性的矛盾的存在。阿多诺以及他的后来者们都没能为“星丛”模型找到一个真实的例证。我认为这是以元批判为己任的否定辩证法不可避免的结果。而这样一种区别也必然地影响了两位哲学家在政治立场上的取向。

事实上，阿多诺的否定辩证法的命题可以被理解为一种在拒绝内在总体性的综合的情况下保持黑格尔的辩证法的批判指向的努力。为了实现这个目的，他反对黑格尔克服矛盾的方式，因为它通过将对立同化在同一性中的方式实现了一种综合的扬弃。在这一点上，他与德勒兹的观点是一致的，认为非同一性不可能通过否定之否定的方式达成。然而，他与德勒兹不同的地方在于创造出非同一的差异的方式。对阿多诺而言，“非同一性不可能像某种肯定性的东西一样直接得到”。[1] 这个断言实际上强调了非同一性的否定性因素，并将其实现方式定义为批判。这种描述从本质上将非同一性定义为一种乌托邦蓝图，因为它否认了任何以肯定方式达及它的可能性。换言之，建构是没有可能的。阿多诺把否定的辩证法解释为带着矛盾思考。在他看来，肯定地思考只是背书，根本不是思考，因为批判精神是思考本身所固有的。尽管这最后的一句话没什么错，但这种对肯定性因素的彻底拒绝其实就是一种消解(undoing)，不管这消解的客体是什么。而这也是很多批判理论的思想家们所面对的困境。

德勒兹在一定程度上解决了这个问题。他反对这种什么也不做的消

---

1 Adorno, T. W.: *Negative Dialectics*. trans. E. B. Ashton, New York: The Seabury Press, 1973. p. 158.

解，也反对用“不是什么”的方式来定义差异，而这正是阿多诺定义非同一性的方式。他与德勒兹最大的区别，是做（doing）与不做（undoing）的区别。德勒兹的“块茎”模式协调了批判与建构之间的关系。借助这个模型，他彻底废除了一切形式的二元论模式，有效地克服所有的二元论范畴，诸如：矛盾、对立等等。这种新的模式就是建构主义。而建构本身就是创造。它是一种完全肯定性的行为。然而，这种建构本身不是盲目的乐观，它就是建立在批判性视角之上的。而所谓的批判性视角又是通过对经验的条件的关注获得的。它类似于德里达在论述解构哲学时所做的定位。德里达说，“解构哲学，恐怕就是以那种最忠实、最内在的方式去思考哲学概念所具有的一定结构的那种谱系，同时也是从某种它无法定性、无法命名的外部着手，以求确定那被其历史所遮蔽或禁止的东西，而这种历史是通过一些对有厉害关系的压抑而成就的”。[1] 而只有首先了解了这些遮蔽和压制是如何进行的，以及它们的对象是什么，有效的去蔽和建构才能成为可能。这也是我们在今天的社会现实和理论建设中所无法回避的问题。

---

1 ［法］德里达：《书写语差异》，生活·读书·新知三联书店2001年版，第13—14页。

拟像之“真”：德勒兹与鲍德里亚

在写下这篇文章标题的时候，我的脑海中一直萦绕着鲍德里亚引自《传道书》中的句子：“拟像并不是隐藏真理的那种东西——它本身是隐藏了一切皆空的这一事实的真理。拟像就是真理。”这样一种略带忧伤的论调并不是鲍德里亚一个人的独白。事实上，对于影像统治的忧虑贯穿了自20世纪60年代以来的大多数激进理论家。人们陷入了对真实的不在场的巨大恐惧当中。影像的过度滋生带来了对影像本身的疑虑——这其中的问题并不在于影像缺少真实性，而在于它们太真实了，真实到会被误以为就是真实本身（鲍德里亚将之成为“超真实”）。从对这种现象的思考出发，发展出了各种不同的社会理论：表征主义在此遭遇到了前所未有的挑战和攻击，关于真实的争论再次成为理论焦点。例如，德波在他的《景观社会》一书中就曾评论道，景观，或者说影像对生活的统治，已经成为一切统治形式之冠了。在关于情境主义理论的阐述中，德波对雇佣劳动、商品生产等等一切形式的等级结构提出了批评，但他却断言，只要这些形式和结构还在创造情境，它们就仍然可以发挥巨大的力量。他对景观在当代社会生产中的主导地位叹为观止，“资本变成为一个影像，当积累达到如此程度时，景观也就是资本。”[1]

---

1 Guy Debord: *Society of the Spectacle*. AK Press, 2005, p. 49.

一、 真实存在吗：拟像的狂舞

德勒兹和鲍德里亚都肯定了拟像在现代世界中的绝对统治的地位，同时，他们也都使用了“拟像”的概念。拟像，这在传统哲学用法中用来对真实进行否定，它可以追溯到柏拉图的“洞喻”中真实与幻像的对立。不过，这两位哲学家对这个概念的使用并没有延续柏拉图的理解，相反，对于他们而言，拟像是这个世界唯一真实的东西。这种对表面世界的经验主义的肯定不再试图在表层之下或之外寻找一个更加真实的本质或起源：世界就是表象的世界。从这一点而言，德勒兹和鲍德里亚的拟像理论都已经放弃了本质主义的主题，从对真实的形而上学讨论中解放了出来。这种理论倾向与其说是出于主观的爱好，不如说是对时代主题的肯定，是对现代性后果的反思。

但是，德勒兹和鲍德里亚在拟像问题上的共同点也就仅止于此了。在真实世界中“真实的”拟像的意义问题上，他们开始分道扬镳。与德勒兹对表面世界的无保留的肯定相比，鲍德里亚更像古典悲剧中的一个主人公，不断地哀叹着真实的死亡。反功能主义的鲍德里亚以悲叹的语调描述了一段拟像代替真实的历史。在他看来，拟像通过三个阶段逐步将真实取而代之，真实从世界隐退，最终甚至完全从存在中缺席了。尽管鲍德里亚不断地声称，在今天的社会中，没什么比拟像更真实，但他对影像和拟像的批判仍无可置疑地流露出对真实的怀旧。这也是整个现代性批判历史中，所有浪漫主义者的共同特征。他认为，由拟像所创造出来的超真实世界，固然已是一个不可逆的事实存在，却无论如何都是令人悲伤和绝望的。它导致当下世界彻底地陷入了碎片化。鲍德里亚写道：“因为真实只是一个概念，或一个原则，我用真实来意指与这个原则相联系的整个价值体系。真实的东西所暗示的是起源，是终结，是过去和未来，是一个原因和效果的链条，是一种连续性和合理性。没有这些因素就没有真实，也没有话语的客观结构。真实的消失是这整个星丛的紊乱。”[1]

这样一种声明看上去与尼采以虚无主义对价值的质问不无相似之处。在尼采眼中，虚无主义不仅是一种特殊的哲学现象，同时也是我们的遗产和命运，只有借助于它，人类的历史才得以发展。并且同时，虚无主义本身也是历史必然性的产物。简言之，尼采对虚无主义的青睐也恰恰反映了他对本质主义起源的憎恶：在我们为世界赋予形式之前，并不存在一个客观的秩序或结构。因此，接受虚无主义的人们不会去将实际存在的人类生活与某种永恒的、不变的、纯善的原则相比较，进而贬损人类生活本身。尼采相信，虚无主义发现了关于世界的全部真相：一切价值都是无根的，理性本身则孱弱无力。“一种无力感，一种万物的无效感油然而生。因此，虚无主义，作为一种对宇宙论价值的拒绝，同时也体现为一种彻底的无价值感。”[2]

与尼采相似，鲍德里亚则是用拟像的概念来提醒我们关注真实/真理的解体过程——即：最高价值和本质基础的贬值。正如威廉·帕雷特所说的那样，鲍德里亚实际上拒绝了将拟像当作一种应被真实克服的幻像的柏拉图式理解。在鲍德里亚那里，拟像从某种程度上而言是今天世界的存在方式。然而，这并不意味着鲍氏已经从根本上否定了真实的价值。相反，从他对拟像发展史的叙述中，读者可以清晰地辨出他对于真实存有的时代记忆的怀念，因为只有在真实在场的情况下，思考和话语才有获得意义的可能。鲍德里亚完全承认真实是激发价值的第一原则。在拟像的最初阶段，影像或副本是被依据本身创造出来的，真实这一根本原则占据完全的主导，不管它是否采取显性存在的方式。在这种情况下，经验的获得和对经验的诠释都与对真实的认可密切相关。它是连接感性认知与理性思考的先验原则。尽管最终真实被一场“完美的罪行”所谋杀，但这种缺席和不在场并不意味着它已经丧失了全部的力量和意

---

1 Baudrillard, J.: *Simulacra and Simulation*. trans. S. F. Glaser, University of Michigan Press, 1994, p. 26.

2 Nietzsche, F.: *The Portable Nietzsche*. trans. W. Kaufmann, Penguin Press, 1982, p. 26.

义。对于真实死亡的哀叹在很大程度上正是它存在的遗迹，这种哀叹甚至如祖先崇拜的信仰一般继续着它的影响。

当然，鲍德里亚的这种思乡病般的怀旧态度并不意味着他打算回到真实独尊的黄金时代。因为社会历史的发展本身已经从总体的层面上否定了可逆性。事实上，鲍德里亚对思想的影像的判断是十分精准的。他认为，拟像发展的历史在经验与真实之间展开了多重关系。他本身借助“拟像”这个概念来指涉文化和媒体的意义和象征，它们共同构建起了可被理解的真实。只有借助这种意义和符号化，我们的生活和共同的存在才获得沟通的可能。这些拟像并不仅仅是真实本身的中介，甚至也不是带有欺骗和假象性质的真实的中介；它们既不根源于真实，也没有遮蔽真实；它们隐藏的是这样一个事实：真实这样的东西实际上与我们对生活的当下理解并无关系。在这个意义上而言，生活经验仅仅与生活的表面相关。不过，在鲍德里亚看来，出于本质主义的形而上学需求，人类（包括他自己）在内心中仍然保有对真实的渴望，这就是为什么当真实已经死于“完美的罪行”中时，拟像却还要掩饰这种真实的不在场。当我们将真实的退场形容为一场“谋杀”或罪行的时候，恰恰因为在人类的意识中，这个彰显了最根本的先验统一的基始原则和起源早已获得了不可动摇的合法地位。即使是在一个拟像横行的世界中，这种情况也没有发生改变。换言之，在一些特定的方面，真实以其不在场的方式继续发挥着自己的影响。

从这个角度而言，鲍德里亚对拟像和表征主义的反对实际上是局限在传统哲学的二元对立范畴内。这与他对现代性和所谓生产主义的批判本质上是一致的。然而，这也正是他的理论困境的根源所在。世界的完全拟像化，对于鲍德里亚来说是一个历史宿命般的令人绝望的结果。宿命本身的无法抗争性使得承受宿命成了悲剧主人公唯一的选择。剩下可做的事情不过是戈德曼在《隐蔽的上帝》中所说的悲剧人的悖论式存在：过那种生活却不喜爱它。

但在这里需要强调的是，在鲍德里亚笔下，尽管拟像掩盖了真实的不在，但它所意味的不仅仅是先前价值（真实）的衰落和解体，同时还有对影像的重新评价。因为重新评价所需要面对的不只是先前价值消失这一事实，它所刻画出的还有先前价值消失的原因和方式。真实的隐退并不是作为一个物性的历史事件或本体论坍塌而发生的；相反，指向的是认识论层面上对经验的完全不同的认定方式。也就是说，鲍德里亚的理论兴趣并不在于指出原有的真实/真理已不存在于今天的现实生活中，而是试图描绘出认知模式的转变过程。拟像的时代以其过度繁荣的影像为标志，它们与符号的象征秩序鲜明对立；而在后者那里，真实的理念正是理解经验的坐标系。然而今天，这种坐标系的定位意义已经丧失：经验无需在与真实的比较中获得意义，它无需挣扎于和深层本质之间的联系，它被肯定为其表面。这种认知方式的转变是时代的主题，也是其巨大的阴影。它直接向人类的生存方式提出了拷问。

鲍德里亚这种痛苦却又饱含悲壮的浪漫主义情怀显然已经背离了尼采。与他对真实被“谋杀”的这一命运的苦苦纠结不同，尼采指出，对不得不进入虚无主义的最合适的回答就是，堕落是憎恨（ressentiment），不是为了给真实寻找另一个基础，而是为了解除我们与真实之间的奴役关系（极端虚无主义）。人们要有在纯粹的当下世界生活的力量和勇气。因此，尼采的虚无主义本身不但并不导致对生活的消极否定，反而是对生存世界的极大肯定。在他看来，这是对在“上帝死了”之后的世界中生活的唯一拯救方式。鲍德里亚显然没有能完全领会尼采对形而上学的这种彻底拒斥和对自由的极端肯定。尽管在最终的分析中，他声称真实从来就没有存在过，但在他看来这却是人类认识论上的一个悲剧性命运，是在“轻”与“重”之间的无所适从。因为如果说“真实”的存在是由意义和象征创造出来的“重”，影像的繁荣本身所带来的生存经验的碎片化和无根感是人类的形而上学需要所“不能承受之轻”。如何选择？鲍德里亚的浪漫主义情怀显然无法给他答案。

和这种悲情英雄的彷徨不同，德勒兹更好地践行了尼采的精神。在早期的著作中，德勒兹对表征主义的反对一览无余。在他的《哲学中的表现主义》一书中，他把“表现”当作一种现实（reality），这种现实并不从属于所谓的真实/真理（truth）。德勒兹肯定所有“表现”中蕴含的力量。对他而言，“表现”构成了表面世界，而表面世界才是唯一的存在。任何对它的深度性有期许的做法都是一种肯定既有的哲学上的本质主义。作为一个彻头彻尾的反柏拉图主义者，德勒兹反对将经验与真实对立的做法。更准确地说，他拒绝将真实本身当作一种实体存在。这并不是如鲍德里亚在拟像的阶段论中所描述的“真实在今天退场”的情况，而是在根本的意义上说“真实从来就没有存在过”：只有被建构起来的表面是真实的。尽管德勒兹也把这种表面世界称之为“拟像”，但这种用法也不同于传统意义，也和鲍德里亚有所区别。同时，为了与“表征主义”（representationism）相区别，他使用了“表现主义”（expressionism）来描述表面的建构过程。为了达到这个目的，他还使用了诸如：力（forces）、独异体（singularities）和内在性平面（the planes of immanence）这些范畴来构筑自己的形而上学架构。紧接着，德勒兹和加塔里又在康德的意义上，将他们对精神分析形而上学的批判称之为“先验”批判：它的目的之一在于区分无意识中的内在性因素和形而上学因素。在《反俄狄浦斯》中，这两位作者对不同的社会体系做了一个历史分析。这种分析本身虽然远不是马克思式的社会历史批判，但它却在方法论上与马克思不无相似：他们的目的是为了表明“存在”（Being）本身就是一种幻觉，它对欲望形成了压制从而使其陷在了表征主义的陷阱中。因此，必须将欲望从对“存在”的隶属中解放出来，使它能够更加自由地进入生成（Becoming），因为只有生成才能创造出新来。

德勒兹赞成康德知识来自于被构成的经验的观点，但对经验的来源，他却持有与康德不同的观点：德勒兹认为，经验并非一种主体性的意识；相反，经验是先验的。他设想出了一个前哲学的内在性平面作为自己理论建构的基础，这个生产性的平面决定了经验形成的条件。在这个平面之上流淌着众多的、不同方向的力，这些力不是固定的点，而是如同电流一般的能量流。“这些非个人性的、前个体的游牧独异体组成了真正的先验场域。”[1] 差异内在于这个场域，它们是无限的、彼此区分的构成性因素，是生成之源。这样一种对平面进行定义和描述的方式避免了由二元论引起的矛盾。运动和事件（Event）的无限性是这个内在性平面本身所具有的潜能。推动概念进入运动的内驱力不是对立的力之间的矛盾和转化，而是所有的力之间的相互作用：它们的相遇和截断。

正是在这一点上，德勒兹拒绝了传统的哲学史。按照他的观点，哲学史一直以来都是权力在哲学、甚至思想中的代理人。它导致了思维的无力甚至去势，因为“一种被称之为哲学的思想的影像已经历史地形成了，它有效地使人们停止了思想。”[2] 原因在于，当思维被一种以某种同一原则编织起来的哲学史所影响的时候，它已经暗中将不符合这种同一性的差异性素材砍去，从而丧失了其生动有力的可能。德勒兹把思维的这种情境归咎于二元论，或者更准确地说，归咎于辩证法。因为后者在他看来，完全是以二元对立逻辑作为基础的。因此，传统哲学史所青睐的一干对象，如：笛卡尔（思的二元论）、黑格尔（三段论和否定之否定），甚至包括柏拉图（幻像和真实），都成了德勒兹假想的论辩对象。

从这里出发，我们就不难理解德勒兹为什么会将存在的单义性（univocity of being）确定为自己的哲学的基本主题。这实际上已经是一个本体论的命题了。这种“实体一元论”（One-Substance）的命题拒绝了一切形式的中介，而中介正是黑格尔式的辩证法的核心运作。德勒兹对此的憎恶在于，在他看来，中介的作用事实上是一种抽象的替换，它将直接的符号变成了经过中介的表征。在这种替换中，原有符号的多重性被筛选过滤以至于简化扭曲，成了服从于中介的同一原则的投影，不复鲜活。尽管在某种程度上借鉴了斯宾诺莎，但德勒兹的“单义存在”

---

1 Deleuze, G.: *The Logic of Sense*. trans. M. Lester, New York: Columbia University Press, 1990, p. 109.

2 Deleuze, G. & Parnet, C.: *Dialogues II/Gilles Deleuze and Claire Parnet*. New York: Columbia University Press, 2002, p. 12.

的概念并不指向一个单一的本质或某个单独的物性身体。它其实是对差异和多样性的肯定。他说，“存在的单义性并不意味着只有一个同样的存在；相反，存在是多样而不同的，它们总是通过选言综合被生产出来。”[1] 选言创造出无限的差异世界，这其实也就是拟像世界被建构出来的过程。

从上面的论述中，我们可以看出巴丢在批评德勒兹的单义存在概念时所存在的问题。巴丢把存在解释为纯粹的多样性。[2] 在他看来，德勒兹和众多的古希腊哲学家一样，没有能解决单一存在所面对的绝对的“一”及其表达的多样性之间的矛盾。对于这个问题，巴丢认为：

“人们必须为坚持单义性的主题所付出的代价是非常清楚的：考虑到（存在和能指）的多样性是通过一种数字差异的方式排布在世界中的，而这种数字差异在它所指向的存在形式方面是纯形式的（思维、外延、时间等等），且在其个体化方面是纯模式性的，那么，它最终所遵循的这种多样化就只能是一种拟象的秩序。”[3]

但实际上，巴丢对德勒兹的误读在于他将德勒兹的拟像概念放置在了柏拉图的意义上，即：真实的存在之“一”与多样的现象（差异）之间的二分法。因此，他反对德勒兹所谓的单义性，认为在单义的“一”的逻辑之下所形成的多样性实际上只能是一种拟像/幻像。而德勒兹则将单义的存在本身定位在对差异的承认之上，因而这个“一”本质上已经将“多”内含在自身之中。因此，他所要解决的“一”与“多”的问题，实际上是自在的差异（difference-in-itself）与具体的差异（specific differences）之间的关系问题。这和柏拉图的“相论”表面上看起来有

---

1 Deleuze, G.: *The Logic of Sense*. trans. M. Lester, New York: Columbia University Press, 1990, p. 179.

2 在《世界的逻辑：存在和事件》中，巴丢用一种数学方式——集合理论——来说明存在的哲学问题。在他看来，存在不是一种名义上的单义性，而是一个空集，它实际上指向了多样性。

3 Badiou, A. Deleuze: *The Clamor of Being*. trans. L. Burchill, Minneapolis, MN: University of Minnesota Press, 2000, p. 26.

相似之处，但其实是有着极大区别的。在柏拉图那里，作为“多”的个别事物背后的“共相”其实是一种种属范畴，它将被概括出来的普遍概念视为唯一真实的东西。但德勒兹则不同。他将差异本体化，肯定作为本体存在的差异和具体差异的真实性。他借用尼采的“永恒回归”（他称之为“重复”）来诠释自在差异的存在方式。差异是“一”中的“多”，回归或重复的也是一种“一”，但它却肯定了多样性。内在性平面本身包含了无限多的元素，它们彼此间不停的相互作用生产出了新的质素，也就是差异。从这个意义上说，德勒兹所设想的这个先验的平台并不是某种固定的存在，而是一个生产系统，它由经线（运动的速度或状态）和纬线（强度）交织而成，不断被个体和群体构成和重组。这个生产系统克服了辩证矛盾在事物发展中的应用，以一种开放式的生产领域代替了黑格尔的综合。拟像不是虚假的、遮盖所谓本质的幻像，而是在这个平面上被生产出来的事件。拟像本身是无深度的真实，是具体差异的呈现，是在“自在差异”的每一次回归中的真实在场的东西。

从上面的比较中，我们可以发现，德勒兹的拟像理论要比鲍德里亚走得更远。他从根基之处摒弃了“真实”的观念，同时也完全放弃了对真实存在的追求或缅怀。尽管他也建构起了一个内在性的平面，但这并不意味着在经验之外存在着某种更真实的东西。相反，这个平面正是经验生成和出现的地方。拟像化本身是获得经验的一种方式。因此，拟像的繁荣不但不是一种无根的恐怖，德勒兹甚至将它视为经验对表征主义的挣脱，拟像开辟了一个具有无限可能性的空间。这样一种对拟像的积极解读完全体现出了尼采的光辉，尽管内在性平面的展开看起来似乎有点向形而上学倒退的意味，而这又是尼采极度厌恶的。

二、 楚门的世界：面对拟像，主体性何以可能?

鲍德里亚和德勒兹对拟像的这种共同关注反映出了一种彻底的经验主义立场，德勒兹更是自称从未放弃经验主义的原则。如果经验主义的特点可以被认为是对统治经验的外在原则的拒绝的话，那么德勒兹的哲学则是最严格意义上的经验主义哲学了。首先，先验场域并不外在于世界，而是在世界之中；它本身是现实的一部分，只不过不是以经验现象的形式出现的。用德勒兹的话来说，这是一种潜存，而不是实存。其次，先验场域的这种潜存性所意味的是不依赖于经验的知识的构成性形式基础。第三，在先验场域中，一切经验性的东西都呈现为一种无序。所有能力都必须将自己推到极致——感觉的极致、经验的极致、身体的极致、思维的极致——以达及先验场域本身。借助于内在性平面和存在的单义性，德勒兹试图阐明真实存在的条件，只有这样才能有效地解释个体，而不会堕入概念抽象或本体论抽象。

相形之下，鲍德里亚就是另一种情形。他的拟像论表面上看起来是对纯粹经验的肯定，但其对拟像化的论述却仍然显示出向“真实”与“虚假”的二元论的倒退。对他而言，拟像化，从本质上而言是以某些被生产出来的“真实”症候，来假装具有它原本不具有的东西，这种行为是一种对与真实之间的关系（尽管真实的影像本身也是被假想出来的）的重构。“相反，拟像化，是从等价原则的乌托邦中生发出来的，是从对作为价值的符号的极端否定中生发出来的，是从将符号当作对一切参照物的恢复和死刑宣判的行为中生发出来的。正如表征试图将拟像化吸收进来而将其解释为一种错误的表达一般，拟像化也将整个表征主义的体系包含自自身之内，使其成为一种拟像。”[1] 在他对影像不同阶段的描述中，表征逻辑在拟像的发展中扮演了重要的角色。鲍德里亚并没有遵从经典的经验主义方式，尽管他声称影像“与任何真实毫无关系”，但却仍然将真实设定为解读影像的参照。因此，当鲍德里亚宣布真实在很久以前就已被谋杀了的时候，他实际上肯定了另外一个事实：真实以其不在场的方式发挥着作用。他以对真实的怀旧作为一种中介，试图保

1 Baudrillard, J.: *Simulacra and Simulation*. trans. S. F. Glaser, University of Michigan Press, 1994, p. 6.

持"活的经验"与世界之间的批判张力。

德勒兹和鲍德里亚，或以毫无保留的颂扬、或以充满哀叹的批判，目的都在于将人们的注意力引到经验的多样性上。但这种相近的策略的初衷却大为不同。德勒兹强调经验在创造差异和变化上的能力，而鲍德里亚则将差异的繁盛归结为一个被操控的结果。这种根本性的不同也导致了他们在主体性和差异问题上的分歧。这种分歧同样反映了他们对尼采的不同解读，尽管他们两人都分别声称自己对这位天才般的哲学家是无比钟爱。

鲍德里亚和德勒兹都不承认独立的个人主体的存在。这当然与他们对现代性本身的批判密切相关，因为理性主体本身正是现代性的一个基本特征。德勒兹和鲍德里亚对主体中心模式的批判并不逊色于后结构主义者，例如，拉康对伪主体的批判。但这两者之间显然也有着显著的区别：是否扬弃主客体范畴成了关键点。德勒兹完全放弃了有意识主体的认知模式，将主体性原则转化到一个前个体的场域中，即：内在性平面。而鲍德里亚则否认了经验主体的能动性，声称具有欺骗性的主体性实际上是在主体和客体之间的假想的同一性中被编造出来的。

我们可以看到，即便这两位思想家经常会谈论被社会性建构起来的主体性这一话题，但他们所说的其实并不是同样的能指和主张。德勒兹的经验主义立场的起点是一般性的先验条件。主体和客体都只是这个先验性场域上的效果。这一命题是对休谟的主观性的一个修正。在德勒兹的《经验主义和主观性：关于休谟的人类本质理论的论文》的第一版中，他指出，"［传统的］经验主义的特殊基础在于：……没什么东西是先验的"。[1] 在德勒兹的解读中，休谟的主要意图是建立一个主体形成的基础。然而，在休谟本人的观点中，"没什么东西是先验的，因为这些原则仅仅是关于我们本质的原则"。[2] 这两处引文同时标注出了德勒兹方

---

1 Deleuze, G.: *Empiricism and Subjectivity*: *An Essay on Hume's Theory of Human Nature*. trans. C. V. Boundas, New York: Columbia University Press, 1991, p. 24.

2 Deleuze, G.: *Empiricism and Subjectivity*: *An Essay on Hume's Theory of Human Nature*. trans. C. V. Boundas, New York: Columbia University Press, 1991, pp. 111－112.

法论与休谟之间的联系和区别。要解释或分析主体性，既不能通过使它屈从于某种超验物质的方式，也不能直接将它指认为一种超验的状态。这两种选择都是将复杂的生成性建构的问题简单化成了垂直的直接性。而康德从本体层面上定义的主体则导致了意识主体与经验世界的分裂。结果，主体被置于了客体的对立面上；它变成了外在于经验世界的东西。这种二元论是德勒兹和休谟都希望打破的。然而，一旦抛弃了这种做法，个体主体如何在前个体平面上浮现出来就成了一个中心问题。把休谟描写为一个坚持主体性的哲学家，认为休谟为经验主义赋予了一种新的力量，使得它成为了一种关于关系的理论和实践。这种关系学说也是对具体现象的多样性的肯定。而休谟所创造的连接（association)、信仰（belief）和关系的外在性（the externality of relations）等概念解决了主体意识形成的问题。联系是一个自然原则，它是在两个事物之间建立相互关系。根据这个原则，新的关系和实体可以被生产出来。众多的关系则形成了网络。当德勒兹说在休谟那里关系是外在于处于关系中的项的时候，他的意思是指没有任何的超验原则将自己凌驾于关系之上，构成关系的项不行，将关系涵盖在自身之内的更深层、更高级的项也不行。因此，对于德勒兹而言，休谟的三个概念所强调的是一个建构主体的过程："在这三个原则的影响下，经验主体在意识中被建构起来；因此意识并不具有先于主体存在的特征"。[1] 事实上，德勒兹的这种解读在很大程度上是借休谟的幌子来布展自己的主体性学说。他认为，意识是一个单单由连接原则构成的系统。同时，意识在这个自然原则的影响和作用下，成为了所谓的人类本质。"当连接原则对意识产生作用的时候，经验的主体性就在意识中被建构完毕了。因此意识不具有先在主体的任何特点。"[2] 由连接原则和信仰的作用所建立的社会规范以及文化传统，

1 Deleuze, G.: *Empiricism and Subjectivity: An Essay on Hume's Theory of Human Nature*. trans. C. V. Boundas, New York: Columbia University Press, 1991, p. 29.

2 Deleuze, G.: *Empiricism and Subjectivity: An Essay on Hume's Theory of Human Nature*. trans. C. V. Boundas, New York: Columbia University Press, 1991, p. 19.

构建了主体性的存在。传统哲学认为先验主体所天然具有的情感、道德等等因素其实不过是解释主体性的因素，本身也是被建构的，并且，所有的关系都是外在性的，不是形成主体的必要条件。既不存在先于经验的“我”的意识，也不存在持续不变的主体，“我”的意识只是经验在某些时刻特定显示而已。离开了这些具体的条件以及关系，主体性则变得毫无意义。所以在他的理论框架中，既不存在主体也不存在客体，一切都表现为关系和连接，它们是力量流相遇和截断的结果。主体性的形成是一个无法预期的事件，它包含了变化的无限能力。如果用一种简单的方式来表述，即：主体或客体对于德勒兹而言根本就不重要，关键在于主体性如何从先验平面上被生成出来。主体也并不总是主体。它可以同时成为一个特定客体的主体和令一个特定主体的客体。德勒兹只关心在什么样的条件下，一个个体如何作为一个主体出现？怎样的条件构成了这种主体性？这其实已经是对传统的主客体二元论的一个重大突破，它挣脱了表征主义，并提供了一种全新的认识论。这也是为什么在今天的现代性批判的很多理论流派中，主体性概念都被认为是一种具有积极意义的后传统解决方案。

这种在非个人和意识的基础上来看待主体性生成的方式，使得德勒兹对自由的关注本身也具有了非主体指向的意味。因为在他看来，以人格化和主体化为特征的自由哲学都有其自身不能克服的缺陷。在《千高原》中，他严厉批评了现代哲学对主体的热衷。在他看来，康德哲学和黑格尔哲学，甚至是哈贝马斯的哲学，都倾向于将主体塑造成一个立法者，尽管他们所刻画的主体形象大不相同。在这种主体性思维中，这些哲学家无一幸免地陷入了一个“恶的循环”：“服从得越多，就越是主人。因为你所服从的只是纯粹理性，换言之即你自己”。德勒兹认为，即使撇开这些不同形式的主体哲学的逻辑问题不谈，其对自由的诠释也只强调了主体自由的一个维度，即：作为立法者的自由权力。他的哲学建构是要将人类从一切社会、历史、政治的约束力中释放出来。因此，德勒兹的自由哲学中并不谈论个人主体在拟像世界的自由问题，因为无论是个人还是拟像，都是作为内在性平面上被生成的“事件”出现的。德勒兹探究的是决定这些经验性存在的条件，并且，“拟像”之多不但不是扰人心智的幻像，反而是创造新的关系的能力表达，是自由真正的含义。

与德勒兹这种乐观情绪截然相异的是鲍德里亚对主体和主体性的绝望。在他看来，主体本身并不能真正成为一个能够生产出关于一切客体的知识的思维性存在；相反，主体本身是在它与社会的关系中不断被建构起来的：由于社会处于被目的性制造出来的拟像的控制之下，主体性的生成实际上也是在人为的操控中。这事实上是人类作为一个独立自为的思维主体的死亡。这样一种悲观的情绪使得鲍德里亚必须在一种两难的境地中作出选择：或是从一个被完全拟像化的世界中隐退，或是毫无批判地投入到“超真实”的情境中。前者对于生存个体的难度不言而喻，后者则丧失了一个理论家所该有的反思态度。在困境中，鲍德里亚最终作出了折衷选择，这种折衷是如此的浪漫主义，以至于也不能避免浪漫主义的苍白，甚至还带上了一些讽刺，即：努力保持我们灵魂的平静。然而，在真实不在、拟像肆虐的世界中，谈论内心安宁本身是一件多么令人啼笑皆非的事情。自由在此已无救赎的可能，它只能作为一种精神的乌托邦存在。

虽然在主体哲学的立场上有所差别，但鲍德里亚的理论选择不过是重复了他的前辈卢梭对现代性的批判，更没有超出阿多诺对大众文化工业情境下的主体性批判：他们都无法为积极自由的意识找到一个基点。“在现代生产条件主导的社会中，生活被表现为无数景观的堆积。一切鲜活的东西退居到表征当中。”[1] 所以，不仅是无产阶级，所有人的自由都在影像的横行中丧失了其形式和内容。这也是为什么鲍德里亚会在尼采宣称“上帝之死”之后再度宣布“人类之死”。在他看来，自由真正的问题不是对它内涵的界定，也不是去判断它的敌人，而是找到它赖以

1　Guy Debord: *Society of the Spectacle*. AK Press, 2005, p. 1.

生发的条件。然而，在拟像的统治下，他根本无法确定这些条件的出处。最终的命运是无处可逃。正如电影《楚门的世界》中，结尾的一抹亮色实际上也是似是而非的：当一切幻像被戳破的时候，留下的只能是一个无内容的形式出口。自由仿佛在那里，但，谁知道呢？

德勒兹和鲍德里亚在拟像论上的根本差异其实正是他们对现代性批判的不同立场的一个侧面。从这个侧面当中折射出的是对当代问题思考的迥然相异的问题式。当激进话语本身已经开始对为现代性寻找替代形式的做法开始反思的时候，如何从现代性和传统当中寻找新的内生的突破力量，对德勒兹和鲍德里亚的比较研究或许可以提供可供借鉴之处。

从“弱势”到“多众”

当西方激进左翼在政治实践上的沉默和无力越来越被广泛批评的时候，任何一种建构性的努力都显得弥足珍贵。正因如此，哈特-内格里以其“抵抗三部曲”所建立起来的抗争模式也就再一次引发了关注和争论。而这其中，政治主体性的形成则成为关键性的问题。继在《帝国》一书中概括性地描述了“多众”（国内也译为“大众”或“诸众”）概念的革命性创新外，他们更以《多众》的单行本完成了对马克思无产阶级理论的重构。然而，另外一点理论疑惑也由此而生：作为哈特-内格里政治解放主体承担者的多众，它的对立面是什么？为什么在谈到帝国主权形式下的阶级解放问题时，哈特和内格里并没有发展出相应的对资产阶级的重构？要解答这个问题，我们必须回到被他们有意遮蔽了的一个理论来源上，这就是德勒兹（和加塔里）。

一、 多众：弱势之“多”

熟读德勒兹（和加塔里）的读者很容易从哈特和内格里那里发现德勒兹的影子。从根本的理论态度到具体概念的使用、进而到政治解放可能性的生成方式，这种相似性几乎随处可见。甚至可以说，在剥除了具体的政治建构外，哈特和内格里用以构架自己体系的理论支撑很大程度上来自于德勒兹。但是，比较有趣的一点是，哈特、内格里两人并没有翔实地说明这种理论上的借鉴（帝国的“块茎式”扩展方式、多众的“解辖域式”抗争等等），反而是在不多的几处地方一笔带过地提到了德勒兹，甚至在某些地方还存在着误读。例如，当他们在《帝国》中说：“德勒兹和加塔里发现了社会再生产的生产能力（创造性生产、价值的生产以及社会关系、社会情感社会未来发展的生产），但他们的表述仅仅触及了现象的表面，把这种能力描绘成一个混乱的、充满不确定性，由不可把握的事件标出的领域。”[1] 实际上是把德勒兹（和加塔里）对于偶然性条件的强调误读成了本质上的不确定性，把一种关系性的生成模式彻底定位成了不可知论。另一方面，这种误读本身也并不是完全不可理解。以提供“替代的现代性”作为理论目标的哈特和内格里，旨在以彻底的方式改造世界，他们自然无法首肯反对一切既定体系的德勒兹以极端消解性的解辖域方式来完成永恒生成的去总体化和政治抵抗的做法。因为在他们看来，后者在政治实践上的力度远不如其哲学上的建构（不可否认的是，他们都从斯宾诺莎那里汲取了某种热情）。类似的问题和理论差异也反映在“多众”理论的建构上。因此，从对这一问题的分析入手，可以清晰地展现出从德勒兹的微观政治解放途径向哈特-内格里的激进政治主体建构的跨越，同时也有利于对哈特-内格里理论中的理论创新和逻辑缺陷进行反思。

“多众”（Multitude）这个词本身并不是哈特和内格里的原创，从斯宾诺莎、霍布斯直到黑格尔那里都有对“多众”的描述。但哈特、内格里并没有在一般意义上来使用这个词，而是借助它来刻画存在于帝国内部、与普通意义上的无产阶级有所区别的政治主体。它的生成摆脱了对是否占有生产资料的单纯依赖，反驳了传统的马克思主义哲学中“无产阶级”概念所具有的浓重的“工人主义”色彩，认为解放的前提并不再是重新占有劳动资料，不再是“对雇佣劳动的解放”，而是“从雇佣劳

1 ［美］哈特、［意］内格里：《帝国》，杨建国等译，江苏人民出版社 2003 年版，第 29 页，译文有改动，下同。

动中解放出来”。因此，“多众”这个概念本身已经离开了传统马克思主义阶级理论所钟情和依赖的政治经济学领域，进入了更为广阔的社会视界。当然，这本身正应和着帝国时代生命政治的全方位霸权的建立。作为反抗帝国权力的主体，“多众”不是一个边界固定的群体，与“无产阶级”这样的传统概念相比，它更具有广泛性，且处在不断生成当中。其范围不仅包括了产业工人，而且包括了边缘性的社会群体，如：打零工者、流浪汉、学生、妓女等等。由于帝国本身是奠基于多维权力网络之上的，因此，“多众”的反抗性不在于从一开始就成为另一个针锋相对的权力体系，而是进入资本主义权力的缝隙空间并占有它们，从而形成抗争的主体性。在哈特和内格里看来，这种生成过程在帝国权力中之所以可能，是因为尽管“帝国资本的确以不倦的决心攻击着多众的运动……然而即便这样，它必须小心地不去过分地限定多众的生产率，因为帝国也得依靠这股力量。它不得不默许多众的力量，因而其能够更加广泛地在全世界延伸，而压制多众的尝试的确是其力量矛盾和颠倒的体现。”[1] 并且，这种反抗性也不是体现在拒绝这些边缘性的身份本身，而是击碎将他们定义成这种种身份的社会权力结构，反抗资本对这种权力的主导。

其实，在德勒兹和加塔里的哲学中，有一个与“多众”极为接近的概念，这就是“弱势”（the minority）。从辞源上看来，这两个概念之间似乎大不相同。“多众”的词根“multi-”强调的是不能划归为一的“多”（霍布斯更是将其定义为对组织具有消解性的、无统一意志的政治存在），而“弱势”的“minor-”的原意则是“少数”，这一“多”一“少”之间，又哪里来的亲缘关系呢？实际上，德勒兹的“minority”之所以被翻译为“弱势”，而非“少数”，正是为了避免以数量来定义的一种误解，与其相对的是作为强势和主流的“多数”（majority）。“弱势”并不一定是数量上的少数，它和“强势”之间的相互位置更多是一种权

1 ［美］哈特、［意］内格里：《帝国》，杨建国等译，江苏人民出版社 2003 年版，第 377 页。

力关系之间的相对位置。对“强势”和“弱势”的定义并不侧重于它们对某种决定性的特征的占有数量，而在于它们的功能。“弱势”所布展出来的政治取向是对占主导性的权力关系的颠覆。从德勒兹对弱势因素与强势因素的区分来看，他本人是承认现实世界中的支配性价值的存在的，但却并不将价值上的差异单纯地解释为阶级立场的差异。在他那里，弱势与强势的区分是体现在各个方面的，人—动物、男人—女人、白人—黑人、成人—儿童、弱势文学—强势文学……它们所代表的是与强势和主流权力体系迥异的思维方式与力，是游离于既定体系的边缘和域外的差异。德勒兹自己在为“弱势”举例的时候，所列举的范围甚至大大超过了我所提到的这些，他说：“问题在于生成弱势既不是假装。也不是扮演或模仿儿童、疯子、女性、动物、口吃者或外国人，而是生成所有的这些，以便创造出新的力或新的武器来。”[1] 因此，生成弱势本身并不是变成某个边缘性的社会群体，或为它们做代言，而是不断地去反思和遭遇相对的两种权力构架之间的冲突和对立，使得弱势作为一种域外的因素对既定体系构成挑战，以便创造出变革的可能。可见，这种理论界定与尼采提出不能将主人道德与奴隶道德人格化的观点其实颇为接近。并且，弱势本身不是作为强势的同一性的某个对立面，而是一种对比，它恢复了同一性的强势所压制的众多的可能性，弱势本身也随着条件的不同而有所改变。德勒兹认为，哲学思考的真正力量并不在于它对客体的反映，而在于超越了当下的思维极限的外部的可能性世界。也就是说，在所有的对局限性的思维中，存在着一种“去辖域化”的运动，这种“去辖域化”既不是某种处于局限性之外的东西，也不是对局限性的犯界，它在现存的局限中出没，同时使其出现自相矛盾的状况。德勒兹哲学的大厦正是建立在这个基础之上的，他正是不停地寻求这种“去辖域化”的力量，这也是弱势因素的力量所在，它是创造性和多样性的源泉。

---

1 Gilles Deleuze & Claire Parnet: *Dialogues II*, Columbia University Press, 2002, p. 5.

从上面的阐述我们可以看出，哈特和内格里的“多众”与德勒兹和加塔里的“弱势”概念在所指内涵方面具有高度的相似性，德勒兹借“弱势”肯定了资本主义世界的内在差异。强势因素和弱势因素的区分虽然是相对的，但其实是对资本主义政治经济及文化逻辑发展的不平衡性的肯定。这种不平衡使得弱势因素总能以主流价值的界外的面貌出现。也就是说，界外是内在于资本主义本身的。而“多众”本身正是这种弱势价值所形成的主体性，是域外力量的政治权力实现。除此之外，它们还有一个重要的共同点，即：其组成的基本形式是独异体(singularities)。这是一个新颖的核心概念，它不再是原子式的个体主体，而是既内在地保持差异又被共同的生活条件联系成一体的独特存在。这是从数学和物理学中借来的一个概念（被译为“奇点”）。在几何中，它无限小且并不实际存在，但却可以从它发展出一维、二维、三维空间。在宇宙学中，它无任何体积，但时空曲率、密度和势能却无限大，被认为是宇宙生成前的状态，是宇宙的初始和出处。时空，开始于此处，亦终结于此处。大卫·哈维曾在文章中表示不明白为什么哈特和内格里要用这个概念来定义多众，并且认为它所具有的不可表征性使整个讨论非常暧昧不清。[1] 但事实上，这个概念正是哈特-内格里从德勒兹的用法中借鉴过来的。德勒兹在《差异与重复》中为了让自己的具有内在差异的“单义的存在”(the univocal being) 与传统哲学中的体现同一性的“一”有所区别，使用了独异体来定义“单义的存在”。这种独异体具有内在差异的特质，但它又不同于被现实化的个体，而是一种可以进入无限的能力，是在不断的重复和生成中被实现的差异性存在。德勒兹在概念上的这种创新是为了将存在从具体的主体性与客体性中解放出来，上升为一种可以随着条件变化的潜在的无限能力、一个纯粹的事件，它们在每一个被现实化的主体和客体中被实现。

---

1 见［美］大卫·哈维与哈特、内格里就《大同世界》一书所做的争论。*Art Forum*，48：3 (2009年11月).

哈特和内格里在德勒兹那里准确地捕捉到了独异体这个概念的关键性特征：不可表征的非个体化和进入无限的可能性。他们敏锐地发现，要将“多众”概念与传统的社会性主体（人民、群众、工人阶级、无产阶级）做出界划，这实在是再恰当不过的范畴。“多众”的组成者不能被归结为某种主导性的同一性，他们内在地具有差异，但却被某种共同的条件连接在一起，独异体之间的联系是对总体化力量的反对。作为统摄性的总体并不存在，它更不可能决定各个部分。相反，多众在对自身的特异性和差异的实现过程中获得主体性。可以说，哈特和内格里的这个借用与阿多诺从本雅明那里借鉴了“星丛”概念有异曲同工之妙。并且，这里其实传达出了“多众”理论对传统的无产阶级理论的一个创新之处：在帝国时代，以网络联接为基础的生产组织形式已经改变的整个社会，无论在经济上还是文化上，都不存在一种可以与资本力量整体抗衡的抵抗性力量，多众更多地是作为一个“开放的、广阔的网络”，“一个提供相遇方式的网络”[1]，从而使得其在平等表达和实现差异的过程中，不断地从资本权力的缝隙中延伸自己的“占有力”。

二、 多众： 向谁开战？

但是，一个有趣的问题出现了。当旨在塑造新的政治主体的“多众”理论被寄予厚望、甚至被形容为是对无产阶级理论的时代重构的时候，为什么哈特-内格里没有形成相应的对资产阶级的重构，甚至很少提及“多众”的对立阶级呢？“多众”到底是一种阶级构成还是后现代所热衷的文化现象呢？

要回答这个问题，我们就要将视野转向“多众”除独异性之外的另一个特征：共同性。如果说独异性的规定是哈特和内格里的“多众”与德勒兹的“弱势”概念的汇合点，那么共同性这一特质则是他们离开德

---

1 Michael Hardt & Antonio Negri: *Multitude*, the Penguin Press, 2004, p. xiv.

勒兹的内在性层面和主体性生成理论而转向社会经济生产与政治解放途径的分界点了。

在帝国的时代中，当非物质劳动逐渐成为后工业社会的劳动主导形式之后，资本作为一种内化的机制成为辖治个人主体和客观世界的权力话语。并且，这种权力的强大之处并不在于外在的暴力强迫性，而是裹挟着世界内生的要求，将它们卷入自己的涌动中。德勒兹所描述的资本主义社会的公理化的真正意义就在于，资本真正的魔力在于它通过镜像将所到之处的一切对象性存在变为它的同谋。尤其在今天，当整个媒体（不仅仅是传统的媒体，也包括新生发出来的网络社交平台本身）以阿多诺所批判的文化工业的方式存在时，它自身也成了资本运作的一部分。它们不再是自主地形成政治和文化意见的平台，反而成了商业性的。正如杰拉德所说，在从资本主义生产到一个以大众消费为基础的社会的出现这一转变中，不再有任何自主话语的空间。因此，当“多众”的独异性特质需要被作为一种解放力量在政治形式中被现实化为革命主体的时候，它就必须面对共同性（commonality）生产的可能性问题。共同性的生产是一个客观的范畴，它在很大的程度上决定了政治主体生成的合法性。正是在这个意义上，他们会说“只有当我们共享并参与进共同性，多众的民主才是可以想象并可能实现的”[1]。

这种共同性在经济特征上体现为共同品（the common）的生产。因为，离开共同品，具有内在差异的多众之间的相互交往和共同行动将难以想象。这种共同品既包括了作为全人类财富的物质世界的所有，也包含了全部社会生产（物质生产和非物质生产）的成果，关系性生产也不例外。多元化的差异的平等交流不但必须以共同品为基础，而且反过来生产出共同品。在这里，共同品的生产作为一种连接理论（theory of articulation），使得“多众”在社会政治的范围之内得以展开其反抗性的力量。因为当代社会的关键形态之一正在于，共同品的生产正成为每一

1 ［美］哈特、［意］内格里：《帝国》，杨建国等译，江苏人民出版社2003年版，第278页。

种社会生产形式的核心，也成为各种支配性劳动形式的首要特征。在这种新型的生产范式中，“因为劳动力的合作力量（尤其非物质劳动力）赋予劳动维持其自身价值的可能性。大脑与身体仍需要他者生产价值，但它们所需的他者并不必然由资本及其协调生产的能力来提供。如今，生产率、财富和社会剩余价值的创造通过语言的、交际的与情感的网络采取了合作的互动性的方式。”[1] 这种对合作性的需要，使得劳动更加呈现出集体性和社会化的特征。哈特和内格里的洞见性在于他们指出，在这个过程中，共同性不是某种现成固定的、被逐渐占有的东西，而是不断地被生产出来。并且，尽管帝国的多维权力结构使控制比以往任何时候都更加强化，但它对共同性的生产却日益失去控制。因为用以连接和形成非物质劳动的合作性网络本身就蕴含着消解资本逻辑的同一性的力量。以互联网为例，它通过连接起作用并不断地膨胀。在互联网中，一个点可以和其他任何点相连接，点与点之间完全是平行且同步的，不存在任何阻碍连通的等级构架。因此，整个网络形成了一个非中心化的框架：它无法被归结为一或多，因此无法被一种同一性的权力所完全控制。这种不存在等级秩序的连接使异质性的生产成为可能。因此它是非意指性的。互联网就是一个欲望可以自由流动的无器官的完全身体。互联网强大的生产能力已经不需要特别的证明，作为生产和流通二者的场所，它虽然不可避免地深陷于整个资本逻辑的席卷中，但其生产本身也是以凸显异质性为其根本特点的。而这种异质性本身正“具有潜在的无限性和区域上的不确定性”，这就是为什么哈特和内格里会说，“非物质劳动在展现其自身的创造性能量中似乎为一种自发和基本的共产主义提供了潜力”。[2] 正是多众在非物质劳动过程中的共同品生产成为全球民主可能性的支柱之一。

因此，多众实际上始终在与资本权力争夺共同性。资本逻辑发展的

1　［美］哈特、［意］内格里：《帝国》，杨建国等译，江苏人民出版社 2003 年版，第 279—280 页。

2　［美］哈特、［意］内格里：《帝国》，杨建国等译，江苏人民出版社 2003 年版，第 280 页。

核心方式之一就是不断地对社会原有的共同性进行私有化和商品化。新自由主义的盛行更是加剧和强化了这种私有化的程度。一方面，一切成为可被利用的自愿和贩卖的对象，有时甚至连解放的意愿也是如此（例如，很多伪女性主义的广告）。原本应当成为公共空间和自主话语的文化传媒也无一例外臣服于资本逻辑之下。另一方面，资本也从来没有放弃生产主体性的企图，这不仅通过国家（之前）和帝国（当下）的主权权力进行，也通过一切的公共资源进行和非物质项目（观点、图像、情感与关系）来施加影响，生产以及社会生活的所有方面被纳入生命权力的辖治之下。这种辖治用同一性代替了共同性，压制了反抗的主体性生成的可能。被资本这个大他者所定义的社会关系只可能生产出资本主义需要的主体性来。如同女性主义者宣称“我们不是生而为女性，而是被社会化成女性”一样，适应新自由主义的“心理人”同样可以被制造出来。[1]

可见，多众所反抗的对象并不简单地是帝国的主权或机制，而是促使帝国主权形成的资本逻辑。这是多众成为阶级的基础。因为“最基本的方法是把多众看成是所有处于资本统治之下劳动的人们的总体，因此才能把那些决绝资本统治的人潜在地当作一个阶级”[2]。新型劳动范式的出现正是使得生命政治成为当下政治领域斗争核心的原因。一方面，市场的匀质化已经毫无悬念，而另一方面，非物质劳动的产品（服务、电影、时尚、信息等等）大多具有一次性消费的属性，其差异化可以在平面和深度两个维度上无限地被挖掘，是绝佳的资本流通的理想类型。这使得它不但在获得乃至提高利润方面毫无问题，甚至以全方位渗透社会生活的方式成功维护并更新着资本主义的生产关系。从这个意义而言，非物质劳动霸权的出现的确为解决传统意义上的资本危机提供了一丝可能。但是，非物质性劳动所赖以存在的合作性基础自身蕴含着两面性：

1 王波：《心理学、生命政治与新自由主义治理》，载《国外社会科学》2014 年第 5 期。
2 Michael Hardt & Antonio Negri: *Multitude*, the Penguin Press, 2004, p. 106.

它如同一个不断地辖域化和解辖域化的开放体系，在公理化的同时也为终结资本逻辑提供了可能。在当代社会，非物质产品的生产影响和涵盖了社会生活的每一个细节。一切都可以商品化，因为在彻底的解码之下，前资本主义时代的一切依附关系被摧毁，所有被消解的符码通过抽象的等价交换的原则被“再辖域化到国家、家庭、法律、商品逻辑、银行系统、消费主义、精神分析以及其他规范化的制度当中”。但资本主义的解辖域化作用同时也构成了它自身的绝对界限，即：它的域外(outside)。这就是由合作性中的不确定性所导致的“精神分裂”（德勒兹和加塔里语）的可能。这种倾向产生于资本主义生产关系内部，但同时与资本的公理化逻辑相背离。“因此可以说，精神分裂症是资本主义的外部界限，或其最潜在倾向的终点，但是资本主义只有在抑制这种倾向的条件下才发挥作用，它推进或移动这个界限，用自己内在的相对界限去替代它，并继续扩大这个界限的再生产。”[1] 在哈特和内格里看来，“多众”正是将资本主义的精神分裂症倾向实现的唯一可能的政治解放主体。它不是多元差异的文化现象，而是对资本逻辑具有消解性的阶级(这一点与德勒兹是不同的)。它的历史作用不在于通过批判而推进体系的总体化过程，而是使得“反抗和颠覆帝国的斗争以及建立一个真正的替代物的斗争，将因此在帝国自身的区域发生”[2]。

但在论及“多众”的阶级性存在时，哈特和内格里确实没有明确地提出其对立阶级，也没有发展出另一套对资产阶级的重构。这里很大的原因是，作为资本逻辑人格化力量的资产阶级本身，其构成机制、结构方式以及使命并未发生根本性的改变。德勒兹和加塔里在《反俄狄浦斯》中将资本主义的核心运行方式概括为“公理化”。这种公理化能够把生成的内在性能力发展到极致，同时它的自我调节的能力也达到极致。和由生产范式的转化和变迁（非物质劳动的出现）所导致的工人阶

---

1 Deleuze & Guattari: *Anti-Oedipus*, University of Minnesota Press, 1983, p. 253.

2 ［美］哈特、［意］内格里：《帝国》，杨建国等译，江苏人民出版社 2003 年版，第 5 页。

级、无产阶级到“多众”的理论转换不同，“资产阶级”及其权力结构是资本主义的标准式的定在，它始终遵从资本逻辑的不变的、公理化的运行，资本形式的改变和发展（虚拟资本和金融衍生物的出现）并没有对其本质有所影响。因为晚期资本主义时期（帝国时代）的资本扩张方式虽然会改变一些边界，但却无法从根本上改变资本的界限，它必然沿着原有的逻辑进一步固化资本的辖域。所以，解放性的政治主体所直面的仍然是资本逻辑本身。

不过，在另一方面，我坚持认为这种叙述方式在某种程度上仍然有德勒兹的影响。当德勒兹在谈及“弱势”和“生成弱势”的时候，很少会言及与其形成对照的另一面：“强势”。他甚至说，根本不存在“生成强势”这样的东西，因为强势本身就意味着与既定体系中的规范或标准最相符合，它是特定的东西，是压倒性的“一”，是被体系确认了合法的主导性的存在。它与体系的关系是相同一的，因为它自身的地位必须有赖于它对既有秩序的维护。而“弱势”所体现的恰恰是从这种既定秩序中偏离的能力，它提供了一种可能性，对被标准定位的社会符码进行解辖域。“生成”概念内在地指向多元化，因此它必然地与“弱势”而非“强势”联系在一起。当这两者之间的关系被用来反射到“多众”及其斗争对象之上时，其间的家族相似已经不言而喻。

三、多众：乌托邦还是新的革命可能性?

尽管无论从概念的内涵还是从其外延的布展方式，哈特-内格里的“多众”概念很明显受到德勒兹-加塔里的“弱势”概念的影响，但其中也有着关键性的差异和理论创新，这种差异本身很好地解释了从《资本主义与精神分裂》的微观政治解放路径到《帝国》、《多众》、《大同世界》的政治主体反抗模式的转变。另一方面，从这种差异，也可以解读出哈特、内格里二人对德勒兹采取的有意识的误读，以及他们投注了过分热情的“多众”理论构架的局限性所在。

德勒兹以及加塔里在布展有关“弱势”的论述的时候，几乎只花费了很少的“笔墨”来对“弱势”本身进行定义，他们更多的是强调“生成弱势”（包括“生成女人”、“生成动物”等等）这样一个建构性的关系反思模式。弱势因素，或者说边缘性因素，是被占统治地位的意识形态所排斥的东西（它与强势之间的关系不一定是二元论式的对立，而是一种非对称性的不同），但它却是能够反对强势因素的革命性环节。“生成弱势”是一种避免法西斯化的方式。在一个统治机器中，弱势因素扮演着虽然弱小但却十分突出的角色，因为它预示了变化的方向和可能性。弱势因素并不必然的是强势因素的反面，它只是强势因素所忽略的东西。它是在某种条件下可以发挥作用的虚拟性力量。齐泽克曾这样描述他的乌托邦理念：“乌托邦与想象一个不可能的理想社会毫无关系；乌托邦的特征，实际就是构筑一个无空间的空间，一个位于现存社会范围之外的社会空间”。[1] 从表面上看起来，这一界定似乎与德勒兹的“界外”思想有类似之处：它们似乎都强调不容于现存社会的某些价值。齐泽克所举的例子——巴西的卡努杜斯（Canudos）城、巴拉圭的“耶稣约合会”或者秘鲁的“光明之路”——似乎也验证了这一点。但事实上，这两者之间还是有根本性的区别。德勒兹的“生成弱势”寄希望于边缘价值对主流价值的渗透以及主导体系自身的去辖域化（虽然它本身也是一个再辖域化的过程），而齐泽克则更强调这个社会空间相对于主流空间的独立性，这也就是为什么他能够肯定乌托邦的现实性。但这样一种丧失了乌托邦原有维度的乌托邦，是没有未来的。

德勒兹将这些弱势因素视为革命性的力量，是从微观政治解放的角度着眼、试图通过“生成弱势”而在社会生活的各个方面抵御同一化的大潮（它表现为强势因素的不断巩固和同质化扩展）。这也正是邦达斯（Bondas）所说的“局部的可理解性原则”。在我看来，这种微政治的界

1 ［斯洛文尼亚］齐泽克：《伊拉克借来的壶》，涂险峰译，生活·读书·新知三联书店 2007 年版，第 21 页。

外观可以被认为是列斐伏尔于20世纪40年代所提出的日常生活批判的一种改版。主体性在不断地与具有分子倾向的弱势（界外）产生折叠，从而产生出不断的变化与更新，抵制了克分子的强势价值的驯化。所不同的只是，列斐伏尔通过对日常生活细节的微政治含义的剖析，反对的是人的异化。这里所体现的是青年马克思的人本学逻辑。而比列斐伏尔晚了20多年的德勒兹显然抛弃了这个角度，他看到了这些微政治角度中被权力所捕获的东西（从某种意义上说也就是列斐伏尔所说的异化），而对之以局部的去辖域的方式。这样做的意义是从微观的角度将这些为权力所禁锢的因素释放出来，在欲望而非知识的层面上使占主导地位的权力关系与其他的社会装置联系在一起。而当总体性的政治革命已经成为不可能的时候，微观政治的角度更容易在权力的缝隙和节点上获得反抗的支撑与立点。弱势反对的不是对弱势的定义，而是强势对弱势的规训，是强势对弱势欲望的截断和阉割。

德勒兹这样的理论态度其实希望借助于先验性层面（plane of immanence）的建构，将主体性的生产与非人格化欲望的自由流动联系起来，实现具有创造性的反抗主体性的生成。在这里，“欲望”并非一种精神性的存在，也不是由匮乏所引发的心理渴求，而是一种现实的、非个体性的社会存在。欲望是由具体的社会和历史条件所决定的。它是生产性的、积极的、主动的、创造性的、非中心性的、非整体化的。欲望是和尼采的意志相类似的一种创造性力量，它具有革命性、解放性和颠覆性，和被驯化的知识完全不同。为了解决主体性生成与散落的欲望之间的关系，德勒兹和加塔里原创性地提出了一种联接理论，即：“欲望机器”。机器的特点在于它是由不同的零部件通过相互的连接而构成的，而一些零件本身也是更小型的机器。德勒兹希望通过这种形象化的概念来强调联系的无所不在和重要性。欲望机器以“和”的连接逻辑为规则的，它追求游牧的和非等级制的状态，这对西方传统科学中的本质主义基础形成巨大的挑战。菲利普·古德查尔德（Philip Goodchild）很好地理解了这一点。他指出，只有当思维、情绪、身体等层面彼此相互作用的时候，德勒兹哲学中的欲望才能获得其完整性。世界是由相互联系的欲望机器建构或组成的，它们在回流中的运动——流动、阻碍和合流——创造出了新的欲望之流，每一个流都通过限制或干预的方式切断了其他的流。这样一种由欲望机器联接而成的多流体的世界有效地从建构主义的角度说出了主体性的出现：它来源于欲望机器的投入。德勒兹的“生成弱势”和“欲望机器”的理论不是在一个私人的、非政治的领域内，它贯穿了权力和欲望所有纠缠的形式，而后者影响着日常生活的所有方面。

这种将主体性与个人主体和集体主体剥离的解放哲学在某种程度上与拉克劳、墨菲的激进民主政治理论形成了呼应。后者在《霸权与社会主义的策略》一书中提出了要放弃主体性的阶级斗争，利用新社会运动的力量，实现激进的民主和多元民主的政治。这种颠覆了经典解读模式的后马克思主义理论反映了在晚期资本主义社会条件下对新的同一性的反思。德勒兹试图奠定差异的本体性地位正是要求在最大程度上实现多样性，这也正是激进民主对新形势下政治实践的探索所追求的目标（尽管两者对于多样性的指向有不同的强调）。他们都在理论上提出了增强社会宽容度的策略，这既是后现代社会不断进步的标志，也是经济上实现全球化的晚期资本主义维护自我的体现。但拉克劳和墨菲的这种激进多元民主与德勒兹的微政治的自由途径不同的地方在于，正如齐泽克对前者的批评那样：“他们［拉克劳和墨菲］假定了一个（霸权的、性别述行的……）抽象的、先验的、形式的模式……他们都潜心于一种‘伪造无限性’的逻辑之中：没有最后的决定，仅仅是无休止的复杂的部分移置的过程”。[1] 而在德勒兹那里，自由或解放的持续性从来不取决于任何先验的形式，而在于不断地“生成弱势”的逃逸线上。

这里的理论建构与哈特和内格里的最重要的区别在于，前者所强调

---

1 ［英］拉克劳、［斯洛文尼亚］齐泽克、［美］巴特勒等：《偶然性、霸权和普遍性》，胡大平等译，江苏人民出版社 2004 年版，第 112 页。

的生成性过程实际上并不是形成一个集体式的定在（尽管他们把这个集体主体定义为生成性的），它更多的是一种深刻恒切的反思的关系。“生成弱势”并不是变成弱势本身或者为弱势代言，而是通过对弱势价值的肯定，不断地反思和加深作为标准的强势之间的鸿沟，这是一种生产性的创造过程。但哈特和内格里对此的借鉴显然有了某种本质主义的改变。尽管他们在批评福柯由于忽视了对系统动态特征的重视而未能抓住“生命政治社会中生产的真实动力”时，高度肯定了德勒兹和加塔里的“建立在社会存在基础”上的机器生产的创见，不过，他们并不满意德勒兹他们的微观政治解放的途径，认为在这样的抗争方式中，“社会生产的创造性成分激进本体论依旧无足轻重、软弱无力”[1]。哈特和内格里为自己设定的理论任务是“确定集体生命政治体的新形象”，即：作为阶级的多众。因为唯有这样的政治主体性，才能有效地完成特定的政治计划，“将在正在出现的条件基础上变为存在”[2]。所以，虽然他们在这里并没有忘记德勒兹理论的精华，将“多众”定位为一种“一直存在和尚未到来”的“潜存”（德勒兹语），但是却仍然避免不了要面对作为政治力量的“多众”需要组织化的问题。哈特-内格里抽象地将这一过程形容为“通过独异的社会个体的合作来形成组织化”[3]，却始终没有能解释清楚这种“合作性的社会交往”与普通个体或群体之间的社会交往有什么不同。

有学者提出，哈特、内格里在定义作为阶级的“多众”概念时所犯的错误在于“阶级的经济基础被取消，共同的反抗斗争成为阶级标准”[4]。我不敢苟同。因为实际上，当生产范式由物质劳动向非物质劳动转换时，所谓的经济基础的衡量方式也必然要发生改变，不能再单纯地以对物质性生产资料的占有来确定。何况这里所谓的“共同的反抗斗

1 ［美］哈特、［意］内格里：《帝国》，杨建国等译，江苏人民出版社 2003 年版，第 28—29 页。

2 Michael Hardt & Antonio Negri: *Multitude*, the Penguin Press, 2004, p. 221.

3 Michael Hardt & Antonio Negri: *Multitude*, the Penguin Press, 2004, p. 222.

4 张早林：《从“诸众”到“共有者”》，载《南京社会科学》2015 年第 7 期。

争”本身指向的就是资本的权力体系。所谓的“政治主体”正是在这种共同的经济抗争中形成的。

不过，被提出的这个问题却导向了另一个维度的思考，即：共同品的生产本身是否足以作为有力的联接，形成政治主体产生的基础？拉克劳对这个问题的回答是否定的。他认为，多众理论实际上并没有解决如何从帝国内部形成自发的组织化的问题，其中缺失了本体论决定的环节。这固然与拉克劳本人不同的政治主张相关，但其实代表了大多数对“多众”持质疑态度的学者的问题：在不采用政党形式的前提下，独异的、无政府主义的“弱势”真的能转变成革命主体“多众”吗？或者，以哈维的话来说，“构成多众的独异性如何或者为何就能支持而不是破坏或腐化以感受、图像、信息和符码的世界表现出来的共同性？”[1] 令人惋惜的是，无论是在《多众》一书中面对“过于乌托邦化”的指责的回应，还是事后对于拉克劳的批评的还击，内格里还只是貌似无辜地说：拉克劳没能理解异质化的多众个体之间的“张力”以及将经典的马克思主义简单化为资本主义条件下的社会阶级斗争而已。[2] 这当然是一种托辞，因为在阿多诺借用并发展“星丛”概念时，已经以一种并存的、非等级化的辩证关系来解决了所谓的异质个体的“张力”问题了。但问题是，“多众”并没有能形成类似“星丛”的联接装置，来有效地展现所谓的“张力”。这也就可以理解为什么相对于《帝国》的大放异彩，《多众》一书却争论四起。究其原因，当内格里希望继承德勒兹的“弱势”的独特内涵、却又将其剥离出其游牧式斗争方式的微观政治语境时，没有很好地解决内在性层面上的“欲望机器”的生产与现实的政治诉求以及价值客观化之间的关系问题。

激进理论所面临的理论困境远远不再是为资本主义寻找一个平面替

---

1 见［美］大卫·哈维与哈特、内格里就《大同世界》一书所做的争论，*Art Forum*，48：3 (2009年11月)。

2 Antonio Negri, “Negri on Hegemony: Gramsci, Togliatti, Laclau”，见2015年5月27日在巴黎 *Maison de l' Amerique Latine* 所做的演讲。

代物这样的主题。当文化、伦理建构终究要迈向反抗资本权力的经济政治主题时，马克思的相关性可能并不如有些人想像得那么遥远。主体革命的可能性，始终不能在脱离了社会关系基础的条件下，单纯地考虑内在性力量。但无论如何，哈特和内格里的理论尝试毕竟在批判的传统之下恢复了建构性的尝试。只是在这个方向上，还有更多的路要走。

隐蔽的上帝：关于存在的游戏

——论戈德曼悲剧观的形上意义

20世纪四五十年代，与英美新批评理论的狂飙突进形成鲜明对比的，是法国文坛依然固守着从圣勃夫、泰纳到朗松沿袭下来的传统的实证主义批评方法，毫无变革。此时，结构主义热潮尚未形成，只有崭露头角的社会学批评的出现才带来了一丝足以冲破死寂的躁动的气息。其代表人物吕西安·戈德曼，借助于对康德、黑格尔哲学原则和马克思主义的运用，同时接受卢卡奇早期著作《心灵与形式》、《小说理论》以及《历史与阶级意识》中的观点，提出了"文学辩证社会学"的批评方法，成为卢卡奇文艺理论的主要继承人。1956年出版的《隐蔽的上帝——帕斯卡尔〈思想灵〉和拉辛戏剧中的悲剧研究》一书便是他这一学说的逻辑展开及论证，从中反映出他对现代社会中人的生存方式和马克思主义信仰等问题的诸多思考。

在书中，戈德曼认为：在17世纪法国穿袍贵族和冉森教派运动、帕斯卡尔的《思想录》以及拉辛的悲剧作品中，存在着一种他名之为"悲剧观"的共同的精神结构。这包括三个组成要素，即：上帝、世界和人。它们相互依存，并与悲剧意识相呼应，形成一个完整的范畴构架。人与世界的关系统摄于上帝的被"打赌"存在的前提之下，这种"打赌"所带来的不确定性决定了悲剧人在上帝与世界之间的无根状态，并因而将"此在"本身推入一个永罚的境地。然而，与自愿向众神背过脸去的普罗米修斯不同，对“救赎”的期盼仍然是在世的个体灵魂中最真实的渴望。由此，悲剧观作为连接三者的中介（更准确地说，它就是关系本身），以一种真实的二律背反的形式被建构起来。“回家”的愿望在宏大的神话叙事中得到了宣泄。“悲剧是一种游戏……上帝是这种游戏的观众。”[1]

一、“上帝”无痕

作为一种系统世界观，悲剧观始于17世纪，了解它的发生学过程在很大意义上有助于迅速地进入其意义结构。为此，必须依据在它之前出现的、并为其所超越的世界观（独断论的理性主义和怀疑论的经验主义）来进行准确定位.

戈德曼指出，帕斯卡尔撰写《思想录》的时代，正是哲学的理性主义及其必然结果——科学的机械论——取得胜利的时代。这两种相互伴生并有着极近亲缘关系的思想理论，如同全身披挂从宙斯的头颅中诞生的雅典娜[2]，甫一降生就取消了共同体与宇宙的概念，而代之以有理性的个人和无限的空间。人开始第一次了解自己存在的真实含义，即“自在的这种渐趋消失的不断的偶然性纠缠着自为”[3]。“自在的存在”变成了无法进行必然性归并的存在。正如《恶心》的主人公洛根丁在日记中写道：“因为偶然性不是一种假象，不是一种可以被人消除的外表；它就是绝对，因而也是完全没有根据，一切都是没有根据的……”海德格尔也将这种人生此在的不及物性称之为“被抛性”，从而追问道：“难道人生此在自己为愿意或不愿意进入人生此在自由地作出了决断吗？”“人的道路”在来不及申辩的情形下骤然间从圣宠的选民堕落为一种由偶然

1 ［匈牙利］卢卡奇：《悲剧的形而上学》，转引自《隐蔽的上帝》，百花文艺出版社1998年版。

2 在古希腊神话中，智慧女神雅典娜全身盔甲从其父宙斯的头颅中诞生。由于在此之前，曾有预言说，这将是众神与人中最具智慧者，因而身为主神的宙斯深感恐惧。

3 ［法］萨特：《存在与虚无》，生活·读书·新知三联书店1987年版，第125页。

性决定的抛离状态。意义不复存在，对此的发问则更显得荒谬。于是，在依然存在的上帝肖像的背后，内容完全不见了。

并且，随着资本主义经济的发展，古典经济学家的“经济人”范畴代替了自中世纪以来的社会和宗教的人，理性主义完成了对市民社会中原子化的、可以互相替换的个人的塑造（笛卡尔和费希特的“我”，莱布尼茨的单子），并成功地将社会的精神和情感价值逐步从人的实际意识中消除。在自然方面，源于“自有永有者”的整齐有序的宇宙观念也被无情摧毁，变成了无限的、各部分完全相同的不定空间。其结果是这个科学家可以理解、工匠可以制服的宇宙，连同沦为客体和工具的人一起，在人类生活的重大问题面前缄默不语。上帝失去了与人交流的自然宇宙和人类共同体，不得不背过身去，隐回了云端，“在理性的科学空间中不再讲话”[1]。这是悲剧思想的根本点之一。帕斯卡尔为此大声疾呼：“这些无限空间的永恒沉默使我恐惧。”人，真的成了尼采所谓的“没有牧羊人的羊群”。

此种启蒙理性对人生此在的影响，在歌德的《浮士德》中得到了最生动的描述。小说从书斋中的浮士德开始。这位具有启蒙思想的年老的科学家拥有令世人羡慕的渊博学识，却深深地感到了灵魂的窒息，原因是他发现这个完全由理性构筑的可理解的“科学”世界无所供给，灵魂甚至已没有了栖身之所。他耗尽毕生所学所知的，不过是一声终将随风而逝的叹息：“洋洋大观！唉！不过是一场幻梦！”死亡成了拒绝这种“被宣判的自由”唯一可行的选择。然而，复活节的钟声将他从吞服毒药的行为中唤回，尽管他自身所具有的启蒙理性从潜意识里反抗这一以古老形式出现的召唤，但却也透过形式隐约地看到了真正的、有价值的“本质”。由此，出现了浮士德的两重回答，一方面他放弃了自杀的打算，一方面又高喊：“我虽听过福音，无奈缺乏信心。”

对此，米兰·昆德拉也曾在一部评论塞万提斯的著作《小说的艺

1 ［法］吕西安·戈德曼：《隐蔽的上帝》，蔡鸿滨译，百花文艺出版社 1998 年版，第 43 页。

术》中说道："当上帝慢慢离开那个领导宇宙及其价值秩序，分离善恶并赋万物以意义的地位时，唐·吉诃德走出自己的家，他再也认不出世界。世界没有了最高法官，突然出现在一片可怕的模糊之中；唯一的、上帝的真理，解体为数百个被人们共同分享的相对真理……要面对的不是一个绝对真理，而是一堆相对的、互相对立的真理，因而唯一拥有的把握便是智慧的无把握，这同样需要一种伟大的力量。"

在这个意义上，戈德曼认为帕斯卡尔用以反启蒙的悲剧观实际上是某种道德和宗教的恢复，是在以一种新的要求和新的层次的道德准则来反对启蒙世界。"因为理性主义思想和经验论感觉的世界是最终不变的，这个世界表面上看来清晰，而实际上……是模糊含混的。"[1] 当然，帕斯卡尔的这样一种反对并非是要求简单地回到前启蒙的中世纪神学状态，而是基于从悲剧意识出发，对当下世界以及理性主义个人生存状态的准确理解而达到的超越。他肯定理性的价值，认为它是"人理所当然为之自豪的因素，并且是人永远再不能抛弃的因素"。这一点可以从他本人潜心于数学及物理学研究中窥出一二。但也由于和浮士德同样的原因，他更强调理性并不是人的全部，不应当也不可能满足人类生活的一切需要。因而，根本否定这个由启蒙理性建造的宇宙，是人得以自由呼吸的唯一机会和前景。世界像一团活火，将潘多拉盒子里飞出的物事放大在帷幕之上，只有"希望"躺在盒底，沉重地喘着粗气。

由此也就接触到悲剧观的最核心之处，即：在这个非本体论的世界中，在中世纪神学坍塌的废墟上，"是否还有办法和希望重新恢复超个人的道德准则；人是否还能重新找到上帝，或是重新找到在我们看来是同义语而又不那么强调思想体系的共同体和宇宙？"[2] 因为尽管隐约不可见，个体生命中连向天堂的细绳仍然存在。它使个体灵魂在与身体所经

1 ［法］吕西安·戈德曼：《隐蔽的上帝》，蔡鸿滨译，百花文艺出版社 1998 年版，第 45 页。
2 ［法］吕西安·戈德曼：《隐蔽的上帝》，蔡鸿滨译，百花文艺出版社 1998 年版，第 45 页。

历的过程（即“人的道路”）交织的瞬间，窥见了那个以某种形式被深深隐藏的“本质”。在漆黑一片的迷雾中，“人们感到，本质构成的生存”[1]，并从而意识到自然身体的欠然，形成了罪感意识。罪使生的领域永恒地萎缩在死的阴影之下。“有死者”唯一可能的存在方式是以无可奈何作为开端的“在世中”的过程，尽管海德格尔认为“此在”的本质应是筹划性地走向未来，但“在世中”本身却带来了更深的本体论上的异化。于是，作为一种抗争，灵魂中潜藏的、在此之前却被对死感的恐惧和对爱欲的渴求暂时遮蔽的热情迸发出来，超越了自然身体的欲望。在天堂的可及与不可及、上帝的存在和不存在纠缠交织却同样不能确证的情况下，“应该”和“是”（戈德曼表述为“是”和“不是”）成为悲剧人最真实的生存语境。

世界是真实的、可直面的世界，是在历史状况中个体的“是”，但却远非本体论所要求的真正的世界（“应该”），两者恰是不可整合的。这正是戈德曼所描述的悲剧场景。而悲剧人正是面对这样一种现实要求上帝对最后真理的判决，要求“应该”与“是”的统一。然而，裁判者的声音却永远沉默了，周围的一切也喑哑无声，对提出的问题和答案都漠不关心。正由于这种主神的缄默，垂直的“我你”关系的对话已不复存在，因而在梅非斯特出现之前，浮士德唯一能选择的表述方式是“独白”式的自我追问。当然，这种追问是没有答案的，也是为启蒙理性所拒斥的（在小说中，体现为代表启蒙理性的浮士德的学生瓦格纳误将浮士德的自语当作了朗诵），因为“你实在是隐蔽的上帝”[2]。

隐蔽的上帝，便是悲剧观所以成为悲剧观的全部意义源泉，它同时意味着上帝的存在与不存在。戈德曼指出，这正是辩证法在悲剧思想中的体现。如果读者仅仅是从帕斯卡尔《思想灵》的某些段落出发来进行一种合乎常理与逻辑的解释，即：认为上帝对大多数“常人”是隐蔽

1 转引自［德］吕迪格尔·萨弗兰斯基：《海德格尔传》，商务印书馆 1999 年版，第 182 页。
2 ［法］帕斯卡尔：《思想录》，商务印书馆 1998 年版，第 101 页。

的，而对于那些被他预定为选民且有着坚定信仰的虔诚信徒来说却是可见的，也就无异于我们所常说的“信则灵，不信则无”；或者肯定一个上帝的存在而把他的隐蔽简单地归结为世人不配达到对他的认识，都是由于根深蒂固的二元分立思想所造成的误解，并且从根本上违背了悲剧的最重要原则。因为无论在帕斯卡尔或戈德曼那里，隐蔽的上帝都并非有时存在、有时不存在的上帝，而是始终存在和始终不存在的。[1] 没有是或不是，只有是和不是。哈姆雷特那句穿越时空的发问（“To be or not to be，that is a question.”）被改写为“To be and not to be，this is a presupposition.”

然而，正是由于上帝的永恒存在，属于此岸的真实被贬损，而同样由于上帝持久的沉默（不在），世界又具有唯一的实在性。人对罪感和复归意识的体认使绝对的道德准则作为通向“应该”的绳梯得以出现。根源于“应该”与“是”的二元对立，这种绝对的道德准则与实在必然有着深刻的冲突，而悲剧人的悲剧正在于他在面临抉择取舍面前的无能为力。由于他拒绝任何形式——有意识的或无意识的——妥协，他就既不能躲进“上帝之城”，也不能采用物质世界内部斗争的方法实现理想。

戈德曼不同意马克斯·韦伯关于“神目观”消解的观点。他的上帝在价值悬设的意义上是始终存在的，或者说，是被打赌存在的。因而人排除了完全接受世界的可能。但是由于在戈德曼那里，更准确地说，是在帕斯卡尔那里，“隐蔽的上帝”被推到了极端的形式。他不仅向世人隐藏着他的意愿，也隐藏着他的存在，因而人又丧失了无视世界、脱离世界的权利。在这两种极端之间，悲剧人不倾向于选择甚至趋近任何一种，他的整体的、综合对立物的要求指认着“是”和“不是”的同时并存，即：在物质世界内部自相矛盾地拒绝世俗生活。这也恰好证明了悲剧观对于理性主义和经验论的否定并不在于简单盲目地提倡一种反理性的神学，而是拒绝之上的超越。

---

1 ［法］吕西安·戈德曼：《隐蔽的上帝》，蔡鸿滨译，百花文艺出版社 1998 年版，第 47 页。

尽管这种态度本身就意味着一个悖论的存在，但这个悖论却丝毫不具有荒谬的成分。对于悲剧人来说，“只有奇迹才是真实的”。按照这一尺度，世界的所谓的实在性显得模糊含混，此岸的现实成为根本不真实和持久不存在。“在悲剧世界中，有个很高的完善的门槛，人要能进入门槛就必须臻于完善；凡是达不到这种完善的存在物就没有任何实在性，而达到这种完善的一切都是永远存在的，并且是同等地存在的。”[1] 悲剧人拒绝承认乌有和一切之间的渐进程度和逐步的过程，不同程度的存在即是不存在，只有绝对的“是”和绝对的“不是”，两者根本对立却又始终并存，对这一确信的任何一点动摇都是妥协。在这种意义上，悲剧是超越历史的，它颠覆了时间淹灭个体的事实，既隔绝了未来，也取消了过去。因此，人只活在上帝的绝对道德准则中却又不得不坚强地面对世界。“因为单方面的拒绝会使世界失去一切具体的和有组织结构的实在，把世界贬低到无形无质的抽象障碍的地步。只有在其拒绝本身（这丝毫不会减弱拒绝的绝对性和极端性）采取面向世界的物质世界的态度，才使悲剧能够判断它非常熟悉其内在结构的世界，才能使悲剧意识永远保持拒绝的理由，并使拒绝得到充分的解释。”[2]

二、 金属世界中的“在与不在”

如前面所述，悲剧世界中的上帝是被“打赌”存在的。然而在戈德曼看来，这种打赌是西方思想史上第一次与心智和超验的坚决决裂。它恢复了人与世界的统一，并赋予了向希腊时期就被抛弃了的古典主义回复的希望。[3] 说它是希望，原因在于对于处于堕落状态的人来说，上帝的存在不再是基督神学中的确信无疑，而变成了一种憧憬、一种内心的坚信、一种不能肯定的和自相矛盾的坚信。悲剧观只有一个前景，就是

1　［法］吕西安・戈德曼：《隐蔽的上帝》，蔡鸿滨译，百花文艺出版社 1998 年版，第 64 页。
2　［法］吕西安・戈德曼：《隐蔽的上帝》，蔡鸿滨译，百花文艺出版社 1998 年版，第 76 页。
3　［法］吕西安・戈德曼：《隐蔽的上帝》，蔡鸿滨译，百花文艺出版社 1998 年版，第 62 页。

以上帝的存在打赌，这才能够使得人的模棱两可的存在具有有意义的悖谬性质。它通过在悲剧世界的公设和打赌，肯定并创造了永远无法证明的上帝存在的现实，并以参与和一致的关系达到了人在上帝目光下的生存和自我超越。人在永远的注视下生活，但他的言语却始终是独白式的“孤独的对话”。隐蔽的上帝是不开口的。然而这不开口的绝对存在者却又是唯一能听见人的声音的，而人永远无法知道他的评判。

换言之，正是由于上帝的被打赌存在，人必须拒绝一切的相对价值，直面由“应该”引导出来的质询，追求真正的和超验的社会准则；而也正是由于上帝是被打赌存在的，人又只能浸透到日常或世俗中去，或至少是不逃避世俗生活。卡夫卡说：“逐出天堂就其主要部分而言是永恒的；被逐出天堂虽然是已成定局，在尘世生活虽然已不可避免，但尽管如此，……却使我们有可能不仅有一直期望留在天堂中的苦恼，而且有事实上一直留在那里的可能。”[1]

当然，在这里我还必须进行一个必要的界定，即：关于“上帝”的含义。尽管戈德曼在赞同的意义上使用帕斯卡尔的“上帝的被打赌存在”一语，但两者的内涵还是有着很大的异质性。一度是冉森教徒的帕斯卡尔，虽然曾在信仰上几经反复，并由早期的对上帝的吁请变为晚年的打赌上帝的存在，但他的上帝却始终是神学意义上的。相形之下，戈德曼则带有了隐喻的特征。他摒弃了这一能指的纯粹神学含义，直接将其指涉为上帝本身所代表的绝对本质。这就是从爱利亚学派以来，以“概念”或“存在”为统摄的、隐藏在杂多现象背后的绝对的“一”，是那个从未曾出场的戈多。

打赌上帝的存在，帕斯卡尔和戈德曼如此说道。但从更深的内里逻辑来看，这一价值悬设却远非对一个实体的公设，而是赌一种关系的存在，即：人与上帝以及世界的关系。选民和被上帝弃绝的人，是人必须

1 ［奥地利］弗兰茨·卡夫卡：《卡夫卡日记选》，叶廷芳、黎奇译，百花文艺出版社 1992 年版，第 119 页。

在其中进行选择的两种持久存在的可能性，是构成打赌的两种可能性在个体身上的体现形式。选择前者，就意味着就上帝的存在打赌，它是以人永远不能满足于有限的善为基础的打赌。由此我们可以看出，浮士德与魔鬼订立的契约实际上正是他在自己心中一个关于救赎的打赌。然而，这一行为的悲剧观象征却被小说结束时众天使从梅非斯特手中抢走了浮士德灵魂的理想化描述冲淡了。歌德还是未能把打赌的原则贯彻至终，也唯因如此，他的小说才得以画上圆满的句号。

然而，与小说不同，悲剧观浓厚的悲剧色彩[1]正在于善与恶的恒久无法分离，至善是不可能脱离甚至战胜恶而独自吟唱的。我在上面已经提到，由于上帝的同时存在和不存在（即：被打赌存在），人既不能对世俗生活漠不关心、逃避到隐修和永生中去，也不能沉沦于世界，任物欲的纷扰载沉载浮。

上帝与世界，作为永远不可能达到的两个极端，如果只有一边，而没有另一边——或者，即使有另一边的存在，却不朝它张望——人，无需打赌。可是，悲剧人的悲剧却是由这两个永恒存在（尽管一边是存在和不存在）的对立面的张力引起的，打赌就是两者之间紧张的绳索。[2]这根绳索牵扯着悲剧人，令他挣扎，令他绝望，令他无从逃脱却又不能趋近于任何一端。因为悲剧拒绝渐进，拒绝程度，主张“要么乌有要么一切”，非至善即是恶，而至善是不可能达到的，人与上帝的距离始终是无限。同样，由于上帝所代表的绝对道德准则的被赌，人也不可能义无反顾地选择恶。然而，这样一种与两个极端等距离的中间状态并非是一种理想，也远不能给人优势，相反却是使人难以容忍的悲剧性状况。因为人可以寻得幸福与平静的唯一自然的所在不是在中间，而是同时在两个极端；可是，由于人对倾向于任何一方都无能为力，因此他便停留

1　需要注意的是，并非因为这一精神结构被称之为悲剧观，我们才努力寻找它之中的悲剧色彩，而是由于它浓厚的悲剧色彩，才因此得名。

2　参考刘小枫：《沉重的肉身——现代性伦理的叙事纬语》，上海人民出版社 1999 年版，第 218 页。

在——尽管表面上动荡不安——事实上的静止状态。不过，这并不是平衡的静止，而是持久的紧张，固定的变化不定，趋向于停止和稳定的运动，而且运动在进行着，但是永远不会在持续的倾复中进展。[1] 就如同在迭起的波浪中飘荡的人们，伸手想抓住身边的物体以求固定时，它却荡漾着向外遁去，带着追寻者们滑入一场永恒的逃逸，在这种最自然的状况里，悲剧性发作了。因为，即使人们耗尽一生或永生去挣扎，复归仍然是没有希望的。然而，他们却不得不挣扎在被打赌存在的上帝永恒的注视之下。历史性在这里被消解了，原因是变化的被拒绝承认。所以，悲剧观是超越历史的，它没有过去和未来，只是"现在"，永远的"现在"（当然，个体有死的生命使"永远"一词成为一种带有象征意义的表述）。

戈德曼以赞赏的语调指出，晚年的帕斯卡尔正是以"过那种生活却不热爱它"的态度践行了自己的悲剧观。从《思想录》的一些表述来看，在帕斯卡尔那里，打赌即是信仰。但戈德曼却坚持在《隐蔽的上帝》一书中用相当的篇幅对"打赌"与基督教，特别是冉森教派（以巴尔科斯为代表）的信仰作了比较。他说，"我把这种观点——大多数激进的冉森教徒的思想都表现出这种观点——称为单方面拒绝世界和吁请上帝的态度，这种态度与在物质世界内部拒绝世界和就上帝的存在打赌的极端立场是相对立的。"[2]

其实，客观地说，巴尔科斯的思想中未始没有打赌的成分。然而，他赌的是上帝的意志。这一点我们可以从他以下这段论述中发现："上帝并没有向你透露关于让你得救还是罚入地狱的秘密。那么，你为什么宁肯等待着他的正义的惩罚，而不期待他的仁慈的恩典呢？"[3] 于是，在不知道是否被弃绝的情况下，人们就自己的救赎来打赌，这比起帕斯卡

1 ［法］吕西安・戈德曼：《隐蔽的上帝》，蔡鸿滨译，百花文艺出版社 1998 年版，第 297 页。
2 ［法］吕西安・戈德曼：《隐蔽的上帝》，蔡鸿滨译，百花文艺出版社 1998 年版，第 69 页。
3 ［法］吕西安・戈德曼：《隐蔽的上帝》，蔡鸿滨译，百花文艺出版社 1998 年版，第 438—439 页。

尔，更接近浮士德与魔鬼的契约。在这个赌约中，上帝的存在是确然的，或毋宁说是被坚信为确然的，而个人的得救才是不确定的和被希望的。但，巨大的差异性就在这里。由于这种确然，上帝的存在不再被质疑，因而向它趋近的希望也就有了实现的可能（尽管很难），巴尔科斯就认为祈祷是人在非圣宠的堕落景况中触及上帝的唯一中介。皮格马利翁的故事可以被借来用作一个很好的象征性说明。换言之，上帝不再是隐蔽的和沉默的，而只是藏匿在某一个地方，等待着被寻见。因此，激进的冉森派教徒就采取了单方面和抽象的对世界的拒绝。虽然这事实上是另一种向着海市蜃楼的前进，但由于对上帝的坚信，它的悲剧色彩就不打折扣。基于同样的理由，基督徒从不把他们为了复归伊甸园而承受的苦难看作悲剧，至少不是完全的悲剧。毕竟，他们有着明确无疑的希望。而真正的悲剧在于，永远的希望本身是永远没有希望的。

因此，戈德曼强调，巴尔科斯的打赌的彻底性远逊于帕斯卡尔。这个说法是正确的。因为在后者关于上帝的打赌，他已经把不确定性和希望扩展到了在人的心灵中极为敏感的上帝本身，上帝的存在同时是确定的和不确定的，既是希望，又是冒险，总之是打赌。因而，较之于冉森教派，他就再不能满足于简单地拒绝世俗社会和理性，必须在巴尔科斯的“否”前添加一个“是”，在拒绝不完善的世界的同时生活在世俗社会内部，并通过绝对的和悲剧的存在物变成对世界更完全和具体的拒绝。正是这样一种根源于是和不是的两重性行为，才使得悲剧意识在认识方面破除了形而上学的片面性，达到了前所未有的准确和客观的程度。

戈德曼之所以对此给予如此高的评价，是因为他不仅将打赌看作是后来康德（上帝的存在和灵魂不死的时间的设定）的核心思想，甚至认为马克思的辩证唯物主义从根本上也是在人类选择社会主义还是不文明状态的抉择取舍中，就社会主义的胜利打赌。并且，这种打赌是以一种综合对立物的辩证的形式表达出来的。而从戈德曼本人在 20 世纪五六十年代的言行来看，他的确贯彻了这一根本原则。

三、存在之路上滚动的巨石

尽管以悲剧为名，悲剧观这一精神结构却仍然投射出了毋庸置疑的积极色彩。了解这一点，不仅对准确理解其完整意义是必需的，而且也有助于客观地透视和评价戈德曼的马克思主义立场。在这里，我们可以通过他与加缪的比较来说明。

排除语词使用的差异，戈德曼的悲剧意识与加缪在《西西弗斯神话》中透露出来的观点从表面上看不无相似之处。此书的副标题为“论荒谬”，在加缪的哲学思想中，迄今为止作为结论的荒谬是对心灵进行探索的阿基米德点。荒谬不是荒诞，不是对象性客体的自然属性，不是非常规事物的不经与奇异，更不是人的行为的蓄意标新立异。它潜藏于我们熟知的日常生活之中，在“正常”表象的掩盖下悄然萌生。换言之，荒谬即是存在的根本属性，也是心灵对外部世界的“非人因素”的领悟，是一种主观意识的不适感。当然，这个“非人”中的“人”仍然是一种本体论规定，是在古典人本主义意义上被预设了的“本真的人”，它完全可以用“类”或是“上帝”进行替换（以下亦然）。

因此，与“打赌”类似，荒谬描述的也是人与世界的一种关系，是人在平庸无奇的生活中追问意义的行为，它牵扯着两个方面，缺一不可。做一个近乎于同义反复的界定，荒谬是对荒谬的质疑。精彩之处正在这里，在意识到荒谬的时候，荒谬开始了。由此，我们可以看到一种与上面两节的讨论非常接近的情境，即：一方面人看到了这毫无意义、杂乱无章的非人的世界，它是希望的对立面；另一方面人自身中又深含着对幸福的希望。[1] 这种幸福同样是来自于超越世界的绝对的道德准则。于是，荒谬就产生于“对人性的呼唤和世界不合理的沉默之间”的对

1 杜小真：《含着微笑的悲歌——〈西西弗的神话〉译后记》，《西西弗的神话》，加缪著，杜小真译，生活·读书·新知三联书店1987年版，第164页。

抗，这与悲剧人就上帝的存在打赌，是完全相同的前提条件，即：欲求统一的精神（这种精神源于对“本质”或“上帝”的体察）与令这追寻统一的意念失望的世界之间的分离。

但是，也唯因此界定，加缪把一切变成了荒谬，无论是世界本身的荒谬，还是对荒谬的拒绝。这一点可以从他对海德格尔和克尔凯郭尔的分析中看出。他说，“海德格尔冷静地观察了人类命运并且宣告这种存在是卑微低下的。而唯一的实在，就是在生物进化系统中的‘烦’。对于被抛到世界上的人以及他的欢乐来说，这‘烦’是一种短暂而又难以捉摸的畏惧。但当这种畏惧觉悟到自身时，它就变成为焦虑——清醒的人的一种常态气质，而存在就置身于这气质之中的。……海德格尔同样没有脱离荒谬的意识。对‘死’的意识，就是‘烦’的召唤。”[1]“克尔凯郭尔大概是这些人中与荒谬联系最紧密的。……他首先确认没有任何一个真理是绝对的，也没任何一个真理能够满足一个不可能自在地存在的存在。……他拒绝抚慰、道德及一切息事宁人的原则。他对这根他在内心深处体验到的芒刺，并不只是限于减轻它带来的痛苦，而是相反，他要唤醒它，并且要在饱经沧桑的人心满意足而又毫无希望的欢乐中，逐渐建立清醒、否定、造作的概念，建立一种魔鬼附身的范畴。这张同时是温柔而又冷笑着的面孔，这些伴随着从灵魂深处发出的呐喊而突如其来的改宗，就是与一种超越它的现实搏斗的荒谬精神。”[2]

尽管加缪对拒绝世界的荒谬精神并未加以贬损，甚至还含有某种程度上的肯定，但他仍然认为荒谬是需要被超越的。加缪和戈德曼一样反对自杀，在后者看来，这是单方面拒绝的片面行为，与隐蔽的上帝不相符合；而前者则认为自杀是对现存荒谬的认可与逃避，是反抗的对立

1 ［法］阿尔贝·加缪：《西西弗的神话》，杜小真译，生活·读书·新知三联书店 1987 年版，第 29—30 页。

2 ［法］阿尔贝·加缪：《西西弗的神话》，杜小真译，生活·读书·新知三联书店 1987 年版，第 31—32 页。

面，是最荒谬而又无可奈何的举动。相应地，加缪指出，对荒谬的反论即是在荒谬中生活，这是一种“从卑微的出身中获取崇高的思想”。因此，西西弗斯虽然受着众神的诅咒，承受着推巨石上山的永罚，但他“无声的全部快乐就在于此。他的命运是属于他的。他的岩石是他的事情。同样，当荒谬的人深思他的痛苦时，他就使一切偶像哑然失声。”[1]不需要反抗，不需要追问，因为这终究没有意义并导致荒谬，只要在其中生活并意识到荒谬本身就足够了。因为无意义才是最大的意义。所以加缪说：“西西弗斯永远行进。而巨石仍在滚动着。”

也许有人觉得这种在荒谬中生活的态度与悲剧人在物质世界内部拒绝世界的方式没什么区别。其实不然，加缪的观点有着更多的悲观（不是悲剧）色彩，因而他所谓的对荒谬的反抗也带上了消极的意义。出于同样的对世界模糊性的体察，悲剧人虽然深知复归的无望，却仍然选择了就上帝的存在打赌。而这一态度就已经昭示了一种明确的价值取向。尽管“上帝”的存在是不确定的，可是又有谁能说“上帝”的不存在是确实可能的呢？两者之间根本不是一个简单的正反题关系。所以，当人们为着明天、为着不确定的东西努力的时候，这种行为就是合理的。因为依据从以上所推出的机遇规则，“此在”只能为不定的东西而努力。相反，加缪却由于这种不确定性而放弃了进一步抗争的希望。他看到了所谓的机遇与对此的追求并非建立在一个坚实而不悖谬的基础上，并认为由于这一地基的非确定性，终将导致一切希望与追问的荒谬。他认为，倘若意识到了这一点还仍然采取激进的反抗行为，就是更大的悲剧的开始。譬如在得知真相之后的俄狄浦斯，只能刺瞎双眼并将自己放逐到荒野。因为当只具有眼睛的时候，他什么也没有看到。由此，在荒谬中生活是加谬认为最合理的超越荒谬的方式，因为，荒谬本身正是对荒谬最大的嘲讽。现代派小说家更是将这一原则发挥到淋漓尽致。虽然这

---

1 ［法］阿尔贝·加缪：《西西弗的神话》，杜小真译，生活·读书·新知三联书店 1987 年版，第 160 页。

种行为较之于那些将荒谬误认为真实本身的人们无疑是一大进步，但实际上它不但仍是放弃了希望，更从审美价值上嘲弄了自索福克勒斯和埃斯库罗斯以来的所有悲剧。尼俄泊永恒的悲伤与后悔[1]在荒谬面前黯然无色。

如果说“过那种生活却不热爱它”的方式对帕斯卡尔来说，主要是出于被打赌的神目观存在而采取的一种对来自于上帝的“本质”的践行，那么戈德曼的“打赌”就是建立了一种人与世界之间的批判性反思关系。毕竟，在前者那里，绝对的“真”和道德准则虽然未必存在，但仍然作为一种希望和实体在本体论意义上被打赌存在了。反过来，也正由于我们对世界的拒绝和对这“本真”的追求，上帝与我们同在，尽管这位无语的观众从不介入演员的表演和言说。这就是帕斯卡尔无法摆脱的局限性所在。

而晚他几百年的戈德曼则意识到了本体论上的“真”早在黑格尔之后就已被马克思的“历史性”所取代，人最真实的存在消融于每一个历史性瞬间之中。因而，“打赌”并非是赌一个实体性的“一”（柏拉图的观念、巴门尼德的存在、中世纪的上帝、黑格尔的绝对精神），而是就人的不断寻觅过程赋予了意义。既然“真”从来不是一个凝滞的本体，那么人所能做的只是在一个个当下和时间断裂中不断地找寻。我们不是达不到目标，而是目标根本就不存在。所谓的“真”其实是寻真，是一个随着历时性发展而不断被建构的批判性反思关系。这才是“打赌”的全部意义，而加缪正忽略了这一点。

由此也就可以理解戈德曼的马克思主义立场。在 20 世纪 50 年代，共产主义理论在它建立之后 70 年的历史中，不但未曾出现其创立者所预言的“资本主义灭亡”的事实，相反，触目可见的却是资本主义经济的发展和共产主义运动自身的波折。随着赫鲁晓夫“二十大”报告的公

1 尼俄泊是古希腊传说中的一个王后，她因有五子五女而向阿波罗和阿尔特弥斯的母亲夸耀。后者大怒，令日神阿波罗射杀了她的五子，月神阿尔特弥斯射杀了她的五女。自此，尼俄泊陷入极度的丧子之痛与无穷尽的追悔，永未挣脱。

布，普遍的绝望的情绪更是在世界范围的马克思主义学者中弥漫。而戈德曼则认为，即便这种理论真的就是那个不能确定其存在或不存在的“上帝”，我们也必须坚持希望并以“在物质世界内部拒绝世界”的态度不断抗争。也许，正如隐蔽上帝的永恒沉默一样，理论本身并不会印证甚至不能给出胜利的暗示，但一旦放弃了关于希望的打赌也就意味着就相反的命题——绝望——进行了悬设。或许，只有如此，我们才能更深刻地理解马克思那句著名的断言：“一切凝固的东西都烟消云散了”。是的，包括曾经有过的关于它自己的幻想。

本雅明说：“惟因没有希望，希望才给予我们。”人，这棵会思的苇草，在不能超越自己肉身的情况下，仍然将全部眷恋和憧憬都寄托给了那个从未飞近的蝶影，并为之一生挣扎。这也许就是关于打赌和悲剧观最确切的注解。

第五编

未来已来

网络平台中主体的建构与消解

主体问题一直是哲学关注的核心问题。从西方哲学史来看，关于主体的问题可追溯至古希腊时期。古希腊时期，人是世界万物的尺度和“认识你自己”等观点的提出初步确立了人的主体地位，自此哲学关注的视角由自然变成人。近代哲学时期，笛卡尔提出主体原则为哲学第一原则。德国古典哲学派将主体问题的讨论继续完成，康德提出的“理性为自然立法”试图在讨论主体的认识能力之下调和唯理论和经验论在主体与客体问题上的对立。而黑格尔提出“绝对精神”来解决主体与客体的矛盾，“理智的工作仅仅在于认识世界是如此，反之，意识的努力在于使得这世界应是如此”[1]。但黑格尔的“绝对精神”只在其客观层面凸显了主体性，在“绝对精神”的统治下，人的自我主体性黯然失色。马克思认为，认识人的主体地位，需要从人的实践活动入手，人正是通过不断的实践活动展现自身主体，实现自我价值，完成主体建构。主体不断建构的过程是生产力不断发展的过程，是社会化的过程。从原始社会到现如今的网络信息化社会，主体自我意识的建构得到空前发展与丰富的同时也遭遇了新的挑战。相较于传统社会被覆盖在血缘之下人的主体，在网络世界里，人可以轻易和任何国家任何地区的他者进行实践交流，完成多重主体的建构、个体价值的展现，还可以实现资源的配置、

1 ［德］黑格尔：《小逻辑》，贺麟译，商务印书馆 1980 年版，第 420 页。

信息的传播等。网络与人类的生活息息相关，人类对网络的依赖越来越强，一旦失去网络就会陷入不安，失去网络的主体是否还是完整的主体？竞相奔走在网络的世界里的主体究竟是不断地被吞噬还是被重新定义和建构？

一、 网络直播中的空间重构

在“空间转向”尚未完成之前，空间理论在哲学语境一直处于失语状态，众多研究学者认为空间只是物质的存在形式，将其视为时间的附属品，空间的存在和价值被时间所淹没，空间的地位被边缘化。20 世纪 70 年代前后，随着资本和城市化不断发展，法国思想家列斐伏尔发现了空间和生产以及社会的关系，脱离地理学、建筑学框架，在哲学话语里完成了“空间转向”。列斐伏尔认为，“空间并非物质世界本身既定存在方式而是社会历史产物”[1]，空间并非只是展现人类生活和实践的平台，其本身就是一种社会实践。换而言之，空间生产社会关系的同时也被其生产。

海德格尔认为技术决定着人与人、人和物、人与自然之间的微妙关系，是人在自然界中展现自我的媒介。从某种程度上可以认为，技术是社会生产方式的具体表现，人们通过技术工具获得丰富信息，更多自由，建构每个人的社会关系和社会空间。在技术工具所创造的交往空间里，每个人用信息来建构自身的主体性，体验自我。交往空间是人类社会实践的产物，群体通过空间表达诉求、展示主体维度与价值。

“一切媒介都要重新塑造它们所触及的一切生活形态。”[2] 纵观人类历史，传播平台媒介的出现需适应当下生产力的状况和社会关系，传播

---

1 刘怀玉，《空间的生产》的空间历史唯物主义观，武汉大学学报（人文科学版），2015（1）：61—69。

2 ［加拿大］马歇尔·麦克卢汉：《理解媒介——论人的延伸》，何道宽译，商务印书馆 2000 年版，第 86 页。

媒介的出现促进了人类的社会实践、建构交往空间。随着技术的进步和媒介的更新，人类交往不断地突破原本相对隔绝的地理空间，促进了个体之间、个体与群体之间交往的随意性和便利性，时间和空间不断地被延伸和消解。报纸、收音机、电视、电脑的不断更迭，人们获取信息的方式越来越简单化和自由。技术的发展在不断地构造和更新着每个个体的交往空间。传播媒介之所以能获得不断的创新与扩散，其根本在于它能够不断地为人类的社会生活提供实现的场所。人必须与他人交往才具有社会属性，离开人类生存的社会空间，生活将毫无意义。传播媒介的发展促进了人类交往空间的不断建构，是个体存在与价值的体现，也是人类社会化进程的折射。

人类对社会进化进程中所产生的现代性哲学思考，基于工业革命与传播技术共同催生的现代人的生活方式。个体依赖于技术力量不断改变自身的交往方式、价值观念和生存方式，且社会关系形态被人们的交往实践所影响，交往权力的主体被技术力量塑造，主体的交往方式被媒介支配。这正是景观社会的生产机制以及它对人实施影响的路径。作为技术的媒体直接刺穿整个社会——不唯时尚、不唯女人，甚至直指主体的自我认同——最根本的基础。这也是自德波的景观社会理论以降、在鲍德里亚的影响及消费社会批判那里达到巅峰的社会性建构过程。在今天年轻人的成长过程中，其与社会的联系是以复制生产的方式完成的，他们成了连做梦都在模仿他人如何娱乐、如何消费的追随者。

网络将人类不断地融入一个超链接的时代，网络直播平台作为网络空间的具象化存在，是一种实时的交往媒介，是现实中面对面交流的网络化，相较于微信、微博、抖音小视频等，网络直播可以满足单一的文字、图片、语音之外的实时交流。网络直播平台打破了传统社会空间的边界秩序，颠覆了地域和时间概念，主播与用户通过视频直播交流的方式，再现现实生活中的人与人、人与群体的交往与实践。人作为一种交往型动物，在不同空间形态中所采取的交往行为，取决于不同交往空间的认同方式。在网络直播中，主播通过游戏解说、化妆直播、吃播等方式与用户进行实时交流，并加以夸张的表演手法，满足受众需求，致力于得到更多的关注和打赏。此时作为主体的人可以脱去“现实的外衣”，选择“虚拟”的身份在不同的直播中穿梭游走，个体不再局限于特定的地域文化，沉溺大众之中，依托于不同的“剧本”在直播中“表演”，主体与主体、主体与群体之间不断地催生出新的交往实践模式，主体的空间感和存在感得到空前的提升，拥有更多展现或提升自我的可能，重构新的交往空间。网络直播赋予大众主体表达自身需要和希望的声音，但因其过程中主体的夸张式表现手法，网络直播成为表演性平台，是表演性主体的戏剧空间。

二、 网络直播中主体的颠覆与建构

在远古时期，因生产力低下，人们只能关心温饱生存问题，并未能关注自我意识的问题；农业时代，人们的主体性多数服从于家族和群体，家族和群体表现出的主体性影响着个体的主体意识；工业时代，人的主体性被不断的物化。在生活、工作、学习不断被网络所影响的今天，主体的建构与发展该何去何从？

马克思认为，个体要在社会中生存和发展，具有社会属性，就“必须和周围的个体来往”建立社会关系[1]，“人总是生活在社会中的”[2]。换而言之，人的社会关系是在与他人的交往中建立起来的，而在与他人交往中总是要依靠一定的社会环境和情感氛围，因此交往的主体是在一定社会条件下，具有社会属性和实践的人。人的主体建立离不开个体与个体、个体与群体、群体与群体等复杂的交往关系，人的自我主体建构无法脱离他人和社会孤立进行，必须依靠某种媒介在现实的实践交往中建构，即个体与整个过程及与该过程中每个个体与其他个体的关系是在

---

1 ［德］马克思、恩格斯：《马克思恩格斯全集：第 42 卷》，人民出版社 1979 年版，第 100 页

2 ［德］马克思：《德意志意识形态》，人民出版社 2003 年版，第 25 页。

社会实践中发展起来的。主体的展现是对社会实践的折射，价值的实现成了人的主体尺度。网络直播平台不论是真实还是虚拟的，都是人类生活的一部分，并会随着社会和技术的发展，对人类生活的影响越来越深刻。网络空间在提升了人们交往自由的同时，颠覆了大众传媒时代的交往主体，且塑造了新的主体形态，人们的多重身份合法化，主体实现了自我展现、释放个性。个体在网络空间中重新建立了新的主体与主体，主体与群体的关系，重塑身份，形成新的认同感。但在现实生活与虚拟网络相互重叠的生活环境中，在物质欲望和消费主义盛行的氛围下，主体身份感不断地被模糊，不禁落入“我是谁”的追问中。

在网络直播平台中，个体通过摄像头和话筒就可以成为主播，通过游戏解说、唱歌、脱口秀等方式表达自我或才艺展示，与用户互动获取报酬。观众根据自身情况和爱好自主选择何时进入哪一直播房间，选择观看何种内容，是否打赏主播等。在主体性的语境下，不论是主播还是用户的行为，都是一个主体在网络平台中进行新的自我建构。但这种主体性的重新建构与现实世界的主体是相关联的还是脱离自我身体控制的？主体既可通过平台将自身原有的话语体系和结构标准表达出来，形成新的场域，亦可在直播中抛弃原有生活印记，“建立”新的角色来适应新的空间。拥有百万粉丝的主播在现实世界中可能是一个不善于交际的人，位列打赏榜前端的人可能是经济还未独立的个体。个体的需要和欲望在直播中被满足，在现实世界中真实确定性的身份被颠覆和消解，网络世界里个体的主体性被重新建构。主播通过直播平台表达自己、实现价值，但被关注的同时也成为了被消费的对象，在不断地被凝视和被消遣的过程中，此时主体的建构是为了展现自我核心意识还是迎合大众的需求？观看直播的用户是平台得以运行和主播得以生存的资本提供者，在直播平台中用户通过打赏等机制改变了以往的接受单一的、被动的受众者形象，冲击了传统的集中性话语体系，受众者掌握了一定的话语权和主导地位。用户在观看直播过程中，所表达的情绪和打赏是被公开的，通过彰显资本，得到其他人的认同，或者是引起主播的注意，满足某种心理需求，重新建构自我。

网络世界中人与人之间的互动方式从单纯的文字到图文，再到语音，现已进入直播平台这种视频互动的时代，因网络直播的内容和结构的特殊性，满足了大众的情感需求，有利于满足个体对于表达、分享的心理诉求，使人类的交往更为快捷和方便，这是一场技术赋权下的大众狂欢。资本的助力、技术的赋权、媒介的发展使得网络直播平台成为新型的交往平台。相较于现实世界，主体在平台中实现了自身角色的交往价值，使其自身更加充分地与社会生活相融合，凸显其主体性。但主体在直播平台或其他网络媒介平台中的角色扮演、自我形象的展现、个体自我意识的建构，是自我核心意识的建构还是被其他用户、平台或技术所驾驭?

网络直播模糊了人们在现实交往中所要遵循的时间和空间边界，极大地提升了人们交往的自由，且自身所具有碎片化和去中心化的特点分散了主体，使人类交往的时间和空间脱离现实轨道且不断地被边缘化。人的主体性得到丰富和多元化的呈现方式，在虚拟的网络世界里不断地被颠覆又不断地被重构，新的主体形态被塑造。网络直播颠覆了主体在现实世界中真实确定的身份，使交往主体被符号化。虚拟主体使原本真实的主体性身份失去现实性，成为数字化和符号化主体，重新建立了新的人际关系网。这种符号化主体的诞生加速了现实社会中人际关系的瓦解与冷漠，现如今家人和朋友相聚时，并不是相互交谈和聊天，而是各自拿着手机或电脑，刷刷微博、微信等。这种群体性孤独正是媒介的发展、技术的进步所带来的。越来越多的人难以离开手机，或一旦离开手机就会陷入不安的状态。脱离网络，生活节奏就会被打破，工作会瘫痪，主体失去安全感。已被网络直播占据精神交往空间的主体很难从理性的角度来参与创造、实现主体价值，主体被越来越多的网络因素所驾驭。技术不断扩张，网络空间不断发展，人类通过技术和网络建构的交往空间，强化了主体支配地位的同时，也削弱了主体所应有的独立和个性，主体不断地被多重化、物质化、去语境化、被重新定义，故此时的主体究竟是谁?

在网络直播平台中，主体被虚拟形象和符号所代替，网络直播平台本身也是资本运作下的一种符号化的生产与消费。在资本的运作下，主播们从一开始的表达自我到追求利益最大化，切割资源，竞相模仿，造成平台内容大多雷同、缺乏创新，甚至为了博人眼球不惜触犯道德和法律，让用户为其买单。用户在观赏过程中通过充值虚拟货币给主播送礼物或是打赏，累计到一定程度用户可以直接与主播对话，并可让主播满足其要求。用户通过送礼物和打赏等不具有任何使用价值的虚拟消费满足了自身的心理需求，消费带来的只是内心的满足感和刺激感。此时，物质性消费变成了符号化消费，主体消费方式发生了转变，使用价值的消费变成个性化的消费，因此平台里的主播只要不断地重塑自我，展现新的个体，就能够不断地被消费，这是主体的自我消解和重构的表现。

“别忘了我看不到我自己，我的角色仅限于看向镜子的那人。”其实，即便是镜中人自己，也并不是一个自在的、封闭不变的存在。“当‘我’看向镜中的时候，‘我’已然负载了一切加诸我身上的内容。他者借我之手施加于镜中人。‘我’在不断塑造镜中人的同时，真正的‘我’已不知去向”。[1]

三、 新媒体技术下的主体际之思

新媒体技术所造成的社会关系的变革和社会空间的重构，自然会对人提出更高的要求，主体该如何适应技术所建构的社会关系成为当代社会中主体所需要面临的共同问题。

个体在技术时代所要面对和维系的主体，从本质上来说是作为一个具有社会属性的人在现代性问题下如何维系自身的生存与发展的问题。技术改变了主体交往实践所依赖的媒介空间，是主体得以不断地多元化和丰富化的途径。技术的演变促进着主体的发展，但相对与技术的升级

1 吴静：《资本的魔力》，社会科学报，2017－10－12（008）。

与进步，人的思考落后于技术。从某种程度上可以说，新媒体技术之下的人的交往和实践并非是主体的能动性所推进的，主体被动地适应技术所带来的社会变革，此时的被动性的伪主体是否还具有主体的价值？

新媒体技术的发展和升级，不断地颠覆旧有的传统社会的交往空间，改变了主体交往中的角色扮演，促生新的社会交往主体和群体的出现。网络时代无数的个体参与社会交往中，并影响着当下社会个体的价值观念和标准，改变了人们认识世界的方式，拓宽了人们的视野，增强了人与人之间的相互影响，从最大程度上消除了传统社会所带来的隔阂，促进了文化的交流和融合。这是技术发展的必然趋势，也使主体越来越过度依赖于技术工具。技术改变了人类社会的交往方式，从某种意义上来说延展了人类的交往空间，但同时人类社会生活和交往受制于技术控制的因素也越来越多。在当下现实生活中“低头族”、“刷屏族”、“潜水族”等网络群体的出现成为一种行为现象，当人们不断地紧盯着手机屏幕之时，必然会忽略身边真实存在的他人。此时的人类不再是技术的主人而是技术的奴隶。

“信息传播中，公众自身的信息需求并非全方位的，公众是注意自己选择的东西和是自己愉悦的通信领域，久而久之，会将自身桎梏于像蚕茧一般的茧房中”[1]。智能推进系统使个体的生活被同质化，如当用户在抖音、微博或头条点开某一其感兴趣的内容、文字或视频之后，这些社交平台将会依据互联网大数据算法将相似的内容和信息推荐给其他用户。这种推荐算法系统决定了用户将看到什么内容，系统决定了用户的视野，并使主体可以快速地在网络世界里获得存在感和认同感，个体在数据系统所营造的乌托邦中，正在潜在的、无意识的被技术工具所控制和驾驭。在这种超负荷的网络信息时代，快餐式、碎片化的信息获取方式，使得个体都在观看被筛选之后的信息和内容，个体将难以回到自身

1 ［美］凯斯·R. 桑斯坦：《信息乌托邦：众人如何生产知识》，毕竟悦译，法律出版社 2008 年版，第 82 页。

的合法偏见。主体在不断地被同质化，难以忍受他者的不同，批判性思维在主体的构建中消失殆尽。

网络的出现和技术的发展从本质来说并无好坏之分，但也并非中立，它们的出现都是为了服务于人，问题在于使用其本身的人。当今社会下的主体与主体之间的实践和交往空间都是依赖于技术工具。网络消解主体交往空间地域化的限制，且实现了个体的主体价值，建构了新的主体，但却不断强化了主体在网络和现实生活中的对技术工具的依赖性。技术工具依赖的实质是技术对于其使用主体的社会化支配，在其行为的背后则是主体对自身所依赖的技术工具的价值判断。当技术、主体、社会之间所形成的关系是良性时，那么我们应当肯定技术的价值，反之亦然。主体通过技术来满足自身的社会实践，通过不断改造自然界来使其适应自身的需要，从而减少对自然界的依赖，同时人类不断地创造和更新技术，使其成为人类建构生存空间、交往空间的工具，加速技术化主体的出现与发展。但网络时代，技术发展所带来的传播媒介依赖症成为困惑现代社会中人的主体发展的重要问题，这是由信息传播泛滥所引起的主体的解构和主体价值重构的问题。

人们对于网络的迷恋与沉迷，是人们对技术过分依赖的结果，这导致人们在现实社会中的主体性受到极大的冲击，在现实社会中自我和主体将不断地丧失。在网络社会空间里，人与人、人与群体的之间的实践发生了巨大的变化，“身体”的出走和“符号”的回归，网络主体的自然身份被不断模糊，符号化的主体交往成为网络社会的交往本质。主体在技术所建构的社会交往和实践的空间中可以有两种选择：一是将原本已具有的话语体系和知识结构带入当下的交往实践中，即：坚持现实社会生活中既定的交往方式；二是在技术打破时间和空间的限制之后，主体也颠覆了自身的文化标识，借助媒介表达自我，建构新的主体，形成新的实践空间。一个身体却多重主体，此时主体的真实性何在？身在南半球的你可以通过电话、电脑等媒介与北半球的伙伴达成巨额交易，个体身在家中却可以通过各种电商平台进行购物，足不出户就可通过电脑网络实现资源共享，此时的你究竟在哪里？

四、结语

网络直播的出现是人类不断追求技术发展的结果，为了理想和自由的交往，技术伴随人类的脚步而前进。网络空间是人类社会实践空间的新形式，为人的实践和社会关系提供了新的场域。空间的重构与发展从某些方面实现了人与人之间自由的交往方式，增强和凸显了人的主体，个体通过网络实现跨界交往，以至于人们对技术工具产生了乌托邦式的想象和期待，但“信息方式中的主体已不再居于绝对时空的某一点，不再享有物质世界中某个固定的制高点，再也不能从这一制高点对诸多可能选择进行理性的推算。相反，这一主体因数据库而被多重化，被计算机的信息传递及意义协商所消散，被电子广告去语境化，并被重新指定身份，在符号的电子化传输中被重新分解和物质化”[1]。

技术强迫人类进入其所营造的仿真空间中，让主体为之实践与生产，并将虚拟、仿真的网络空间深深地植入现实生活中，亦或将其取代。人们不能过于依赖于技术所带来的社会空间和主体价值的建构，需要反思网络直播平台或是技术支配下人们的真实困境，积极建构新的主体性与现实社会关系。理性、多元的主体应及时适应现实社会和网络世界的交往与实践，抵制技术赋权下的网络对人们的驾驭与奴役，通过一定自我调适来建立新的交往模式，不断强化自身的价值理性，以适应时代的发展与交往实践的需要，坚持在技术面前的自主能力，提高自身独立思考的能力、判断能力和创造能力。在现实和虚拟与技术的交互体系中，不断进行自我的调适和对话，颠覆和重构主体。

---

1 ［美］马可·波斯特：《信息方式：后结构主义与社会语境》，商务印书馆 2000 年版，第 25 页。

共同性与垄断:“诸众”的另一种可能性

我曾在我的一篇文章中，谈到了诸众的两个特征：独异性和共同性。[1] 独异性（singularity）是哈特和奈格里的一个新颖的核心概念，是诸众构成的元素。但这种具有独异性的个体存在不是原子式的个别自由主体，而是既内在地保持了差异性，又被共同的社会性条件联系成一个共同体的独特存在形式。Singularity，这是从数学和物理学中借来的一个概念（在物理中被译为“奇点”）。在几何中，它无限小且并不实际存在，但却可以从它发展出一维、二维、三维空间。在宇宙学中，它无任何体积，但时空曲率、密度和势能却无限大，被认为是宇宙生成前的状态，是宇宙的起源和出处，并且也是大爆炸的起始点。时空，从此处开始，亦在此处终结。所有已被证明的物理学定律均在奇点无效。大卫·哈维曾经撰文表示不理解为什么哈特和奈格里要使用“singularity”这个概念来界定诸众的特性，他认为这个概念所具有的不可表征性会使整个关于诸众的讨论暧昧不清，非常不具有可读性。[2] 但实际上，这个概念正是哈特、奈格里从德勒兹的术语中借鉴过来的。它用来指称以自在的差异（difference-in-itself）作为关键性质的单义的存在（the

1 吴静：《从弱势到诸众——德勒兹对哈特、内格里政治主体理论的影响》[J]，《马克思主义与现实》，2016 (2)：55—62。

2 见 [美] 大卫·哈维与哈特、奈格里就《大同世界》一书所做的争论。*Art Forum*，48：3 (2009 年 11 月)。

univocal being）的特性。德勒兹在《差异与重复》中使用了独异体这个特殊的语词来界定“单义的存在”，其目的就是为了让自己所希望表达的具有内在差异性的“单义的存在”，能够与哲学史传统中表现同一性的“一”相互区别。这种独异体的存在具有自在差异的特性，但是它又完全不同于被具体化和现实化的个体，它体现出一种能够进入无限的能力和持续不断的生产性，它是创造本身，是在永恒的重复（回归）和生成中被实存化的差异性的存在。德勒兹和加塔里在概念上采取这种创新和陌生化的根本原因是为了将存在本身从具体和现实化的主体性与客体性中释放出来，变成为一种能够随着实现条件而改变其实存的无限潜在能力。独异性是一个纯粹的事件（event），它在每一次被现实化为主体和客体的过程中得到实现。

一、 连接独异体与共同性的互联网

哈特和奈格里从德勒兹对“单义的存在”的界定中准确地领会到了独异体这个语词的核心特质：不可表征的去个体化以及创造无限的可能性空间。他们敏锐地发现，如果要在“诸众”这个去社团化的概念和传统的群体性主体（群众、人民、工人阶级、政党、无产阶级等）之间做出界划，借助独异体实在是再恰当不过了。在奇点处，现有的一切物理学定律都不起作用。同样，在独异体那里，现存已知的任何社会分类分层方法都不足以形容独异体之间的相互连接方式。“诸众”的组成者不能被归结为某种主导性的同一性（阶级、性取向、性别、职业、种族等等），他们内在地具有差异，但却被某种共同的社会条件（德勒兹将之理解为他异性存在的“弱势”）连接在一起，独异体之间的联系是对总体化力量的反对。在诸众中，作为统摄性的总体并不存在。它更不可能决定或支配各个部分和个体。相反，诸众在对自身的特异性和差异的实现过程中获得主体性（当然，这里的“差异”本身并非一种可以归类的种属差别）。并且，这种理论界划实际上表达出了关于“诸众”的理论建构对传统的革命主体理论的一个革新之处：在帝国时代，以互联网联接为基础的生产性组织模式业已改变了整个社会结构。不管在经济领域还是文化领域，都不存在一种能够和资本的力量形成系统性对抗的抵抗性力量。诸众与其说是一个具有强烈自我意识的主体，还不如说是一个“开放的、广阔的网络”、“一个提供相遇方式的网络”[1]，它使得各元素方在平等自由地表达和实现差异的过程中，持续地从资本权力的罅隙中延伸并布展自己的“占有力”，从而渗透进早已被结构化和同一化的社会空间。

在这里，哈特和奈格里显示出了一种未经深思的乐观。他们把互联网超文本的链接所突显出来的异质性和无法统摄性当做了可以对抗资本的统摄性的“一”的力量，并由此布展出诸众抵抗的可能性。从表面上看来，这似乎有一定的合理性。

在帝国时代，当非物质性劳动已经逐渐成为整个后工业社会的主导劳动形式之后，作为一种内化机制的资本，就成为了辖治个人主体和世界的权力性话语。这种权力的真正强大之处倒并不在于外在的强迫性，它实际上裹挟着世界内在的要求，将所有的一切都卷入自己的涌动之中。德勒兹和加塔里将资本主义社会的运作方式称之为公理化，其真正意义就在于，资本最大的魔力就在于它通过镜像化的投射将所到之处的一切对象性存在都吸纳为它的同谋。因此，当“诸众”的独异性特质需要被作为一种解放力量在政治形式中被现实化为革命主体的时候，它就必须面对共同性（commonality）生产在现有条件下是否可能的问题。任何世代，共同性的生产本身都是一个客观的范畴，它在很大的程度上决定了政治主体生成的合法性。也正是基于这一点原因，哈特和奈格里会说“只有当我们共享并参与进共同性，诸众的民主才是可以想象并可能实现的”。

这种共同性体现在经济领域内即是共同品（the common）的生产。

1　Michael Hardt & Antonio Negri: *Multitude*, the Penguin Press, 2004, p. xiv.

这是因为，如果离开共同品所带来的交叠（德勒兹谓之“皱褶”），具有内在差异的诸众元素之间的相互交往和社会行动将难以想象。这种共同品既包括了历史上全人类财富的总和，即：物质世界的全部，也包括了全部社会精神文化性生产（非物质生产）的成果，当然，关系性生产也不例外。多元差异的交互作用，不但必须以共同品为基础，而且反过来也能生产出共同品。当代社会的一个关键正在于，共同品的生产不但成为社会生产形式的主要内容，同时也成为其他支配性劳动形式的首要特征。所以实际上，共同品生产本身并不是对劳动生产的重写，而是作为一种连接性的理论（theory of articulation），它使“诸众”在宏观政治和微观政治的领域内能够布展其反抗性的力量。而在这种新型的生产范式中，“因为劳动力的合作力量（尤其非物质劳动力）赋予劳动维持其自身价值的可能性。大脑与身体仍需要他者生产价值，但它们所需的他者并不必然由资本及其协调生产的能力来提供。如今，生产率、财富和社会剩余价值的创造通过语言的、交际的与情感的网络采取了合作的互动性的方式。”[1] 换言之，对劳动协作的需要，更易使劳动呈现出集约化和社会化的特征。

哈特和奈格里指出，在整个社会过程中，共同性是被不断地生产和创造出来的，它不是某种现成在手的并被逐渐占有的东西。尽管帝国所具有的系统性权力构架使控制比以往任何时候都更加容易实现和强化，但它却日益对共同性的生产失去控制。原因恰恰在于，用以形成和联结非物质劳动的协作网络自身就内含了足以消解资本逻辑的统摄性的反抗力量。互联网是一个绝好的例子。网络通过不断地连接终端发生作用并持续膨胀。在互联网络中，点和点之间的联结完全是平行且同步的，一个点可以与其他任何点相连。理想情况下，不存在任何阻碍沟通的等级构架。一个点不隶属于其他的点。整个网络因此形成了一个去中心化的

1 ［美］麦克尔·哈特、［意］安东尼奥·奈格里：《帝国——全球化的政治秩序》，杨建国等译，江苏人民出版社 2003 年版，第 279—280 页。

架构：网络就是它的平面，无法被归结为一或是多，因此也无法被一种同一性的统摄权力所完全操控。这种去等级化的平面结构如同“块茎”一般，使异质性的发生成为可能。尽管在帝国时代，互联网仍然不可避免地深陷于整个资本逻辑的席卷中，但哈特和奈格里还是坚信它生产异质性的能力是能够有超越资本掌控的空间的。因为这种异质性本身正“具有潜在的无限性和区域上的不确定性”。因此我们也就可以理解为什么哈特和奈格里会说，“非物质劳动在展现其自身的创造性能量中似乎为一种自发和基本的共产主义提供了潜力”。[1]

诸众始终在与资本权力争夺共同性。资本逻辑发展的路径从根本上而言就是对社会原有的共同性不断地进行私有化和商品化。因此，诸众所反抗的对象既不单纯是某个威权人物，也不单纯是帝国具体的主权或机制，而是促使帝国主权得以形成的资本逻辑。这正是诸众能够被认定为阶级的基础。因为“最基本的方法是把诸众看成是所有处于资本统治之下劳动的人们的总体，因此才能把那些决绝资本统治的人潜在地当作一个阶级”。[2] 新型劳动范式的出现正是使得生命政治成为当下政治领域斗争核心的原因。一方面，市场的匀质化已经毫无悬念，另一方面，非物质劳动的产品（服务、电影、时尚、信息等等）大多具有一次性消费的属性，它的层级差异化（或曰消费定位）可以在横向和纵向两个维度上无限地被挖掘，是资本流通的理想类型。这使得它不但在获得乃至提高利润方面畅通无阻，甚至能够以全维度渗透日常生活的方式维护并更新着资本主义生产关系。就这一点而言，非物质劳动范式的转换确实为解决传统政治经济学所判断的资本主义危机提供了一线可能。但也仅仅是可能而已。非物质劳动所赖以依存的协作网络本身就包含着两面性：它如同一个不断地辖域化和解辖域化的开放体系，在公理化的同时也为终结资本逻辑提供了可能。今天的一切都可以被商品化，这也就意味

1　[美] 麦克尔·哈特，[意] 安东尼奥·奈格里：《帝国——全球化的政治秩序》，杨建国等译，江苏人民出版社 2003 年版，第 280 页。

2　Michael Hardt & Antonio Negri: *Multitude*, the Penguin Press, 2004, p. 106.

着，非物质产品的生产已经影响和涵盖了社会生活的每一个断面。彻底的解码使得前资本主义时代的全部依附关系被摧毁，所有被打碎的符码再通过抽象的等价交换的原则被“再辖域化到国家、家庭、法律、商品逻辑、银行系统、消费主义、精神分析以及其他规范化的制度当中”。但这样的解码和重新编码并不是无限的。资本主义的解辖域化在正向作用的同时也构成了它自身的绝对界限（absolute limit），即：它的域外（outside）。这个“域外”就是由合作连接的不确定性所导致的“精神分裂”（德勒兹和加塔里语）的可能性空间。这种可能性产生于资本主义生产关系内部，但却与资本的公理化方向相背离。“因此可以说，精神分裂症是资本主义的外部界限，或其最潜在倾向的终点，但是资本主义只有在抑制这种倾向的条件下才发挥作用，它推进或移动这个界限，用自己内在的相对界限去替代它，并继续扩大这个界限的再生产。”[1] 哈特和奈格里相信，诸众可能正是将资本主义自身具有的精神分裂症倾向实现的唯一解放主体。它不是多元化的文化现象，而是对资本逻辑具有消解性力量的阶级（这一点与德勒兹是不同的）。它的历史作用不在于通过批判而推进体系的总体化过程，而是使得“反抗和颠覆帝国的斗争以及建立一个真正的替代物的斗争，将因此在帝国自身的区域发生”。[2]

二、 作为数字资本空间的互联网

但这样一种理论上的乐观在现实领域是否会发生？我们可以从这两年在中国大陆喧嚣一时的“共享经济”的发展来解读一下。曾经让哈特和奈格里寄托了殷切希望的互联网在这样的共享当中究竟扮演了什么角色呢？它是否真正以其关系生产的能力实现了异质性呢？

曾几何时，从“共享单车”出发，延伸到“共享蓝球”、“共享充电

1 Deleuze & Guattari: *Anti-Oedipus*, University of Minnesota Press, 1983, p. 253.

2 ［美］麦克尔·哈特、［意］安东尼奥·奈格里：《帝国——全球化的政治秩序》，杨建国等译，江苏人民出版社 2003 年版，第 5 页。

宝”、“共享雨伞”，甚至“共享健身房”，轰轰烈烈的“共享”热潮席卷了大江南北。但从布展的领域来看，今天所谓的“共享经济”大多发生在非物质劳动领域，鲜少涉及物质产生领域。这当然与非物质劳动产品所具有的非排他性特征有关。于是，在这种情形之下，非物质劳动所具有的集体性和社会化特征本身不断地将在新的社会条件下用以创造剩余价值的语言的、交往的、情感的因素，甚至将整个社会的各个方面纳入了资本运作和孳生的过程：不仅劳动过程呈现出对资本的实际从属（Real Subsumption）关系，原本应当非中心化的社会关系和社会生活本身也实际从属于资本。资本扩张的深度被极大地加深。因为这种实际从属已经超出了资本增殖的多重循环，向内扩展到原先非资本化的领域。这实际上就是哈特和奈格里所谓的“生产者在生产的同时也会被生产”[1]的过程，它是生命政治构型社会主体的过程。

尽管在哈特和奈格里最初的设想里，由于非物质劳动生产的劳动资料和劳动赖以形成的合作关系大多依靠互联网及其所共享的资源来提供，因此不需要资本作为维持再生产的必需供给，从而减少了如物质劳动生产般对资本的依赖，因此有可能成为从资本的“一”的辖制中解放出来的希望。这种论断也成为后来很多研究者对非物质劳动范式充满热情的原因之一。每一个链接点和终端就如同皮质层中的神经细胞的树突。人只要不停止思考或记忆，树突就会不断增加，一直持续发育。网络也是如此，信息和点的连接会随着网络的存在而持续增加。而当信息传导进入皮质层的时候，树突的轴突又与其他细胞建立广泛的联系，从而对传入皮质的各种信息进行分析，作了反应。互联网中的反馈也来自于在网络中每一点，并且通过连接的随机性而呈现出无限的可能。

但我不得不说，这种理论上的乐观同将“诸众”作为承担历史解放使命主体的行为一样，充满了乌托邦式的热情，而这次被乌托邦化的对象则是互联网。作为上世纪以来对人类历史改变最大的发明之一的互联

1　Michael Hardt & Antonio Negri：*Commonwealth*，the Belknap Press，2009，p. 136.

网，它以其去中心化和非树状等级制的链接方式以及无限的可能性空间让社会研究者为之着迷。从某种程度上而言，它和大脑的运作方式相类似：它使得四散的多样性自由运动并将它们结合在一起。

从理想的层面上来讲，这样的一种存在实际上就是一个德勒兹和加塔里所谓的欲望机器的集合，它是以"和"的连接逻辑为规则的。这种逻辑，追求游牧的和非等级制的状态，对西方传统科学中的本质主义基础形成巨大的挑战。而后者正是试图通过一种确定的形式来肯定某种恒量（德勒兹将资本主义的本质归结为资本的公理化运动，原因也正在这里）。与此相反，游牧科学则旨在借助力和流、强度和速度的概念保留一种流变的状态。从这个角度而言，互联网是一种运动而不是实体，它可以渗透所有的维度，穿越任何的边界。

但是，这样一种从技术层面出发的分析忽略了历史唯物主义最强调的一个方法，即：分析对象本身所具有的社会基础。互联网作为一个技术，或者可以是中性的，其运作方式也能够去中心化地凸显异质性。技术从来不是一个独立于社会之外的存在物，它总是为着特定的目的被特定地使用，甚至这种目的可以脱离它被创造时的初衷。网络也不例外。资本从来不会主动地为解放留出"应许之地"，它的涌动穿透一切边界，逐渐加深对生活以及生命各个方面的捕获。互联网所具有的特性不但不能置身于资本的视野之外，甚至可以作为更便捷的牟利的途径。它在传播速度上的实时化、平滑化和几乎无成本地实现分工协作不正是资本孜孜以求的因素吗？正如唐正东教授指出的，"谈劳动过程的社会形式，不能假设劳动过程只存在单一维度的技术形式，实际上劳动过程的所有形式都是社会形式和技术形式的辩证统一"。[1] 因此，只要是资本所到之处，非物质劳动也好，互联网也好，都难免被资本所浸染。

---

1 王广禄：《当代资本主义的四大变化——访南京大学哲学系唐正东》[N]，中国社会科学报，2016－12－13。

何况，从一开始，“共享经济”理念的市场化运作就带有强烈的非物质劳动意蕴，这种理念本身直接指向了当代劳动和社会生活的信息化、智能化和情感化趋势。从劳动成果来看，在过去的传统自行车租赁行业中，商家和顾客仅仅通过租金将所有权和使用权进行连接，而在共享单车现身后，这种直白的租赁模式被一种新奇的“共享”概念所包装，绿色、环保、时尚等审美价值取向也穿插其中。在资本的公理化运作模式中，追求剩余价值是最重要的原则，一旦劳动成果进入商品交换关系中时，资本的控制就成为可能。当所有这些情感、关系、交往化要素被引进了生产和消费环节时，资本反而捕获了更多的增殖点，且正是因为资本所能捕获的生长点不再仅仅局限于生产、分配、交换和消费的物质层面，所以资本在这种被概念所包装的环节中反而进行了更深程度的实质性剥削。

另一个在非物质劳动条件下劳动的新特征就是劳动者工作时间与非工作时间界限的模糊化，工作时间扩散到了整个生活时间之中。而这意味着资本的又一次盘剥。以滴滴平台为例，在其复杂的运行模式中，有一个十分有趣的现象是：想尽一切办法使兼职司机变成全职司机。为此，滴滴通过复杂的大数据计算，来尽量限制兼职司机的获益，最终达到的效果就是尽可能多的司机成为了滴滴平台的雇佣全职劳动力。由此，资本实现的是对劳动者更多剩余劳动时间以及创造出的剩余价值的占有。综上所述，在“共享”这种理念包装下的资本运行模式中，各种观念、情感、信息等非物质性的要素本身都不再是其本身，而成为了资本的新形式。

与此同时，为加快资本流通的每一个环节，缩短资本在生产和市场中的周转时间，大卫·哈维所概括的“生产昙花一现的奇观”就成为了资本努力的极致方向。这就使得在以共享单车为代表的模式中，真实的生产已经难觅踪迹，概念的炒作取代一切成为了核心，资本在更加快速的状态里完成了从简单积累到剩余价值实质剥削的全过程。

三、 大数据背后的权力之间

我们知道，现行经济条件下的“共享经济”与理想的共享模式之间存在一个极大的不同：后者是在彻底的生产资料公有制的基础上实现的全民共享，而前者则是通过特定的共享平台（一个或多个）实现的供需连接，以期达到对社会闲散资源的优化利用。在这种情况下，所有权和使用权分离，由平台主导和操控的有偿付费机制是其中的关键。这种形式有效地通过互联网中介实现了针对性的供需对接，既满足了市场的多元化需求，又提高了既有资源的使用频率和效率，在一定程度上缓解了社会资源的浪费。但是，从根本上而言，这一经济模式本身并未能够实现生产资料的从“私有”到“共有”的根本性逻辑飞跃。而在所有权和使用权之间的张力需要调节的情况下，原本作为手段的第三方平台的权力开始急剧扩大。这正是当前条件下的“共享经济”本身在现实中所遇到的最本质性的困境。

同时，作为新经济形态出现的共享经济首先建立在以大数据为代表的数字化生存方式的基础之上。这就涉及一个问题，共享经济的背后是海量数据的支撑，然而当零散的数据通过被累积记录而隶属于大数据的时候，对用户信息的选择和占有就成为了某种权力专属的能力。尽管分散的个体或事件显现的数据独立地表现为半结构化或者非结构化的，但经过数据的结构化处理以后，看起来毫不关联的数据却可以显现出巨大的价值。作为工具的数据本身依然是中性的，但对工具的使用和其价值的判断却是主体性的。主体性就意味着特定目的的存在。尽管互联网时代的一个根本性特征就在于对数据的使用并不是排他性的，但这种表面上的共享性却未必一定导向积极的结果。主体对数据的选择性越明确使用能力越强，实现特定目的的可能性就越大。并且，基于数据最终所带来的收益也绝不会按贡献分配给数据的提供者，最终，所有的数据都是被“数据时代资本家”所无偿占有。外卖网站了解你的口味偏好，购物网站清楚你的需求和消费习惯，“百度”知道你的问题和最深层的心思，地图导航不但知道你所有走过的路，甚至会根据你的出行历史，预测性地给出特定时段特定路线的交通状况和建议……还有比它们更了解你的吗？并且，更为关键的一个事实在于，你面对的永远不是孤立的具有单一功能的软件和APP，而是一体化的大数据本身。它甚至比你自己更了解你！

当互联网为经济发展插上腾飞的翅膀的时候，数据就是操纵翅膀飞翔的那根神经。数据无处不在，数据的收集与分析也无处不在。只要个体作为一个节点连入互联网，所有的信息都会转化为数据被集中整合。有人用“透明人”这一概念来描绘大数据时代中，个体的信息未经允许被随意买卖、使用，个体因失去对自我隐私的掌控力而成为透明的人。在这里，个人隐私所幻化成的数据信息成为了一种可以进行用以逐利的工具，成为了一种数字资本。但是，“比我更了解我”所缺失的那个主语是谁？正是需要被反思的问题。缺失的这个“主语”可以收集“我”的信息、分析“我”的信息、使用“我”的信息，并告诉“我”下一步作出何种选择，在这种不对等的关系中，权力的身影开始显现。在共同性的表面之下，权力从来都没有缺席。甚至借助互联网，权力的布展也更悄无声息。谁在决定（共同性或共同产品的）共享？共享什么样的共同产品？在什么样的范围内共享？这些问题的背后，是权力的凸显。

以滴滴出行为例。不但出行平台可以基于大量的数据收集来分析、判断用户的信用状况与常用路径，从而给出推荐。并且，基于拥有社交功能的司机群体的描述，代表乘客的各类个人信息的数据被收集、分析和使用，最终就会像画像一样勾勒出具体的个性特征。而这本身就是一种典型的数据歧视，即将敏感数据纳入了数据自动化决定的范围。[1] 同时，由于平台设计者的某种初衷，这种数据的收集和共享是单面性的，乘客和司机在数据中位于不对等的两边，突破了传统出租车模式的随机

1　许可：《人工智能的算法黑箱与数据正义》[N]，《社会科学报》，2018-03-29（006）。

性，使得目的性选择更加容易实现。而当滴滴遭受审查时，它又停止夜间服务来试图左右舆论。那么，"滴滴出行"的运营方又何以敢放弃短期利益呢？根本原因在于它的垄断性地位。自2015年以来，"滴滴出行"在获得大量投资的前提下，通过收购"快的"和"Uber"的中国区业务，完成了自己对网约车市场的绝杀性垄断。在对2018年网约车市场占有率的不完全统计中，"滴滴出行"超过了90%，一骑绝尘。从"共享"到"垄断"，这是一个看似无比讽刺和吊诡的过程。但恰恰是因为原本担任联结的共享平台的功能性地位不再是中性的，而变成了压倒性的权力话语，从而吸引了资本的进入，完成了以消除竞争为目的的垄断的实现。

历史一再地证明，作为诸众对立面的资本从来就不是因循守旧、画地为牢的。它的触角和魔力在网络所能延伸到的每一个角落，它的权力使得它比非结构化的个体或群体更能捕获对象的可利用性。那么，诸众又将面临怎样的命运呢？如果说哈特和奈格里的"诸众"概念从理论上为激进话语提供了令人有所期待的主体，而法国的"黄马甲"们又在现实层面证明了"诸众"的消解性力量，对它的历史可能性的考量则依然要回到马克思的资本批判的根本点上：作为从资本的孔隙空间中挣扎出来的诸众，它是否能够发现并突破资本的界限呢？

例外状态与自由的边界

自新冠肺炎疫情在全球蔓延以来，其引发的问题早已超越了医学和公共卫生安全领域，而广泛涉及社会治理、经济重构、心理分析、身体政治及国际政治等诸方面。大批国内外学者纷纷就相关问题发表个人意见，其中也包括一向甚少在公共媒体发声的意大利哲学家吉奥乔·阿甘本。阿甘本对生命政治理论，尤其是例外状态和神圣人问题颇有研究。而与近年来方兴未艾的“阿甘本热”不同的是，他从2月25日发表的《无端的紧急情况让意大利陷入例外状态》到4月20日发表的《第二阶段》，均在理论界引起了巨大争议，其中不少尖锐的批评甚至来自于他的好友。这一现象本身已远非常识辨析和理论争论这般简单，而是为我们提供了一个审视生命政治学说内部悖论的契机。更直接地说，比问“阿甘本是对还是错”更有意义的举措是去追问：使得生命政治理论得以可能的条件究竟是什么？

一、 制宪权力是否要应对例外状态？

阿甘本一反常态，在不到60天的时间里共发表了7次讲话，中心立场极为明确：由被高估危害的新冠肺炎疫情引发的政府举措和社会失当，已经不可挽回地引起了例外状态的蔓延，使得人们正“面临基于社交隔离和无限控制建立起来的社会模式”，因此必须“毫无保留地宣告自己的抗议”。[1] 其实，阿甘本的频频表态虽然多少有些打破他给人们留下的“恐媒（体）”印象，但其言论却并不出人意料。探其根本，这与他本人的理论主张是一脉相承的。尽管一些尖锐的批评倾向于将阿甘本描绘为一个缺乏关于现代世界和医学的基本常识的“后”哲学家，但这除了制造一个使读者“喜闻乐见”的“过时哲学家”的庸俗形象之外，于理论研究和疫情反思并无益处。对阿甘本的解读，只有进入到生命政治理论内部的悖论式结构中，才能抓住根本。

在《神圣人》系列丛书中，阿甘本以一种互文式的解读方法在施米特的主权学说和本雅明的弥赛亚学说之间构建起了一场针锋相对的讨论，从而发展出自己关于例外状态的理论，来诠释社会历史进程中政治威权与法律的关系。他认为，施米特和本雅明争论的焦点在于在作为例外状态存在的无法地带中发挥作用的暴力与正常状态下的规范——法之间的联系。“施米特每一次都试图将暴力重新铭刻于法律脉络中，而本雅明则每一回都寻求借由确保它作为纯粹暴力的法外存在来回应施米特的这般存在。”[2] 阿甘本最深层的恐惧和忧虑来自于例外状态下的法律失范被规范化，即：特殊情境下政策的常态化以及民众对此的接纳。尽管这一结论的得出表面上来源于考古学式的文本研究，但更重要的意义在于，它是阿甘本解读当代政治治理范式的依据和主张。“故意创造出一种恒常性的紧急状态，便成为当代国家的重要实践之一，包括所谓的民主国家。”[3]

朱迪斯·巴特勒在谈及这一理论的意义时说道：“《例外状态》一书适时且令人折服地探索了国家权力撤回对于法律保障与法律权利之确保的能力，同时既将其属民弃置于法律暴力的即兴之下，又强化了国家的权力。我们不应将例外状态仅仅理解为偶发和限定的，事实上，引发例

---

1 ［意］阿甘本：《第二阶段》，载网站 https://mp.weixin.qq.com/s/NwOGgXRzGf3hYRqBWB_6AQ。在疫情缓和后，意大利政府计划于 5 月 4 日进入第二阶段，这是阿甘本 4 月 20 日对此发表的文章。

2 ［意］阿甘本：《例外状态》，薛熙平译，西北大学出版社 2015 年版，第 94 页。

3 ［意］阿甘本：《例外状态》，薛熙平译，西北大学出版社 2015 年版，第 5 页。

外状态已经成为建构现代国家权力的基础。”[1]

从这一立场来看，阿甘本在新冠肺炎疫情暴发之后对意大利政府的举措频加批评就不是一件难以理解的事情了。在 2 月 25 日第一次发表的《由无端的紧急情况带来的例外状态》一文中，阿甘本明确指责政府“‘发明’一场流行病就可以为无限拓宽例外状态提供理想的借口”[2]。一个月后，当意大利的疫情正在全国蔓延之时，他却在 3 月 24 日回答《世界报》的访谈中说“人们如此习惯于生活在一种永久的危机状态中，以至于他们似乎没有察觉到他们的生活已经被缩减为一种纯粹的生物状态，并且不仅丧失了其政治维度，而且失去了所有人性的维度”[3]。到 4 月 6 日，看到居家隔离逐渐被人们接受，他大声疾呼“当前的紧急卫生事态可以被视作一间实验室，用以研究施加于人类的新型政治与社会规划模式”[4]。

从流行病学的角度来看，这样声嘶力竭的阿甘本无疑是不可理喻的。但是，深知纳粹时期恐慌的人们却又觉得阿甘本的固执似乎也不完全可笑。然而，可以理解并不意味着言论本身的合理性。恰恰相反，阿甘本在疫情面前对理论的固守为我们提供了一个透视其生命政治学说的绝好契机，从而使我们可以从方法到结构有效地反思这一理论本身。

在借助本雅明实现对施米特的超越的过程中，阿甘本是以默认法律状态和例外状态的绝对对立为前提的。即便是在施米特那里，法律规范和权威决断之间也是绝对不可化约的。因为根据阿甘本的理论，例外状态正是规范被悬停的阶段。但是这种悬停本身恰恰是为了在法中合法地

1 ［意］阿甘本：《例外状态》，薛熙平译，西北大学出版社 2015 年版，封底。

2 ［意］阿甘本：《无端的紧急情况让意大利陷入例外状态》，载网站 https：//mp. weixin. qq. com/s/y-VxD6sV1KBWYHxiR5lhpg。这是其 2 月 25 日在《宣言报》上针对意大利疫情发表的社论。

3 ［意］阿甘本：《这种流行病清楚地表明例外状态已经变成正常状况》，载网站 https：//m. thepaper. cn/newsDetail _ forward _ 6757201。这是 3 月 24 日《世界报》上刊登的阿甘本访谈，见网页附录部分。

4 ［意］阿甘本：《论社交距离》，载网站 https：//mp. weixin. qq. com/s/0w6ZAjIZh2ehhpqRbeCYDw。这是其 4 月 6 日对意大利疫情有所好转发表的文章。

制造出一个法律缺位的地带，并将其纳入规范内部。而这种行为的最大隐忧并不在于例外状态本身，而在于主权行使者将例外状态之下的所有政策常规化，通过凌驾于法律之上的手段实现对社会的强化控制。阿甘本对这一问题的关注和担忧来源于德国从魏玛时期到纳粹时期频繁甚至持续性地制造紧急状态、悬置魏玛宪法的历史事实。和绝大多数同时期的欧洲思想家一样，阿甘本对法西斯主义的恐惧和反思决定了他的政治哲学研究的基本态度。

当阿甘本沿着福柯的政治治理分析路径进行权力机制批判的时候，策略之一就是从抽象的意义上制造范畴之间的对立。有研究者指出，阿甘本之所以采取这种做法，是因为对权力的考查必须首先从它所设定的边界入手。“边界总是表现为各种对立机制，……必须首先考古学式地回到这些对立的源头中去。”[1] 然而，这种形而上学的二元对立与政治现实并不总是同一的。例外状态与法律状态的绝对分立就回避了法律实践中的一个核心问题，即制宪权力本身是否要考虑例外状态并对例外状态做出界定。无论是施米特、本雅明还是阿甘本，都更多地关注权威在例外状态中的作为（或者说政治对法律的穿透），同时又都将例外状态（非常状态或紧急状态）默认为是主权者的决断。但是在政治和法律实践中，例外状态的认定并不是一个自然的过程。它首先必须得到法律权力的认可。换句话说，国家（人民或主权者）去行使制宪权力的时候，必须首先对例外状态的边界做出界定。这不仅包括对例外状态的情形和类别做出规定，而且包括对例外状态的结束作出规定。实际上，即使在阿甘本自己也承认，当制宪权力将例外状态设置为特殊状态的时候，是以一种排斥吸纳的方式将其整合到整个法律系统当中，使其既外在于法又在法律之中。而这种行为本身恰恰是制宪权力的责任和行使的方式之一。更确切地说，制宪权力（法律状态）和例外状态并不如阿甘本所说

1 黄晓武：《悬置与非功用性：阿甘本的抵抗策略及其来源》，载《马克思主义与现实》2015 年第 1 期。

的那样决然对立，而是呈现为一种系统整合的模型。

阿甘本的这种方法论上的二元对立设定不但隐藏了例外状态的法律认定来源，更暗含了以下几个预设。首先，在法律状态与例外状态的截然二分中，阿甘本将真实的国家社会历史凝固化并理想化。在他那里，无论法律状态还是例外状态，都以一种静态的、整体的面貌出现。但是，任何国家的历史发展过程都充满了各种意外事件：战争、灾难、疾病、重大事故等，这些都有可能引发例外状态。例外状态实际上恰恰是真实的社会历史和现实的组成部分。如果制宪权力不能够对例外状态做出界定，恰恰是权力的缺失。并且，由于事件的范围不同，例外状态的适用区域和具体内容都会有所不同。而在一个高密度联系的社会中，这种政策上的差异究竟会导致何种影响，其制约因素远不止阿甘本所说的政治权力那么单一。其次，阿甘本在将国家历史理想化的同时，也将制宪权力的行使情境日常化了。在他那里，所谓法律体系，只能在国家或者社会的非例外状态之下发生作用。当进入到例外状态的时候，法律是悬停的。但事实上，制宪权力或者说法律体系并没有将自己外在于例外状态而将其简单地交付于政治权力。在法律越来越趋向于细化和专门化的今天，它对几乎所有可以预见的情况都有所规范。这些法律边界的设立透视出当代法治国家的重要特点，即不再是将权力让渡于政治权威，而是更趋向于通过专门法来解决问题。第三，政治生命在阿甘本那里也被平滑化了。必须承认，政治生命和赤裸生命的对立是阿甘本整个生命政治理论的基础。但现实地说，赤裸生命和政治生命都并非一个凝固不变的单一体，它们的区分关乎具体情境下对权利的界定。权利是多维的，也是层级化的，它并不遵循"要么乌有要么一切"的原则。阿甘本不仅将生命的两种形式视作二元对立，甚至将政治生命本身视作非例外状态下行驶的平滑体，仿佛这种生命就不会也不应遭遇例外状态。在疫情暴发之后的几次发言中，阿甘本不断强调正常社交的重要性和伦理意义，其本质就是要求恢复平滑状态下的生命形式。然而，正如国家社会历史本身会不断遭遇例外和非常态一样，生命也会不断遭遇所谓的突发状况。

由此可见，阿甘本的生命政治理论在今天面临的困境不在于他强调的问题有没有意义，而在于在理论的根基处上述三个部分都被置于一个相对单一和静态的对立设定当中。有学者在肯定阿甘本学说的理论贡献时曾提到，他揭示了霍布斯创立现代政治哲学传统以后所掩盖的整个西方政治哲学传统中的一个基本脉络，即：主权决断例外状态的政治传统。[1] 这一点非常精准。但问题在于，阿甘本在例外状态中完全摒弃社会契约传统而将其全权交付政治决断的做法是否也失之偏颇呢？

二、 自由是否存在边界？

4 月 14 日，阿甘本在《一个疑问》中引用了修昔底德的《伯罗奔尼撒战争史》中的文字："瘟疫还给城邦带来了其他更严重的违法失序（ἀνομία）［……］不再有人坚持曾经认为的善（καλός），因为不清楚自己是否会在实现善之前就死去。"[2] 他不但表达了对将"保持社交距离"变成新的社会组织规范的恐惧，而且指责教会和法律界人士"通过放弃善来保护善，以及通过强制放弃自由来保护自由，这两种规则同样虚假而矛盾"[3]。这一次他甚至直言不讳地表达了对现代医学技术"在纯粹维生状态下一直维持一个身体"的不满，认为这是对生命经验中身体和经验两个维度的彻底割裂，并进而提出"应该牺牲生命而非信仰"的观点。[4] 这不由让人想到阿甘本的老朋友让——吕克·南希——在批评阿甘本 2 月 25 日发表在《宣言报》上的社论时所提到的，阿甘本在 30 年

---

1 参见张旭：《阿甘本论例外状态》，载《马克思主义与现实》2018 年第 1 期。

2 ［意］阿甘本：《一个疑问》，载网站 https：//mp. weixin. qq. com/s/sT4fVd8E93fiNPQOiV3bKQ。这是其 4 月 14 日发表的文章。

3 ［意］阿甘本：《一个疑问》，载网站 https：//mp. weixin. qq. com/s/sT4fVd8E93fiNPQOiV3bKQ。这是其 4 月 14 日发表的文章。

4 ［意］阿甘本：《一个疑问》，载网站 https：//mp. weixin. qq. com/s/sT4fVd8E93fiNPQOiV3bKQ。这是其 4 月 14 日发表的文章。

前曾建议他拒绝医生提出的心脏移植手术，但事实证明，他选择接受手术无疑是明智的。[1]

然而，与其说从这里可以折射出阿甘本对现代医学的不信任，倒不如说他更深层的恐惧正是来自于对现代医学技术的坚信和伦理上的战栗——一种不以生命经验的统一性作为选择前提的技术有可能将生命抽象成一种纯生物性的活体。而这是阿甘本无论如何都不能接受的。其实，的确不必怀疑他本人在这个问题上可能作出的选择。因为在他之前，意大利哲学家埃斯波西托和法国哲学家孔特-斯蓬维尔都曾公开表达类似的意见。

当个体的自由被以这样一种“不自由，毋宁死”的态度谈论时，一个无法也不应被忽视的前提就是今天的共同体及其风险机制。正如南希在他的回应中所说，“在这个世界里，各种技术相互连接（各种置换、迁移、种种实体的浸透或扩散等），达到前所未有的强度，并随着人口的增长而增长。”而与这种连接的高强度和高密度相适应的，正是风险共担的必然性。尽管也有学者提出，在过去几个世纪中出现并形成巨大威胁的几次瘟疫，即便在不具备当代多维交流便捷性的情况下，依然发展成为全球性的灾难，说明隔绝本身并不具有绝对的必要性，而只是营造了一种虚拟的安全感。但是需要指出的是，历史上的疫情和今天的新冠肺炎危机不可同日而语。一个很重要的区别在于传播速度。这一点在传染病学上至关重要。从突发性公共危机视角来看，在全球经济联系如此密切的条件下，疫情作为例外的不确定性事件，其发生必定会在极短的周期内对整个文明和全部公共以及私人生活状态产生影响。这种影响愈发会以类似“蝴蝶效应”的弥散状态侵入经济、政治、文化等方方面面，带来不可估量的损失。而且一个很重要的问题在于，扩散周期的缩短会加剧社会机体在短时间内抵御意外状态的能力的降低。在这样一个

1 ［法］南希：《病毒性例外》，载网站 https：//www. thepaper. cn/newsDetail _ forward _ 6236325。这是其对 2 月 25 日阿甘本在《宣言报》上登载的社论的回应。

高频率的互动系统中，很难孤立地去谈个体自由的问题。因为在流行病的现实面前，不但各个国家之间不是相互孤立的，即便是在国家内部，政府（政治权力）和公众也并不位于对立的两极，而是作为一个整体性的存在来共同面对和抗击风险。在这一点的预设上，阿甘本就已经犯了绝对化的错误。

保罗·达凯斯在《哲学与病毒：阿甘本的幻觉》一文中尖锐地批评阿甘本在谈论疫情传染时，不但无视或低估正在发生的风险，而且将社会意义上的传染病现实抽象化为“传染观念”，从而抗议政府对此所采取的措施。保罗指出，当阿甘本在 3 月 11 日《论传染》一文中指责“最近政府颁布的规定确实将每个个体都转变为潜在的涂油者”时，已经忽略了一个最基本的医学事实，即“使得每个人成为流行病例倍增的潜在推进者”（“潜在的非自愿的涂油者”）的，是“病毒的存在及其传播方式”，而不是政府为了限制病毒传播而采取的措施。[1] 事实上，在这场由流行病所造成的例外状态中，政府不但和民众的利益在根本上是一致的，而且是实施风险抵御的具体执行者。因此，在新冠肺炎疫情蔓延的过程中，可以随时触摸、拥抱、行贴面礼的“邻人”状态根本不是当前现实的社会关系，人人自危的“涂油者”状态才是。阿甘本的问题在于他将医学政治化的举措解读为权力的扩张，从而一厢情愿地将疫情虚拟化，将真实的例外状态曲解为常态的遮蔽，抽象地在伦理层面上讨论友爱和所谓的“邻人”的社会性交往自由。但事实上，只有尊重现代医学的科学判断，才能观照处于真实社会关系中的个体。当阿甘本把假想的“邻人”状态绝对化、甚至凌驾于现实之上时，他关于自由的讨论也就必然具有了抽象的意味。

阿甘本对这个问题并非毫无意识。他在 3 月 24 日的访谈一开始，面对记者基于意大利疫情的全国性蔓延的诘问，就首先宣布了自己的立

1 [意] 保罗·弗洛雷斯·达凯斯：《哲学与病毒：阿甘本的幻觉》，载网站 https://mp.weixin.qq.com/s/bpsyrIx7xwsLBJ2bxpK2lA。这是其 3 月 16 日在《微型巨人》杂志上发表的文章，对阿甘本进行了言辞尖锐的批评。

场："但是我不会进入到科学家之间关于这种流行病的这些讨论中。让我感兴趣的是那些由此产生的极其严重的道德和政治后果。"基于科学判断的事实在这里被轻描淡写地规避了，阿甘本以视差为由成功地把问题带回到自己的主场："人们如此习惯于生活在一种永久的危机状态中，以至于他们似乎没有察觉到他们的生活已经被缩减为一种纯粹的生物状态，并且不仅丧失了其政治维度，而且失去了所有人性的维度。生活在一种永久的紧急状态下的社会不可能是一个自由社会。"[1] 可是，需要反问的是，一个结论的得出是否可以脱离它所发生的社会基础？如果事物赖以存在的条件被忽视，对其所进行的伦理和政治反思的合法性又何在呢？这不仅是齐泽克所说的视差问题，而且是批判理论得以可能的根本方法论问题。这种对条件和结果的剥离使阿甘本将医学问题所引起的政治化反向解读为政治医学化。然而，对医学和政治的同样的怀疑态度（准确地说，对医学是回避，对政治是不信任）使他的忧心忡忡看起来极为不合时宜。何况，当他一方面强调统一性的生命经验意味着身体和精神的不可分割，另一方面又以殉道者的教导要求在生命和信仰之间选择后者，难道不是自相矛盾吗？如果如阿甘本所说，对生物性生命的关注是一种生命治理术的目的，那他本人的这种强势表达又何尝不是另外一种更极端的生命政治危机呢？

回到自由问题本身，从现实社会关系的角度来看，个体自由（所谓的"邻人"状态）的合法性首先需要认定边界问题。除了抽象化问题之外，阿甘本谈及自由的时候也暴露出生命政治理论蕴含的另一个内在悖论，即：个体自由到底是原子化自由还是共生自由？这关系到自由边界的界定。阿甘本不止一次地哀叹"邻人"的不复存在。在他看来，居家隔离的举措和保持社交距离的建议让人丧失了进入社会关系的自由可能，人际的边界变得隔绝而不可逾越，而这"在人性和政治层面"都是

---

1 ［意］阿甘本：《这种流行病清楚地表明例外状态已经变成正常状况》，载网站 https：//m. thepaper. cn/newsDetail _ forward _ 6757201。这是 3 月 24 日《世界报》上刊登的阿甘本访谈，见网页附录部分。

不可接受的。表面上看，这一主张并非全无道理。马克思也曾说过："人的本质不是单个人所固有的抽象物，在其现实性上，它是一切社会关系的总和。"[1] 如果不考虑当前的疫情事实，要求社会性交往空间是一件无可厚非的事情。然而问题在于，当阿甘本形而上学地把人当作有社会性需要的主体时，却没有在现实性上对个体的社会性存在效果作出分量相同的考量。也就是说，阿甘本所谓的自由只是片面地强调主体行为上的自主性，而没有对这种自主选择的效果进行反思。疫情当前，个体选择不戴口罩、随意外出的自由实际上正是对其他人选择保护自身安全的自由的侵犯。套用马克思对费尔巴哈的那句经典评价：当阿甘本是自由主义者的时候，作为社会关系总和的人在他的视野之外；当他探讨人的时候，他绝口不提人实现自由的现实物质基础。

即便在阿甘本有所师承的海德格尔那里，"此在"也永远是一种在与世界的关系中被建构起来的存在。这也就意味着，存在或思维在逻辑上并不先在于或独立于世界。而当阿甘本把自由当成一个先在逻辑，要求它在一切情形中都具有伦理上的优先性的时候，显然已经违背了他本人的存在论哲学基础。

当然，如果只是个人选择，我们无权质疑任何人在任何情况下做出"不自由，毋宁死"的选择。然而，是否能够把它提高为一种对大众的要求，或是置于一个普遍的社会治理层面的选择呢？这是意义完全不同的问题。如果今天阿甘本对医学和公权所片面追求的"安全理性"的诟病尚有几分合理的话，那如何又能以伦理为由建构起一个"自由理性"呢？

正是由于这种将自由高度本体化的立场，在《一个疑问》中，阿甘本对意大利政府发出了痛心疾首的质问："面对这场疾病，为什么整个国家都没有意识到自己已经在伦理和政治上崩溃？"[2] 然而，现实世界从来就不是非此即彼的二元对立。伦理学内部关于义务的讨论由来已久。

---

1 《马克思恩格斯选集》第3版第1卷，第135页。

2 ［意］阿甘本：《一个疑问》，载网站 https：//mp.weixin.qq.com/s/sT4fVd8E93fiNPQOiV3bKQ。这是其4月14日发表的文章。

在一个系统内部，矛盾从来不是唯一的，而是以多重化的复杂样态出现的。同时，矛盾内部的制约因素也不是单一的。正如前面所说，社会历史并不如阿甘本所设定的那样体现为法律状态和例外状态的决然对立。置于共同体内部的时候，保障民众生命安全和自由的社会交往是同样必要的义务，当然还有其他不同的伦理和政治上的要求。即使他维护的是康德主义的义务论，也应当首先面对完全义务之间的冲突问题，而不能将维护自由的义务凌驾于其他义务之上并要求绝无例外。在伦理学领域中，由康德绝对义务论引发的例外问题通常是通过双效原则和优先排序的方式来解决的。这是阿甘本在强调个体生命选择权利的时候所刻意回避掉的问题。

三、后疫情时代正常化的重新编码及反思

阿甘本对例外状态常态化的恐惧在于，“在卫生紧急结束之后，各个政府会将此前尚未成功实现过的实验继续下去：人们关闭大学，课程只在线上进行；人们一劳永逸停止去讨论政治和文化问题的聚集，只通过数码信息进行交流；而无论在哪里，机器都可能取代人类之间的所有接触、所有传染。”[1] 在他看来，这种基于线上交流和保持适当社交距离的共同体是一个“断绝了友谊与爱情”的恶托邦。这里人人自危，既防备别人，又深恐被别人防备，“涂油者”的阴影徘徊不去，每个人都成为一座孤岛。

在这幅末世情景的描绘当中有两点值得讨论。第一个问题是，自由是否一定意味着物理空间上的自由占有，身体性接触的减少是否意味着社会联系被切断？自由的内涵问题从来都是哲学史上长盛不衰的问题，而对自由的界定也必然与一定的时代相联系。自由不是抽象的凝聚，不

1　[意] 阿甘本：《这种流行病清楚地表明例外状态已经变成正常状况》，载网站 https://m.thepaper.cn/newsDetail_forward_6757201。这是3月24日《世界报》上刊登的阿甘本访谈，见网页附录部分。

同时代、不同文化背景、不同物质技术条件之下的自由从来都不表示相同的内容。身体的触碰和分享程度固然对社会关系亲疏的界定有着重要的意义，但即便是社交礼仪本身也在不断地经历着变化。一些方式被改变，另一些新的维度被添加进来。从存在论哲学的角度而言，自由所关注的是人与世界的关系，而非对物理空间的占有。人际关系是一个复杂的符号系统，人和世界的关系也同样如此。而且即使是疫情之下的居家隔离，也只是有限度地减少而非禁绝社会流动。抽离一切条件只谈社交流动的自由实际上是对自由的窄化。

第二个要追问的问题是，阿甘本对新常态的恐惧是否暗含了对技术的恐惧？当病毒扩散的威胁使得社会交往的很多形式发生改变、转向线上的时候，人类正经历着一个以一种新的方式布展与世界的联系的历史过程。这一趋势在过去的 20 年里一直存在并不断发展，在疫情这一“事件”（德勒兹语）的推动下更是被加速推进。实地购物转向线上购物，交流（教学、沟通、会议）也转向线上，数据校准现实……这些新的方式跟原来面对面的方式完全不同——形式不同，达到的深度不同，效果自然也有所差异。但是不得不承认，这些新的方式已经拓展了一个社会交往能够覆盖的范围，突破了物理空间甚至时间的隔绝，是对原有社会交往边界的挑战和延伸。然而在阿甘本那里，这样新的线上交流不足以替代原来面对面交流的社会空间。从这里来看，他的技术拒绝主义还是比较明显的。

可以肯定的是，新冠肺炎疫情之后的世界和之前的世界不一样了。《纽约时报》专栏作家托马斯·弗里德曼甚至直接宣称“新冠肺炎是新的历史分期的起点”[1]。《人类简史》的作者尤瓦尔·赫拉利也在《金融时报》发表了长文《冠状病毒之后的世界》，讨论疫情之后人类社会所面临的改变和忧患。他特别指出：“许多短期的紧急措施将成为生活的

1 ［美］托马斯·弗里德曼：《新冠肺炎是新的历史分期的起点》，载网站 https://mp.weixin.qq.com/s/rFy14KfHQ3Q5gDjJ6sb1yQ。这是其 3 月 17 日发表的文章，认为新冠肺炎将成为 B. C. -Before Corona 和 A. C. -After Corona 的历史分期的起点。

一部分。这就是紧急措施的性质，它们加快了历史进程。通常情况下，可能需要花费数年时间进行审议的决定，现在几小时内即可通过。不成熟甚至危险的技术投入使用，因为不采取任何行动的风险更大。”[1] 事实上，在疫情之前，数字监控技术已经达到了一个很高的程度，而在疫情之后，更可能实现全程性、全覆盖性和无缝性的数字监控。除此之外，数据分析的能力也会更强。这就是阿甘本和西方很多哲学家都感到恐惧的原因。他们所关注的问题是：是不是借着例外状态，我们被植入了什么？被植入的东西在例外状态之后是不是会被常规化？因为显然，新常态的重新编码已不可阻挡，社会性、物质生产、自然生命和身体权利等机制都被阻断，需要被重新确认。基于技术本身的特质和由高强度联系的脆弱性所带来的不确定性，后疫情时代已然成为一个需要被重新界定的时代。如果依旧在对原有的世界图景的哀叹中恐惧战栗，无视甚至拒绝这种变化，那么就和希图回到黄金时代的幻梦并没有什么差别，也并不会因此重新获得道德上的制高点。

然而，在这个时刻阅读阿甘本仍然是有意义的，因为他所关注的生命政治问题并不是唯新冠肺炎疫情下所特有的。无论是监控也好，还是自由的界限也好，这些问题都不会始于新冠肺炎疫情，也不会终结于它，而是已经结构性地嵌入整个社会进程之中。新冠肺炎疫情只是一个契机，它强化了本已存在的趋势，包括数据生产、监控和网格化、身体控制，以及技术与无人化。这些问题归根到底是当代技术发展与人的发展之间的关系问题，而阿甘本的重点也正在于拷问技术加速条件之下生命政治的趋势和隐忧。

在今天，技术以锐不可挡的势头极大地拓展和改变了人类身体的边界和在场方式。电脑、智能手机、平板、现代通讯等不但使我们以远程在场的方式与全球发生联系，而且越来越多的智能装备（家庭恒温系

---

1 ［以］尤瓦尔·赫拉利：《冠状病毒之后的世界》，载网站 https：//mp. weixin. qq. com/s/Axn97GVmBqtMm4nclqaWeQ。这是其 3 月 20 日发表于《金融时报》的文章。

统、警报系统、监控系统、智能家居中控、无人驾驶汽车、聊天机器人甚至可穿戴设备等）实现了人与机器、机器与机器、人与人的对接。于是，一方面，个体即使足不出户，也比过去任何时候都更有途径接近于世界和其他人，机器成为人器官的延伸。但在另一方面，传统的肉身的直接在场（阿甘本说的“邻人”状态）与联系的方式被数字化生存极大改写和表征，数据又反过来校准现实。线上与线下、实体与数字不再是独立无涉的两个阵营，它们之间的边界日益模糊，甚至相互渗透，每一点私人或社会性痕迹都以数据的形式被捕捉和记录。

手机等智能设备的普及和无线网络的无缝覆盖使得个体存在成为移动的数据发送基站。只要有一个设备进入连接，全部数据就会在其他设备中同步并源源不断地被发送出去，形成数据化的表征。在由不同应用软件和平台决定的算法模型中，数据被匿名地调用，而数据生产者本身却一无所知地缺席着和被表征着。启蒙理性所倚重的中心化的主体以肉身缺席和符码表征的方式在场，却又不断地在这种匿名状态下被去中心化和重构。这一功能的实现是以双重的匿名性作为原则：数据的生产者是匿名的，其存在被数据高度抽象化，只具有统计学上的意义；算法的调用是匿名的，甚至是随机的，只服务于未必中立的纯粹的功能性预设。显然，数据和算法的真正力量在于它的使用者，而非生产者。在这种情景下，忧患意识是必要的，但不是以后退作为选择的。正如内格里在最近的访谈《新冠病毒，当下与未来》中总结的那样：“这正如拥有一种生态学：我们不是重回森林生活，而是与森林共同生活。”[1] 因此，不仅是生命政治理论家，也包括我们所有人都应该关注的问题是：在被疫情加速了的后危机时代，如何督促并保证数据和算法的使用者对生产者进行保护？

---

1 ［意］奈格里：《新冠病毒，当下与未来》，载网站 https：//www.radiondadurto.org/2020/03/21/coronavirus-la-fase-attuale-ed-il-futuro-lintervista-a-toni-negri/。这篇文章是由 Gianluca 与 Paola 整理自 Radiondadurto 电台 3 月 21 日对内格里的采访（原题“CORONAVIRUS，LA FASE ATTUALE ED IL FUTURO. L’ INTERVISTA A TONI NEGRI”。

健康码与数据身体

在人类历史上，大范围传染病的出现并不少见。从死亡人数超过一战的西班牙流感到SARS到埃博拉再到COVID－19，人类的文明史就是一部间歇地与各种新旧病毒进行斗争的历史。斗争的目标是人类肌体的健康和社会的可持续发展。因此必然地，每一场胜利背后是从医疗和公共卫生政策到经济文化甚至生活观念的连锁式变化。新冠也不例外。它对于经济全球化趋势的逆转和地缘政治冲突方面的增加日益显现。更为重要的是，鉴于病毒有可能与人类长期共存的事实，很多临时性的紧急措施会成为日常的一部分。可以肯定，新冠之后，我们不必、也无法再回到前疫情时代。《纽约时报》专栏作家托马斯·弗里德曼甚至宣称“新冠肺炎是新的历史分期的起点”。《人类简史》的作者尤瓦尔·赫拉利，也发长文《冠状病毒之后的世界》讨论后疫情时代全球在各个维度所面临的改变和忧患。在这些讨论中，数字化技术的应用和前景成了重中之重。人们既对它们在抗击疫情过程中所发挥的史无前例的作用大加肯定，也对借由疫情而加速的技术乐观主义保持谨慎。健康码，正是在这场抗争中站在前列的技术手段。它所引起的争议性探讨并不少于对它的肯定。在日常社会实践中，这个需要被随时展示的符码，成了对身体甚至主体进行判断的标准和依据。于是，一个值得追问的问题由此浮现：健康码，是“我”吗？

一、 健康码：被展示的身体

单纯从哲学史而言，“身体”似乎并不是个特别受话语青睐的概念。与“人”或“主体”这样的范畴不同，它受到重视其实是相对比较晚近的事情。从柏拉图将“身”、“心”分裂为对立的二元以来，在中世纪，“肉身之重”成了妨碍灵性追求、需要被克服的存在。尽管启蒙运动以大写的“人”的超拔终结了对神学的跪拜，却又将人的本质定位在理性的尊崇之上。自笛卡尔“我思故我在”的理性主义传统以降，身体一直作为一种暂时性和偶在性的感性表面，臣服于理性的尊位之下。

真正为身体的第一性正名的是尼采。他蔑视笛卡尔所树立起来的骄傲的主体，以身体为准绳建构起人与世界的关系。在《查拉斯图拉如是说》中，他借醒悟者的口说：“我整个地是肉体，而不是其他什么；灵魂是肉体某一部分的名称。……在你的思想与感情之后，立着一个强大的主宰，未被认识的哲人，——那就是‘自己’，它住在你的肉体里，它即是你的肉体。”[1] 身体不但是体现为力量和意志的“自己”最忠诚的存在，甚至是产生“脱离（肉体）时的痉挛与奇欢”的源泉，是思想和精神赖以产生和持存的母体，是人有限性的边界。

然而，如果说尼采的身体还要借着狄奥尼索斯的狂醉，以充满感官张力的方式来反抗阿波罗所代表理性的话，弗洛伊德则直接将“身体”概念带入了理论史。“自我”的身体属性不仅在物质基础的意义上被肯定，“自我”本身更是被构建为“本我”的力比多投入（身体本能）在现实原则下的社会化塑型。无意识通过身体以本能的方式进行言说。而意识则始终在寻求满足无意识的途径并有选择地压抑无意识冲动。在身体本身（无意识）和对身体的自觉意识（具有统一性的自我认知）之间，弗洛伊德毫不犹豫地将权杖交给了前者。于是，身体第一次在人文

1 ［德］尼采：《查拉斯图拉如是说》，尹溟译，文化艺术出版社 1987 年版，第 31—32 页。

科学领域占到了理智的上风，并开启了精神因素转化为身体的生理症状的问题史。之后，拉康以儿童幼年时期的“镜像”建构的方式提出了身体本身和关于身体的连续性想像之间的张力问题，并将镜像阶段作为代表了符号秩序的典型情境诠释为幻想性的秩序，从而完成了对主体绝对性的降维。事实上，这一主张的真正目的在于反对哲学史传统中无视身体的形而上学主体概念。

在当代学术领域将“身体”提到理论重心的最重要的哲学家莫过于福柯，他以权力之楔将肉身牢牢嵌入了思想史和权力谱系。在他广为人知的著作《规训与惩罚》(1975) 中，他以身体作为透视权力关系运作的支点，研究惩罚的权力如何通过施加于肉体之上而在社会范围内确立自身的效应和规则。在这本书之前他其实还曾出版了另一本《临床医学的诞生》(1963)，尽管这一著作并不如前者那般引人注目，但其主旨却是一以贯之的。它聚焦了凝视在身体之上的医学话语如何被建构成一种“科学”权力的过程。“病痛的各种形象并没有被一组中立的知识所驱逐，而是在身体与目光交汇的空间里被重新分布。实际上发生变化的是那个给语言提供后盾的沉默的构型，即在‘什么在说话’和‘说的是什么’之间的情景和态度关系。”[1]“凝视”(regard) 在这里重构了话语体系（词）与对象病症（物）之间的关系，身体既以凝视为中介参与到医学的“科学”符号体系的建构中，同时也成为这一体系的客体。而“凝视”需要的是客体（身体）以客观性为背景的展示，这种展示以其去私人化的方式凸显出话语体系的理性本质。可以说，凝视-展示所体现的恰恰是身体被历史性建构起来的医学符号系统重组的双向过程，健康政治由此而成为事关全民的权力结构。

器质性的身体在 20 世纪得以被理论之光凝视和关注，人类也从未如此深入地被医学技术以视觉图景的方式洞察和展示，以至于今天我们即使在跟幼儿进行身体启蒙时也无法使用医学话语以外的词汇。生物医

1 ［法］福柯：《临床医学的诞生》，刘北成译，译林出版社 2011 年版，第 3 页。

学的语言和观点正在表达、评价和作用于我们自身，也影响了身体的体验。健康，成为一种权利和社会性福祉。而医学，作为一种全面观照健康的一般性技术，在社会管理系统中所显示的权威性越来越大。这种权力同时塑造了具有健康意识的现代主体。福柯所刻画的自 18 世纪以来生命政治图谱中的一系列关系之间的张力在一个完全医学化的社会中被高度强化：疾病与健康、治疗与预防、症状与诊断、正常身体与非正常身体的区别。一方面，生物技术的推进所带来的新的衡量标准甚至改写了生与死的界定（脑死亡），另一方面，医学技术在保存纯粹的身体性生命方面日新月异。健康手段，作为确保健康权利的工具成为政府和社会的治理理性。“健康手段不只是医院设施和药物治疗，而是社会在特定时刻为了实现那些在技术上可能的健康改善和健康调节所能动用的一切事物。这些健康手段定义了一条移动的边界，这个边界来自医疗的技术能力，来自集体的经济能力，来自社会希望将其作为健康资源和健康手段贡献出来的一切。”[1] 因为生命政治的本质正是通过一定的权力治理机制，确保社会安全和个人安全。

新冠疫情下的社会状态无疑是这种医学政治的放大和极致化。新冠肺炎早期患者被发现的两大难点来源于不明晰的症状和极快的感染速度。尤其是后者在传染病学上至关重要。从公共卫生危机的防治角度来看，在密切联系的社群内部，高频感染事件的发生必定会在极短的周期内对全体成员的个人生命质量和全部社会条件产生影响。随着蔓延时间的延长，这种影响愈发会以类似“蝴蝶效应”的弥散状态侵入除医疗系统以外的经济、政治、文化等各个维度，造成社会治理上的巨大危机甚至灾难。在初期的居家隔离措施初步显出成效之后，为了解决人员流动的安全性评估问题，健康码应运而生。它是在非常态情形之下由超级网络平台和各级政府以及电信运营商共同完成的一项以数字技术为基础和路径的社会治理尝试。它通过将个人自主申报的信息和借助现代化技术

1 ［法］福柯：《福柯文选》（Ⅲ），北京大学出版社 2016 年版，第 208 页。

手段并通过大数据监控分析的结果整合生成的动态三色二维码作为个体的电子通行凭证。这里作为评判标准的数据分析结果关联了三个维度，它们分别是：精确到街道的居住地疫情实时动态的空间维度、出行频次及路径停留长短的时间维度以及密切接触人员的人际关系维度。这三项数据分别根据算法所提供的对照标准进行量化赋分后生成三色码。其动态结果既可能随着个体情况发生改变，也因算法或周边即时环境的原因而不同。它的意义在于，个体的动态存在信息化之后（人变成了健康码）被并入了社会权力机制之中，从而成为社会管理和生命政治治理（从隔离到治疗）的对象。

健康码的出现在社会普遍性的意义上（然而并非全部）通过数据创造了身体。它是 21 世纪生命政治的新事件。肉体存在成为进行伦理判断和技术应用的重要场所，甚至部分地被判断和应用的结果所表征。当然，健康码所勾勒的身体并非完全的、综合的身体，它的关联维度由经过医学评估的风险机制所决定。这种被符号化和抽象化、甚至扁平化的身体在特殊历史条件下成了社会共同体身份的准入证。它将过去局限在医院之内的医学目光的凝视演变为社会性的凝视。在临床医学的诊疗过程中身体的被迫展示则演变成了数据身体（健康码）在社会进入时的主动展示。和自然身体展示时所产生的不适感不同，数据身体被展示的要求几乎很少遭遇抵抗。即使偶有隐私方面的顾忌，也大都因着防疫需要而被忽略或克服。福柯所言以保障集体性人口安全的生命政治权力通过健康码所建构的数据身体实现了全时、全域、全息覆盖。这是生命政治结构的空前强化，却也实现了由空间隔离向空间连接的过渡。身体不但必须展示在社会目光之下（所有公共场所的排查人员都有权检查健康码），连其日常行为的方式也被纳入了考量和审查的领域。身体对社会身份的实践越来越重要。作为客观性保证的医学科学话语制定赋分标准、审查行为轨迹，把个体的日常生活牢牢附着在风险评估标准之内。在各级政府的背书和要求之下，代表了数据身体的健康码被广泛接受。其治理效果在抗击疫情方面显而易见。然而，身体的数据化存在真的等同于肉身的在场吗？情况恐怕要复杂得多。

二、身体的数据化建构：对社会化主体的挑战

新冠疫情是整个社会数字化推进的一个拐点。如果说前疫情时代的数字技术的日常化更多地是在提高生活便利度的意义上推广的，那么后疫情时代则转变为以身体的数据化建构为手段的人口管理策略。这种数字身份的建构与个人档案的电子化不同，它是以全时监控和大数据分析实现的动态即时更新。以维护个体健康和社会健康的名义，个体存在被以健康码的方式转换为数据身体。它在每一个场合成了对持码主体的身体合法性的唯一确认，甚至在很多时候这种对数据身体的认可超越了与主体之间的真实联系。健康码成了比现实还“真实”的存在。在鲍德里亚那里由拟像建构起来的“超真实”在这个情境中被数字化生成的图像所代替。鲍德里亚拒绝柏拉图式将拟像当作一种应被“真实”克服的幻像来理解。他认为拟像从某种程度上而言就是今天世界的存在方式。这正是数字化在今天的社会现实，至少是在健康码问题上的情形。然而，这种“超真实”的身体却有以下几个方面的问题值得追问：

首先，数据分析背后的权力话语。前文已经提到，今天健康涉及的问题早已超出单纯的医学范围，广泛涉及整个生物学、环境科学和社会学领域。健康已经不仅仅是生理学家勒里什提出的最低定义，即：身体的各种官能的正常运作。健康意识以及健康的概念变成了人类学意义上的综合性范畴。尽管它的内涵因时因地而有变化，却又基于一些基本共识。但毋庸置疑的是，健康问题依旧处于福柯所描绘的现代社会治理的核心位置：“健康成为真理和身体的乌托邦，成为保障社会秩序以及未来更加平衡、更加公正的国际秩序之关键所在。”[1]

---

1 ［法］让-雅克·库尔第纳：《身体的历史》（卷三），华东师范大学出版社 2013 年版，第 5 页。

然而，在一个高度医学话语化的社会中，这样一种已然超出纯粹医学领域的健康内涵和权利的定义权依旧被医学话语所垄断。而医学的目的在于重建自然生命的规范以及身体本身的规范。在这次新冠疫情的抗击过程中，这种权威性突出地体现为医学政治化的管理形态，即：各级政府权力通过行政执法部门保证符合抗疫需要的措施得以平滑执行。必须承认，这种医学政治化的方式为有效赢得抗疫胜利和恢复社会运转正常化作出了巨大的贡献。以传染病学的风险概率对身体所涉及的经验维度进行计算的方法自然有其合理性，但一旦将之作为再现身体甚至主体的唯一方式，其间的过渡和转换就并非是自然性的了。

因为健康码显然不是被证实已经感染上病毒的真实的身体，而是体现了各种评价标准和概率统计学的规范：它是数据的身体，一种抽离了现实体验的、抽象甚至简化的身体，是人的客体性的“科学”展示。在健康码中，主体被判断、评估、简化为需要被看见的数据结果（颜色），而颜色所表征的这种在视觉中被凝视的需要改变了原有的社会评价关系和实际体验：是的，不管你是谁，不管你身体和个性如何，现在我们只需要你“绿”！如果再进一步的话，假若渐变色健康码的设想得以实行，或许评价中还可以再加上一句：如果可以，请再“绿”一点。

鲍德里亚在描绘拟像发展史时曾指出，拟像真正的意义在于在经验与真实之间展开了多重关系。拟像所意味的不仅仅是原有价值（真实）的衰落和解体，同时还有对视觉图景的重新评价。对数据身体意义的理解可以借鉴这个转变的过程。重新评价就必须刻画出原有价值的来源和消失的原因。这是尼采的方法论传承。数据身体的出现并不意味着真实的身体作为一种现实存在已经不再重要；相反，它指向的是在疫情的特定条件之下认识论层面上对经验的完全不同的认定方式。在鲍德里亚看来，“拟像的时代以其过度繁荣的影像为标志，它们与符号的象征秩序鲜明对立；而在后者那里，真实的理念正是理解经验的坐标系。然而今天，这种坐标系的定位意义已经丧失：经验无需在与真实的比较中获得意义，它无需挣扎于和深层本质之间的联系，它被肯定为其表面。”[1] 与此过程同构，健康码的出现重构了例外状态中身体经验被理解和进行社会定位的坐标体系。它以极具目的性的数据分析为工具同时重塑了身体对世界进行认知的方式。这种认知方式的转变是数据化时代的主题，但也是其巨大的阴影。它直接向人类的体验生存的方式提出了质问：在今天，证明“我”存在的唯一方式是数字化吗？

其次，数据身体与主体存在的物质裂隙。由于健康码是在智能手机上生成的动态二维码，并且其中所涉及的空间、时间及人际关系维度实际上是由电信运营商所提供的。那么以健康码作为身体的符号化再现的合法性其实来源于一个预设，即：身体与其所使用的智能手机是同一的。在这个预设中，智能手机被当做身体器官的延伸，成为身体不可分割的部分。这一方面体现出决策者对现代社会生活方式的理解，另一方面却也暴露出了以身体的数字化建构作为治理途径所可能带来的问题。

智能手机作为绝大多数现代城市人日常工作生活离不开的工具，确实为生活的正常进行发挥了巨大的作用。因此，不但有人将智能手机界定为人类的“新器官”，华为公司更是在 2017 年发布了一张题为“活出你的色彩”的海报。海报以鲜明对比的方式描绘了智能手机在生活各个环节中的出场和作用。结合“华为相信手机是人身体的延伸，并能够实现与真正自我的沟通和交流”的注释来看，手机与身体的联系不但表现为一种始终在场的陪伴关系，而且展现出了对生活空间拓展的巨大可能。

然而，这种需要和作用并不能始终保证智能手机和身体的绝对同一性[2]。在现实生活中，一个人拥有多个手机的情况并不少见。刻意或非刻意地使用不同手机甚至不使用手机也时有发生。人机的分离完全成为可能。因此过度依赖于手机运营商所提供的数据结果，就可能会造成与

1 吴静：“德勒兹与鲍德里亚的拟像观比较”，《江苏社会科学》2016 年第 2 期。

2 多项科技方面的研发在智能可穿戴设备和皮下植入装置上有所投入，这或者会成为身体与智能装备同一性实现的物质可能。但它同时带来各种隐忧和争论。

主体实际情形不符的状况发生。因为手机的健康码就不能准确反映它所关联的三个维度。由于生活需要的不同，这种人机分离在乡村出现的几率会更大。而当社会准入的标准依旧执着于数字化身体所提供的、被技术保证了的客观性时，却没有办法意识和查证，这种技术的数据来源是否已被污染。

在现实中，人机分离的情况并不仅止于此。智能手机的遗忘、丢失、没电甚至网络服务的不通畅也都有可能导致扫码的功能障碍。因为附加在生物学身体之上的物质条件必须有与之相配套的硬件和服务的存在才能充分实现功能的在场，而这种由条件性决定的功能反过来证明主体的在场。这就对社会主体提出了挑战：证明你自己！身体的自在性在条件的功能性缺失面前失语，其结果就是：人，被遮蔽了。

人机分离不但使得数据本身发生偏差，带来结果的不准确甚至误判，也同时提出了两个身体之间的博弈问题：当数字身体与物理身体发生偏差，谁才是真实性的依据呢？一旦缺少了数字身份，甚至一旦提供数字身份的物理条件不具备，是不是会“我”的合法性就已不复存在呢？技术作为工具，是便捷了主体，还是捆绑了主体？

最后，数据身体与社会化主体的分离。如果说在疫情时期查验健康码的情况下，人机的物质性分离所造成的是物理身体对数据身体的屈就（在故意隐瞒的情况下，也可以说是数据身体对物理身体的遮蔽），那么，数据身体的准入门槛涉及的就是社会化主体的权利问题。

疫情期间，一位老人因无健康码而被拒绝乘车的报道曾经引发了网络上关于数据鸿沟的大范围讨论。所谓数字鸿沟指涉的是不同地区、不同年龄、不同社群的人在拥有和获得以信息技术为基础的知识及服务上的差距。在这种差距的背后，是社会主体获得自我发展、自我保护和自我更新的能力上的差距，也是社会共同体对于个体的接纳与排斥的考量。

当现代科技发展以“科技改善生活”为愿景和承诺飞速推进的时候，我们往往很少发问，被改善的是所有人的生活吗？社会主体的身份并不能天然地保证所有人都平等地受惠于哪怕是公共性的科技服务。在这个世界似乎触手可及的智能时代，一些人恰恰被"抛下"了，另一些人则在数据算法中成为例外。对于他们而言，技术不但成为一种门槛和障碍，甚至成为无处申诉的霸权。互联网时代造就了一条数据鸿沟，导致了一种新的社会歧视问题。整个人类被划分为两个阵营：一边是具有现代信息能力的，一边是不具有现代信息能力的。当网络化、信息化、数据化日益加速发展之后，两边阵营的分裂不断加剧，越来越多的过时者被加速抛弃。而这种抛弃甚至以"进步的代价"为名自我正当化。

数据鸿沟的原因多种多样。在新冠疫情期间，被突显出来的是老人在信息鸿沟中的弱势地位。根据第 45 次《中国互联网络发展状况统计报告》的数据，我国 60 岁及以上人口的网民比例为 23.6%，也就是说，在这个年龄段的老人中每四个里就有三个未曾接触过互联网，更不要谈熟练使用智能手机。在常态生活中，这种不足还可以通过其他的渠道来弥补。但由于疫情的特殊性，社会身份以及由此而来的社会服务的获得，全都依赖于以健康码为代表的数字身份的呈现。而它的缺失有可能意味着绝大多数社会权利的被剥夺。

以实名制为基础的健康码的实施加重了个体之间的区隔，同时也强化了个体在数字身份凌驾于自然主体身份时的无力感。这一无力感来源于对匿名的权力的无法抵抗。由健康码建构起来的免疫共同体单纯依靠数据身份来辨别共同体成员，它将"无码"人员排斥在外，却也并不能就此肯定他们的自然身体就出了问题，反而丧失了在社会维度上对这些人员进行观照的可能。从这个角度来看，新冠疫情在中国绝对是老年群体加速智能化的一个拐点。但是这种加速的压力如果没有适当的外部辅助从另外一方面来说有可能是使这个群体加速损失社会权利的过程。

福柯指出，权力深深内嵌在于各种宏观或微观的社会结构之中。在这种社会性建构的关系中，人们遵守着既定的且被默认为理所应当的社会规则。这是共同体建构的原则和边界。然而，这又以另一种方式重新返回到福柯式的发问上，即：这种边界的合理性由谁来确定呢？谁来保证边界之外的人的权利和利益呢？以科技加速的方式不断设定的新边界是否意味着社会权利的准入门槛在不断提高？人类历史长久以来建立的社会系统法则有没有可能遭遇以科技进步为名的社会丛林法则的改写？它所可能涉及的对象不仅仅是老年群体和低教育群体，甚至可以是任何条件下的社会分类。这既是伦理学上的问题，也是社会治理必须要面对的现实。

三：数据-身体：算法的生命政治空间

健康码所展示的医学政治化治理的数据体现，代表了加诸身体之上的两重凝视。第一重生物医学权威体系的话语布展在上面已经详细论述。身体本身仍然是临床医学的关注焦点，哪怕对于传染性的疾病同时必须从空间和社会联系的全维度进行解决时也不例外。但是与临床医学诊疗方式不同的是，这重凝视不是通过医生（或其他公共卫生机构的成员）与其诊断对象之间面对面的方式施之于具体的身体，而是通过数字技术中介的方式。这就使得中介手段本身变成了另一重凝视的目光，即算法的权力。并且，第二重凝视的作用并非完全以中立的工具化的方式呈现，它甚至改写和威胁到医学的凝视：医生诊断和治疗预测的权威性在多大程度上受到标准化程序的限制和约束。

身体的数据化建构所依赖的是身体的可计算性。这一点既体现在身体的各种自然生物性指征的数据采集上，也体现在身体的社会化痕迹之中。然而，这样获取的数据本身并不能直接再现身体。它的再现方式和结果都取决于数据分析的目的，即它的决策结构设计，而这正是算法（Algorithm）的任务。用哲学的语言来说，算法实际上是海量数据被分析的问题式，它决定了数据是否可能成为信息和成为什么样的信息。在大多数不了解数据分析的人看来，仿佛只需要通过一定的专业性方法，就可以使数据的有效性客观地显示出来。但实际上，这种直观经验主义的想法没能抓住数据的符码本质。他们忽略了一个根本的事实，即：数据的生成和显现本身都是被抽象化为符码的，它们是某种经验事实表面的再现，和自然语言一样，在根本上是一定社会结构关系的构型的投射。但在另外一层维度上，数据和自然语言完全异质。任何一种自然语言体系都是一个由文化和习惯赋予了意义的既定结构，它从概念本身到有意识的表达都是被这个意义体系内在化的。与计算机的识别模式相关，数据的生成和在场都以不连续的、绝对抽象的方式体现出来。不是所有的数据都具有同样的重要性，不是所有的数据之间都具有相关性，甚至在不同的分析方法中，数据之间的相关性也可以发生改变。这种关系的成立与否取决于算法结构对相关因素的赋值。因此，数据作为一种语言构型，它不是如自然语言一般在既定的意义框架内自然自发地显现，它对经验事实的表征形式和意义，只能在人为设计的结构内部被建构性地生成。这就导致了算法的工具性并不如想像的那般中立，自然也影响了结果的呈现。

算法改写了生命政治权力的布展。它使得整个互联网生态系统（算法设计、应用软件开发、平台操控、使用终端）形成了合谋。它不但与其凝视的对象形成不对称的权力分布，甚至可以操控传统“科学”话语的传播形式和内容从而部分地居有对身体的可计算性的解释权，使遮蔽和垄断比过去任何时候都更容易形成。

影响算法的因素很多。算法设计者的设计初衷、认知方式、价值观和伦理判断等都会对算法产生影响。算法实现者的需求和利益更是决定了算法结果的倾向性。它是特定的社会价值和现实鸿沟的数据体现。因此，算法所谓的公正客观性从来都不是一个可以被技术保证的结果，它是现实经验世界的投射。

在生命政治领域，很多发达国家的医学实践和算法设计已经被保险业和商业的标准所捆绑和重塑。因为社会治理所依赖的超级互联网平台和数据分析机构绝大多数都高度资本化。分析工具和标准的资本化必然反向影响医学话语（哪怕是非营利性的公共卫生体系）。“基础和应用生物研究——不管是在生物技术公司还是在大学进行的——已经和知识资产的生产密切联系在一起了。”[1]

除此之外，算法作为一整套机器识别的运作规则，其认知方式主要对照标准参照数据库来考量被量化属性的权重数值。这种刚性的识别方式很难对复杂的情境进行准确复原，它与身体的可塑性之间往往产生偏差。信息鸿沟不仅体现在前面提到的共同体边界问题上，同时也体现在训练算法的数据来源问题上。以新冠疫情中医护人员所使用的防护服为例，对于总体人数远超男性的女性医护工作者而言，得到合适自己身体尺寸的防护装备并不是一件容易的事情。因为在细化分类能力远不及时装业的防护设备生产行业中，绝大多数默认的标准是男性的数据。女性防护服当然也有，但71%的女性防护服并没有按照女性的身材特质设计，它们只是男性尺寸的缩小而已。似乎，女性只被定义为“小号的男性”而已。身体的差异性在刚性化一的标准前捉襟见肘。

这种数据的性别化特征在人们越来越依赖数据和算法的情况下，使得本应被反思的性别歧视现象趋于自然化。当这些数据领域涉及医疗医药、福利政策时，所造成的影响就不只有生活的不便，而是致命性的，从而造成世界范围内女性在贫困、患病风险以及交通事故发生率等问题上不成比例地高于男性。例如，语音识别软件对于女性和儿童声音的识别度远低于男性声音，这可能会造成汽车的语音指令系统无法理解女司机的语言（尤其是在紧急状态下的发声）从而无法及时有效采取合理措施；或是女性医护发给病人的语音说明无法被软件准确识别和记录下来，也有大几率造成安全隐患。相比男性，女性在车祸中受伤甚至致死的风险更高。因为车的座位（甚至包括安全带和安全气囊设计）是按男性体格设计的（儿童安全座椅的普及和使用解决了儿童所面临的这个问题，但女性的情形并没有得到重视）。数据的缺省状态使女性在数字世界中经历着“缺席”的状态，从而造成了在现实世界的群体的孤独和失语。如何通过对算法的改进来恢复生物学意义上的身体、社会化的主体

1　[英] 尼古拉斯·罗斯：《生命本身的政治》，北京大学出版社 2014 年版，第 13 页。

和社会之间的联系，是这个时代推进公平化的议题。区隔和保护只有一墙之隔。

健康码所建构起来的数据身体只是数字技术时代在特定情形下的一个范例和简单的应用。它流通的基础是社会治理的公共性，也是生命政治权力在社会范围内的全覆盖，是利用互联网媒介、物联网媒介和物流媒介将健康-疾病的流动让公众变得可见，从而有效地评估和控制风险。它同时要求复杂的社会劳动分工部门之间的合理配置，最大限度地降低治理成本。

围绕健康码的争夺，将成为一个全新的数据-生命政治的斗争场域。它的背后是“风险管理”的模式，即：依托最先进的科技将全方位的监控引入到生物学身体的多样性中。而这正是福柯所勾勒的马基雅维利的治理术的当代版本。从生物体征到社会轨迹，轻易获得的数据可以被根据需要在算法中被压缩为有限的变量，人口管理的整体化方法并不对具体的个体的实时危险做出针对性准确判断，而是通过偏差值和非正常性状来计算风险的概率。而概率本身也只是一个偏差值，它可以因着算法和数据库的不同而发生改变。这充分体现在新冠疫情当中，武汉地区整体的健康码可以因为权重因素的更改而整体由红变绿的情形，也揭示了为什么个体足不出户健康码颜色却会发生改变（因为邻近地区的风险程度发生变化）。这种“风险管理”机制一方面因为优生学在欧洲的历史而为人诟病，另一方面却又是现代预防性医学建立的基础。而在数字化的今天，大数据和超级平台使得它比过去任何时候更可以对人类的身体、健康、生存和死亡施加权力。也许，重建个体对身体及其权利的责任与权力对身体的管理之间的平衡张力是一个可以努力的方向。

参考文献

著作类：

［1］ Louis Althusser：*The Future Lasts a Long Time* and *The Facts*，trans. Richard Veasey，London：Oliver. 1993.

［2］《哲学与科学的自发哲学》，法国马斯佩罗出版社 1974 年版。

［3］［日］今村仁司：《阿尔都塞：认识论的断裂》，牛建科译，河北教育出版社 2001 年版。

［4］ Louis Althusser：*Machiavelli and Us*，edited by Francois Matheron，translated by Gregory Elliott，first published by Verso in 1999. Introduction.

［5］［苏联］阿尔森·古留加：《黑格尔小传》，商务印书馆 1978 年版。

［6］［德］黑格尔：《哲学史讲演录》第 2 卷，商务印书馆 1960 年版。

［7］［英］W. T. 斯退士：《黑格尔哲学》，河北人民出版社 1986 年版。

［8］ Louis Althusser：*The Spectre of Hegel*：*Early Writings*，London：Verso，1997.

［9］［德］黑格尔：《精神现象学》（上），商务印书馆 1979 年版。

［10］［美］罗伦培登：《这是我的立场——改教先导马丁·路德传记》，译林出版社 1993 年版。

［11］张一兵：《问题式、症候阅读与意识形态——关于阿尔都塞的一种文本学解读》，中央编译出版社 2003 年版。

［12］［法］让-保罗·萨特：《辩证理性批判》（上下卷），安徽文艺出版社 1998 年版。

［13］ Deleuze，G. & Guattari，F.：*A Thousand Plateaus*：*Capitalism and Schizophrenia*，trans. B. Massumi，Minneapolis，MN：University of Minnesota Press，1987.

［14］ Deleuze，G.：*Nietzsche and Philosophy*，trans. H. Tomlinson，London：Athlone，1981.

［15］ Deleuze，G.：*Negotiations*，*1972 - 1990*，trans. M. Joughin，New York：Columbia University Press，1995.

[16] Deleuze, G. & Guattari, F.: *Nomadology: The War Machine*, trans. B. Massumi, New York: Semiotext (e), 1986.
[17] Patton, Paul: *Deleuze and the Political*, London: Routledge, 2000.
[18] Deleuze, G.: *Nietzsche and Philosophy*, trans. H. Tomlinson, London: Athlone, 1981.
[19] Deleuze, G. & Guattari, F.: *What is philosophy?* London: Verso, 1994.
[20] HARDT M.: *Gilles Deleuze: an Apprenticeship in Philosophy*. London: UCL Press, 1993.
[21] Deleuze, G.: *Difference and Repetition*. trans. P. Patton, New York: Columbia University Press, 1994.
[22] ARMSTRONG A: *Some Reflections on Deleuze's Spinoza: Composition and Agency/ /Deleuze and Philosophy: The Difference Engineer*. London: Routledge, 1997.
[23] ZIZEEK S.: *Organs without Bodies: Deleuze and Consequences*. London: Routledge, 2004.
[24] Deleuze, G. & Parnet, C.: *Dialogues II/Gilles Deleuze and Claire Parnet*. New York: Columbia UP, 2002.
[25] [法] 雅克·德里达:《书写与差异》(上)，生活·读书·新知三联书店2001年版。
[26] Deleuze, G. & Guattari, F.: *Anti-Oedipus: Capitalism and Schizophrenia*. trans. R. Hurley, M. Seem & H. R. Lane, Minneapolis, MN: University of Minnesota Press, 1983.
[27] Deleuze, G.: *The Logic of Sense*. trans. M. Lester, NewYork: Columbia University Press, 1990.
[28] Deleuze, G.: *Pure Immanence: Essays on a Life*. trans. A. Boyman, New York: Zone Books, 2001.
[29] Deleuze, G.: *Empiricism and Subjectivity: An Essay on Hume's Theory of Human Nature*. trans. C. V. Boundas, New York: Columbia University Press, 1991.
[30] Deleuze, G: *Foucault*. trans. S. Hand, London: Athlone, 1988.
[31] Philip Goodchild: *Deleuze and Guattari: An Introduction to the Politics of Desire*. New York: Sage Publications, 1996.
[32] Badiou A. Deleuze: *The Clamor of Being*. trans. L. Burchill, Minneapolis, MN: University of Minnesota Press, 2000.
[33] [法] 吉尔·德勒兹:《哲学与权力的谈判——德勒兹访谈录》，商务

印书馆，2000。
[34] Deleuze & Guattari: *Anti-Oedipus*. Minnesota: University of Minnesota Press, 1983.
[35] [美] 道格拉斯·凯尔纳、斯蒂文·贝斯特:《后现代理论》，中央编译出版社，2004。
[36] [英] 戴维·莫利、凯文·罗宾斯:《认同的空间》，南京大学出版社，2001。
[37] Harvey, David: *Social Justice and The City*. London: Edward Arnold and St Martin's Press, 1973.
[38] Deleuze, G. & Guattari, F.: *A Thousand Plateaus: Capitalism and Schizophrenia*. trans. B. Massumi, Minneapolis, MN: University of Minnesota Press, 1987.
[39] [美] 米歇尔·沃尔德罗普:《复杂——诞生于秩序与混沌边缘的科学》，生活·读书·新知三联书店，1997。
[40] Deleuze, G. & Parnet, C.: *Dialogues II/Gilles Deleuze and Claire Parnet*. New York: Columbia University Press, 2002.
[41] Adorno, T. W. & Horkheimer, M.: *Dialectic of Enlightenment*. trans. J. Cumming, London: Allen Lane, 1973.
[42] Hegel, G. W. F.: *The Logic of Hegel*. trans. William Wallace, London: Oxford University Press, 1959.
[43] Descombes, V.: *Modern French Philosophy*. trans. L. Scott-Fox & J. M. Harding, Cambridge: Cambridge University Press, 1981.
[44] Hammer, E.: *Adorno and the Political*. London & New York: Routledge, 2006.
[45] [德] 阿尔布莱希特·维尔默:《论现代和后现代的辩证法——遵从阿多诺的批判理性》，商务印书馆 2003 年版。
[46] Deleuze, G. & Guattari, F.: *Anti-Oedipus: Capitalism and Schizophrenia*. trans. R. Hurley, M. Seem & H. R. Lane, Minneapolis, MN: University of Minnesota Press, 1983.
[47] [法] 德里达:《书写语差异》，生活·读书·新知三联书店出版社 2001 年版。
[48] Deleuze, G. & Guattari, F.: *A Thousand Plateaus: Capitalism and Schizophrenia*. trans. B. Massumi, Minneapolis, MN: University of Minnesota Press, 1987.
[49] Deleuze, G.: *Negotiations, 1972 - 1990*. trans. M. Joughin, New York: Columbia University Press, 1995.

[50] Deleuze, G. & Parnet, C.: *Dialogues II/Gilles Deleuze and Claire Parnet*. New York: Columbia University Press, 2002.

[51] Adorno, T. W.: *Negative Dialectics*. trans. E. B. Ashton, New York: The Seabury Press, 1973.

[52] Deleuze, G.: *Nietzsche and Philosophy*. trans. H. Tomlinson, London: Athlone, 1981.

[53] Deleuze, G. & Guattari, F.: *Anti-Oedipus: Capitalism and Schizophrenia*. trans. R. Hurley, M. Seem & H. R. Lane, Minneapolis, MN: University of Minnesota Press, 1983.

[54] Jay, M.: *Marxism and Totality: The Adventures of a Concept from Lukács to Habermas*. Berkeley, CA: University of California Press, 1984.

[55] ［德］哈贝马斯：《生产范式的退化》。

[56] ［美］哈特、［意］内格里：《帝国——全球化的政治秩序》，杨建国等译，江苏人民出版社2003年版。

[57] Gilles Deleuze & Claire Parnet: *Dialogues II*, Columbia University Press, 2002.

[58] Michael Hardt & Antonio Negri: *Multitude*, the Penguin Press, 2004.

[59] ［英］拉克劳、［斯洛文尼亚］齐泽克、［美］巴特勒等：《偶然性、霸权和普遍性》，胡大平等译，江苏人民出版社2004年版。

[60] Michael Hardt & Antonio Negri: *Commonwealth*, the Belknap Press, 2009.

[61] ［意］阿甘本：《例外状态》，薛熙平译，西北大学出版社2015年版。

[62] ［德］马克思、恩格斯：《马克思恩格斯选集》第3版第1卷。

[63] ［德］尼采：《查拉斯图拉如是说》，尹溟译，文化艺术出版社1987年版。

[64] ［法］福柯：《临床医学的诞生》，刘北成译，译林出版社2011年版。

[65] ［法］福柯：《福柯文选》（Ⅲ），北京大学出版社2016年版。

[66] ［法］让-雅克·库尔第纳：《身体的历史》（卷三），华东师范大学出版社2013年版。

[67] ［英］尼古拉斯·罗斯：《生命本身的政治》，北京大学出版社2014年版。

[68] ［法］吕西安·戈德曼：《隐蔽的上帝》，蔡鸿滨译，百花文艺出版社1998年版。

[69] ［法］帕斯卡尔：《思想录》，商务印书馆1998年版。

[70] [奥地利] 卡夫卡:《卡夫卡日记选》,叶廷芳、黎奇译,百花文艺出版社 1992 年版。
[71] [法] 让-保罗·萨特:《存在与虚无》,生活·读书·新知三联书店 1987 年版。
[72] [法] 吕迪格尔·萨弗兰斯基:《西西弗的神话》,商务印书馆 1999 年版。
[73] [德] 吕迪格尔·萨弗兰斯基:《海德格尔传》,商务印书馆 1999 年版。
[74] 布伯:《我与你》,生活·读书·新知三联书店 1987 年版。
[75] 刘小枫:《沉重的肉身》,上海人民出版社 1999 年版。
[76] [德] 黑格尔:《小逻辑》,贺麟译,商务印书馆 1980 年版。
[77] [加拿大] 马歇尔·麦克卢汉:《理解媒介——论人的延伸》,何道宽译,商务印书馆 2000 年版。
[78] [德] 马克思、恩格斯:《马克思恩格斯全集:第 42 卷》,人民出版社 1979 年版。
[79] [德] 马克思:《德意志意识形态》,人民出版社 2003 年版。
[80] [美] 凯斯·R. 桑斯坦:《信息乌托邦:众人如何生产知识》,毕竟悦译,法律出版社 2008 年版。
[81] [美] 马可·波斯特,《信息方式:后结构主义与社会语境》,商务印书馆 2000 年版。

期刊类:

[1] Smith, Daniel. Deleuze and the Liberal Tradition: Normativity, Freedom and Judgement. *Economy and Society*, 2003, May, 299 - 324.
[2] Buchanan, Ian. Deleuze and Cultural Studies. *The South Atlantic Quarterly*, 1997, 96 (3), 483 - 497.
[3] Fredric Jameson, Marxism and Dualism in Deleuze [J]. *The South Atlantic Quarterly*, 1997: 72 - 103.
[4] 王波:《心理学、生命政治与新自由主义治理》,载《国外社会科学》2014 年第 5 期。
[5] 张早林:《从"诸众"到"共有者"》,载《南京社会科学》2015 年第 7 期。
[6] 吴静:《从弱势到诸众——德勒兹对哈特、内格里政治主体理论的影响》[J].《马克思主义与现实》,2016 (2): 55 - 62。
[7] 王广禄:《当代资本主义的四大变化——访南京大学哲学系唐正东》[N].《中国社会科学报》,2016 - 12 - 13。

[8] 许可：《人工智能的算法黑箱与数据正义》[N].《社会科学报》，2018-03-29（006）。
[9] 黄晓武：《悬置与非功用性：阿甘本的抵抗策略及其来源》，载《马克思主义与现实》2015年第1期。
[10] 张旭：《阿甘本论例外状态》，载《马克思主义与现实》2018年第1期。
[11] 吴静：《德勒兹与鲍德里亚的拟像观比较》，《江苏社会科学》2016年第2期。
[12] 刘怀玉：《〈空间的生产〉的空间历史唯物主义观》，《武汉大学学报》（人文科学版），2015（1）：61-69。
[13] 吴静：《资本的魔力》，社会科学报，2017-10-12（008）。

网站

[意] 阿甘本：《第二阶段》，载网站 https：//mp.weixin.qq.com/s/NwOGgXRzGf3hYRqBWB_6AQ。在疫情缓和后，意大利政府计划于5月4日进入第二阶段，这是阿甘本4月20日对此发表的文章。
[意] 阿甘本：《无端的紧急情况让意大利陷入例外状态》，载网站 https：//mp.weixin.qq.com/s/y-VxD6sV1KBWYHxiR5lhpg。这是其2月25日在《宣言报》上针对意大利疫情发表的社论。
[意] 阿甘本：《这种流行病清楚地表明例外状态已经变成正常状况》，载网站 https：//m.thepaper.cn/newsDetail_forward_6757201。这是3月24日《世界报》上刊登的阿甘本访谈，见网页附录部分。
[意] 阿甘本：《论社交距离》，载网站 https：//mp.weixin.qq.com/s/0w6ZAjIZh2ehhpqRbeCYDw。这是其4月6日对意大利疫情有所好转发表的文章。
[意] 阿甘本：《一个疑问》，载网站 https：//mp.weixin.qq.com/s/sT4fVd8E93fiNPQOiV3bKQ。这是其4月14日发表的文章。
[法] 南希：《病毒性例外》，载网站 https：//www.thepaper.cn/newsDetail_forward_6236325。这是其对2月25日阿甘本在《宣言报》上登载的社论的回应。
[意] 保罗·弗洛雷斯·达凯斯：《哲学与病毒：阿甘本的幻觉》，载网站 https：//mp.weixin.qq.com/s/bpsyrIx7xwsLBJ2bxpK2lA。这是其3月16日在《微型巨人》杂志上发表的文章，对阿甘本进行了言辞尖锐的批评。
[美] 托马斯·弗里德曼：《新冠肺炎是新的历史分期的起点》，载网站 https：//mp.weixin.qq.com/s/rFy14KfHQ3Q5gDjJ6sb1yQ。这是其3月

17 日发表的文章，认为新冠肺炎将成为 B. C. -Before Corona 和 A. C. -After Corona 的历史分期的起点。

[以] 尤瓦尔·赫拉利:《冠状病毒之后的世界》，载网站 https://mp. weixin. qq. com/s/Axn97GVmBqtMm4nclqaWeQ。这是其 3 月 20 日发表于《金融时报》的文章。

[意] 奈格里:《新冠病毒，当下与未来》，载网站 https://www. radiondadurto. org/2020/03/21/coronavirus-la-fase-attuale-ed-il-futuro-lintervista-a-toni-negri/。这篇文章是由 Gianluca 与 Paola 整理自 Radiondadurto 电台 3 月 21 日对内格里的采访（原题“CORONAVIRUS, LA FASE ATTUALE ED IL FUTURO. L'INTERVISTA A TONI NEGRI”。

图书在版编目（CIP）数据

现代之后的沉思/吴静著．—上海：上海三联书店，2022.8
ISBN 978-7-5426-7724-2

Ⅰ.①现… Ⅱ.①吴… Ⅲ.①哲学—研究 Ⅳ.①B0

中国版本图书馆 CIP 数据核字（2022）第 099314 号

现代之后的沉思

著　　者 / 吴　静

责任编辑 / 张大伟
装帧设计 / 徐　徐
监　　制 / 姚　军
责任校对 / 项晓芬

出版发行 / 上海三联书店
（200030）中国上海市漕溪北路 331 号 A 座 6 楼
邮　　箱 / sdxsanlian@sina.com
邮购电话 / 021-22895540
印　　刷 / 上海惠敦印务科技有限公司

版　　次 / 2022 年 8 月第 1 版
印　　次 / 2022 年 8 月第 1 次印刷
开　　本 / 640 mm×960 mm　1/16
字　　数 / 300 千字
印　　张 / 21.5
书　　号 / ISBN 978-7-5426-7724-2/B・776
定　　价 / 78.00 元

敬启读者，如发现本书有印装质量问题，请与印刷厂联系 021-63779028